Erika Pluhar
Hedwig heißt man
doch nicht mehr

Erika Pluhar

HEDWIG

heißt man doch nicht mehr

Eine Lebensgeschichte

Residenz Verlag

© 2021 Residenz Verlag GmbH
Salzburg – Wien

Bibliografische Information der Deutschen Nationalbibliothek
Die Deutsche Nationalbibliothek verzeichnet diese Publikation
in der Deutschen Nationalbibliografie; detaillierte bibliografische Daten
sind im Internet über http://dnb.dnb.de abrufbar.

www.residenzverlag.com

Alle Rechte, insbesondere das des auszugsweisen Abdrucks
und das der fotomechanischen Wiedergabe, vorbehalten.

Umschlaggestaltung: Boutiquebrutal.com nach einer Idee von Erika Pluhar
Umschlagfoto: Evelin Frerk
Typografische Gestaltung, Satz: Lanz, Wien
Lektorat: Isabella Suppanz
Gesamtherstellung: GGP Media GmbH, Pößneck

ISBN 978 3 7017 1749 1

Hedwig saß am Fenster und sah in den Hinterhof hinaus.

Der war so lichtlos und grau wie damals, als ihre Großmutter hier saß und hinausschaute. Auf diesem Sessel, der immer hier stand. Dunkles Holz, Seitenlehnen, die Sitzfläche heller, von Schwere und Müdigkeit abgenutzt.

Hedwig war in die Wohnung ihrer Großmutter zurückgekehrt. Tags davor. Am Gang stand sie eine Weile regungslos vor der vertrauten Tür, hatte dann erst aufgesperrt und den Korridor zögernd betreten. Jedoch der Geruch aus diesen unbelebten, der Zeit überlassenen Räumen überfiel sie so drückend, dass sie weitereilte und alle Fenster öffnete.

Nur durch Zufall und verspätet hatte sie es erfahren. Dass nach dem Tod der Großmutter diese Wohnung lange leer stand, weil sie, Hedwig, als Erbin eingesetzt worden war. In Lissabon hatte sie es erfahren. Ein Verwandter rief sie aus Wien an. Er hieß Bernhard, sie hatten einander seit Kindertagen nicht mehr gesehen. Aber von ihm erfuhr sie es. Dass ihre Großmutter vor eineinhalb Jahren gestorben sei. Dass Hedwigs Erbanspruch leider längere Zeit beim Notar liegen geblieben sei, man ihn nicht früher übermitteln konnte. Aber jetzt, endlich!

Dieses Telefonat mit Cousin Bernhard, obwohl es ohne Liebenswürdigkeit geführt wurde und Fragen offenließ, hatte letztendlich bewirkt, dass sie nach langen Jahren der Abwesenheit ihre Zelte in Portugal abbrach und ein Flugzeug nach Wien bestieg. Es schien ein Ausweg zu sein, den das Leben ihr zugewiesen hatte.

Jetzt saß Hedwig auf dem alten Sessel ihrer Großmutter, stützte sich, ähnlich wie die es immer getan hatte, mit einem Arm am Fensterbrett ab und blickte auf die graue, abblätternde Wand gegenüber. Seitlich gab es andere Fenster aus anderen Hinterzimmern, aber kein Leben schien sich dahinter zu regen. Der Hof war eng und zu dunkel, nur die Großmutter hatte diesen Blick gemocht.

Als Kind schon war Hedwig oft hier in dieser Wohnung gewesen, man schickte sie von zu Hause mit der Straßenbahn los, die Großmutter zu besuchen. Dort kamen stets Hedwigs Lieblingsspeisen auf den Tisch, reichlicher und köstlicher als je bei den Eltern. Essensvorräte zu besitzen, und zwar so reichlich, um jederzeit üppig aufkochen zu können, das war für die Großmutter eine lebenslange Notwendigkeit geblieben. In jungen Jahren hatte sie im Krieg und in der Nachkriegszeit bitter erfahren, was es heißt, zu hungern. Jetzt war sie oft bei befreundeten Bauern am Land zu Besuch, machte sich dort nützlich, und brachte stets Essbares mit, wenn sie in die Stadt zurückkam. Sie »hamsterte« wie in Notzeiten, hortete alles in dem dunklen Kabinett, in dem sie auch schlief, der große Tisch dort war voll davon, Brot, Speck, Äpfel, Mehl, es roch wie in einem Lebensmittelladen.

Sogar jetzt noch, fand Hedwig.

Sie hatte die erste Nacht hier in der Wohnung im Bett der Großmutter verbracht, in diesem Kabinett. Nachdem sie noch rasch in einem nicht weit entfernten Laden zwei Kissen, Decken und Überzüge erstanden hatte. Im Schrank der Großmutter sah sie zwar Bettwäsche säuberlich gestapelt, aber seit Jahren unbenutzt und muffig riechend, Hedwig hatte die Schranktür rasch wieder geschlossen.

Ich werde alles in eine Wäscherei tragen müssen, dachte sie. Und irgendwann eine neue Waschmaschine brauchen. Und vielleicht einen neuen Herd. Auch das Badezimmer geht so nicht mehr, die uralte Wanne und nur kaltes Wasser, wenn der vorsintflutliche Durchlauferhitzer nicht mehr anspringt.

Und dann die Kleidung der Großmutter. Sie befand sich im anderen großen Schrank, Hedwig hatte nur einen kurzen Blick hineingeworfen und den Staub der Zeit gefühlt, der über allem lag. Sie würde es nicht so schnell über sich bringen, alles, was die Großmutter getragen hatte, durchzusehen. Ihre gemusterten Kleider, die sie gern anhatte, sommers und winters stets gern Kleider. Die Krägen waren meist weiß, die wechselte sie oft, wusch und bügelte sie sorgfältig.

Da ich mich nicht mehr bei ihr gemeldet, sie angerufen oder ihr einen Brief geschrieben habe, drang folgerichtig nicht einmal die Nachricht ihres Todes zu mir, dachte Hedwig. Sie betrachtete ihre eigenen Hände, die langsam auch ein wenig so auszusehen begannen, wie die der Großmutter, nur noch nicht so verbraucht, so dicht mit braunen Flecken übersät. Aber gerade so wie sie waren, hatte sie die Hände der alten Frau geliebt. Und trotzdem vergessen. Wie sie alles vergaß, als sie sich auf den Weg machte. Oder meinte, sich auf den Weg machen zu müssen, weg von hier, weg von der Trauer um ihre Eltern, weg vom Gefühl des Ausgeliefertseins, niemand mehr um sie, zwei ferne Cousins, irgendwelche Verwandte, die sie nie sah, auch die anderen Großeltern lange tot und nie kennengelernt. Nur noch diese alleinstehende Frau, ihre Großmutter väterlicherseits, bei der sie schließlich gelebt hatte.

Hedwig stand auf, verließ das Gangfenster und ging in die größeren Räume hinüber. Zwei gab es in dieser Wohnung, ein Speisezimmer und ein Schlafzimmer. Das große Doppelbett in letzterem hatte die Großmutter nach dem frühen Tod ihres Mannes nicht mehr benützt. Seltene Gäste schliefen hier. Und später das junge Mädchen Hedwig. Warum willst du denn unbedingt im Kabinett schlafen? hatte es die Großmutter gefragt. Um zu vergessen, antwortete die. Was denn vergessen? Was ein Mann so tun kann, Hedwig. Pass auf dich auf.

Auf dem Doppelbett mit seinen Matratzen lagen nur eine dünne geblümte Überdecke und eine feine

Schicht Staub. Ich werde trotzdem versuchen, heute Nacht lieber hier zu schlafen, dachte Hedwig. Sie kannte jedes Möbelstück in beiden Zimmern. Altes dunkles Mobiliar. Im Wohnraum die geschnitzte ausladende »Kredenz«, von der Großmutter so benannt, sie war deren ganzer Stolz gewesen. Säulchen, kleine Balustraden, »altdeutsch« wurde dieser Stil genannt, wohl als die Großeltern jung waren, in Mode und begehrt. Auch der Schreibtisch, ebenfalls im Wohnzimmer, trug Verzierungen aus Holz über den kleinen Schubfächern, welche die grünsamtene Schreibfläche abschlossen. Davor ein Sessel, die Sitzfläche ebenfalls grün gepolstert. Alles verstaubt.

Durch die Fenster, von Hedwig tags davor eilig geöffnet, drangen Luftstöße herein und ließen feine Wölkchen Staub hochsteigen. Ich brauche unbedingt einen Staubsauger, dachte Hedwig. Und Staubtücher. Aber nicht jetzt. Später. Es ist Mittag und heiß draußen, ein heißer Sommertag, ich muss mich ausruhen. Muss liegen. Habe meine Wirklichkeit aufgegeben, kann mich nur noch in Erinnerungen aufhalten. Das Leben selbst hat sich mir verschlossen, deshalb bin ich jetzt ja hier.

Hedwig zog das Tuch vom Doppelbett, spähte aus dem Fenster, und als sie sah, dass unten niemand vorbeiging, schüttelte sie es über der Gasse aus. Der Staub vernebelte kurz die Sicht, bis er davonsank.

Dann holte Hedwig ihr Bettzeug aus dem Kabinett, spannte ein frisches Leintuch über eine der Matratzen und streckte sich dann auf dem Bett aus. Unter den Kopf hatte sie sich ein Kissen geschoben, sie lag angekleidet und kerzengerade da. Es war schattig im Zimmer, die Sonne erreichte die Wohnung nicht, dazu war die Gasse zu eng. Eigentlich hatte sie ja vorgehabt, irgendwo in einem Café zu frühstücken und einiges an Essensvorräten einzukaufen, aber ihr fehlte die Kraft dazu. Muss jetzt nicht sein, dachte sie, geht alles irgendwann später.

Als Hedwig die Augen schloss, sah sie ihren Hund Anton durch die Uferwellen der Praia do Guincho dahinsausen. So oft hatte sie das gesehen. Jetzt geschah es hinter ihren geschlossenen Augen. Für sie hieß der Hund sofort Anton, als sie zueinanderfanden. Als er sie fand. Diese Begegnung hatte in den nächsten Jahren ihrer beider Leben besiegelt. Sie verbrachten sie Seite an Seite. Bis vor Kurzem. Bis zu Antons Tod.

Hedwig blieb mit geschlossenen Augen liegen und ließ den Hund am Meeresufer weitertollen, ließ dieses innere Bild gewähren. Er hatte den Atlantik geliebt, nicht nur die äußersten Ausläufer der Wellen, manchmal war er in die riesigen, mit ihrer weißen Gischt heranrollenden Wogen gesprungen und hinausgeschwommen, viel mutiger als sie selbst. Beide hatten sie ihn geliebt, den Atlantik. In Hedwigs Augen gerieten jetzt Tränen, sie konnte nicht anders.

Schließlich richtete sie sich auf. Das nicht mehr, dachte sie, bitte nicht mehr dieses Weinen, genug geweint, jetzt lieber zu Stein werden. Sie wischte die

Tränen von ihren Wangen und sah sich im Zimmer um. Sah die beiden gedrechselten Nachtkästchen, die gemusterten Pergamentschirme der Nachttischlampen, den ovalen Spiegel über der billig nachempfundenen Biedermeier-Kommode, das Bild mit knallroten Äpfeln in einer türkisblauen Schale, ein Apfel war aufgeschnitten und lag neben der Schale auf einem Spitzentuch, die Großmutter hatte dieses Gemälde, wie sie es nannte, geliebt. Hedwig sah alles, was sie als heranwachsendes Mädchen täglich hatte sehen müssen, was sie bedrückt und angeekelt hatte, und was sie eines Tages von hier flüchten ließ, weg aus dieser Enge, weg, weit weg, hinaus in die Welt.

Nach dem Abitur, der Matura, wie man hier in Österreich sagt, war die Großmutter stolz gewesen, dass ihre Enkelin diese mit Auszeichnung bestand. Die Großmutter war aber auch die Einzige, die das Maturazeugnis, nachdem sie die Brille aufgesetzt hatte, genau studierte und stolz darauf sein konnte, es gab sonst niemanden mehr, den das interessierte. Ihre Eltern waren damals schon tot. Schon seit fünf Jahren. Bei einer Bahnfahrt ins Salzkammergut war der Zug, in dem sie saßen, entgleist. Es gab nur wenige Tote, aber ihre Eltern gehörten dazu. Jeden Sommer hatten die beiden ihre Sommerfrische, wie es damals genannt wurde, an einem der Seen dort verbracht, und jedes Mal waren sie mit der Bahn dorthin gefahren. Nie mit dem Autobus, das erschien ihnen zu gefährlich. Nun war es aber genau der Waggon, in dem die

Eltern Platz genommen hatten, der gerammt und nahezu gänzlich zerstört wurde und in dem fast alle Passagiere starben.

Die Großmutter trauerte um ihren Sohn, Hedwigs Vater, er war ihr einziges Kind. Mit der Schwiegertochter hatte sie nie viel anzufangen gewusst, aber sie war Hedwigs Mutter gewesen, und ihr Tod hatte das zwölfjährige Mädchen zur Vollwaise gemacht. Die elterliche Wohnung musste aufgegeben werden und die Enkeltochter zog zur Großmutter, es gab sonst niemanden, der sie hätte aufnehmen wollen. Hedwigs Anwesenheit wies der alten Frau jedoch eine neue Aufgabe zu, eine Verantwortlichkeit, die ihre Trauer mäßigte und sie weiterleben ließ.

Ihr Lebensinhalt hieß ab nun: Hedwig.

Ja, ich war alles für sie, dachte Hedwig. Wir beide lebten in einer Zweisamkeit, die sie nährte, und mich mehr und mehr hungern ließ. Ich verhungerte im Heranwachsen und Älterwerden fast vor Sehnsucht nach Leben. Lag hier in diesem Doppelbett, so wie jetzt, und wollte nur weg. Die Großmutter ahnte es vielleicht, aber sie wollte davon nichts wissen. Beisammenbleiben, möglichst für immer und ewig, das war ihre Idee von Zukunft, um die sie eisern rang.

Was willst du denn jetzt auf der Universität studieren? fragte sie mich. Nur eine akademische Laufbahn ihrer Enkelin schien für sie infrage zu kommen.

Ich werde Journalistin, gab ich zur Antwort.

Nie vergesse ich ihr ratloses Gesicht.

Was willst du werden?

Journalistin, Oma.

Sie starrte mich an. Was tut so eine?

In Zeitungen schreiben, Oma.

Was läuft denn da in meinem Kopf ab, dachte Hedwig, die immer noch aufrecht im Bett saß. Wie aufgeschrieben läuft es in meinem Kopf ab. Ich sehe Zeilen. Wie früher immer. Weil ich an den Kreis meiner vergangenen Lebensjahre dachte, der mich hierher zurückgeführt und sich anscheinend in gewisser Weise geschlossen hat?

Ich sollte vielleicht wirklich aufschreiben, wie er verlief, dieser Kreis. Sollte nicht hier in einer lange Zeit unbelebt gewesenen Wohnung im Staub der Vergangenheit untergehen. Ich muss tun, was ich, wenn ich halbwegs bei mir war, ja immer tat. Aufschreiben.

Hedwig erhob sich.

Sie tappte in das alte Badezimmer, es war kühl dort, roch nach Schimmel und abgestandener Feuchtigkeit. Kaltes Wasser kam aus dem Hahn über der Waschmuschel. Hedwig ließ es eine Weile auf ihre Hände fließen, erst dann wusch sie ihr Gesicht, auf dem die um Anton geweinten Tränen Spuren im eingetrockneten Make-up hinterlassen hatten. Sie sah es im fleckigen Spiegel über dem Becken.

Schrecklich, wie ich aussehe, dachte Hedwig. Habe mich nicht abgeschminkt, nicht wirklich gewaschen, seit ich hier in die Wohnung kam. Schon der unerlässliche Kauf von ein wenig Bettzeug war eine Überforderung. Aber mich in das seit Jahren ungemachte Bett der Großmutter zu legen, zwischen alte, muffige Kissen und Tuchenten, dazu reichten sogar meine Erschöpfung und Apathie nicht aus.

Auf dem schmalen Wandbord lag ein Kamm. Hedwig nahm ihn in die Hand. Da sah sie ein einzelnes weißes Haar und legte ihn wieder zurück.

Ich muss heute nochmals hinausgehen und mir einiges besorgen. Ich muss die Wohnung ein wenig säubern. Ich muss endlich meinen Koffer öffnen und das Wichtigste auspacken. Meinen Laptop zum Beispiel. Papier muss ich kaufen, ich muss anfangen, aufzuschreiben. Wenn ich weiterleben will.

Mit diesen Befehlen, die sie sich mit lauter Stimme erteilte, verließ Hedwig das Badezimmer. Sie suchte ihre Handtasche, überprüfte den Inhalt, Geldbörse, Kreditkarte, Pass. Gut. Zog den Schlüssel ab, mit dem sie die Wohnung von innen versperrt hatte, betrat den Gang, schloss von außen zu, stieg durch das alte, kühle Treppenhaus abwärts und trat ins Freie.

Nach Verlassen der schmalen, schattigen Schlösselgasse wandte sie sich nach rechts in die Florianigasse, ging Richtung Rathaus, schlenderte durch den Rathauspark, überquerte die Ringstraße und gelangte, am Burgtheater vorbei, in die Innenstadt. Der frühe Nachmittag war noch sehr warm.

Als Hedwig am Kohlmarkt dahinging, spiegelte sich in einer Auslagenscheibe eine Frau mittleren Alters, mit wirrem ungekämmten Haar, das grau zu werden begann, einem fahl und erschöpft wirkenden Gesicht, beherrscht von dunkel umschatteten Augen, das helle Sommerkostüm völlig zerknittert, die Bluse darunter eindeutig nicht mehr ganz sauber, es bot sich ihr ein Anblick von Verwahrlosung.

Na bravo, dachte Hedwig, aber egal, weiter jetzt. Wenn Oma mich so zur Kärntnerstraße gehen sähe, sie würde vor Scham umkommen. Aber sie sieht mich ja nicht mehr. Ich möchte das große Kaufhaus von damals finden. Da könnte ich alles mir Nötige rasch und ohne lange Zwischenwege besorgen. »Steffl« hieß dieses Kaufhaus früher, analog zum nahe gelegenen Stephansdom, den man ja auch so nennt. Mit der Großmutter war sie immer wieder in diesem mehrstöckigen Gebäude gewesen, wenn etwas Unerlässliches angeschafft werden musste. Die alte Frau durchwanderte es ehrfürchtig, tat sich ein wenig schwer mit den Rolltreppen, aber bewunderte diese Neuerung zugleich. Hedwigs gesamte Jungmädchengarderobe stammte aus dem Steffl.

Oma, es gibt auch Boutiquen.

Die sind nur voller Krimskrams.

Woher weißt du das, warst ja noch nie in einer!

Schau, Hedwig, dieser Rock, probier den! Die Oma lenkte sofort ab und blieb ihrem Steffl treu.

Die Oma.

Nach dem Verlassen der Großmutter, in den langen Jahren ihrer Abwesenheit, hatte auch diese Bezeichnung sich verloren. Oma, das bedeutete Nähe. Eine

Nähe, aus der sie ja geflohen war. Wer irgendwann starb und ihr eine Wohnung in Wien vererbt hatte, das war die Großmutter. Eine Großmutter, die zu vergessen sie sich bemüht hatte. Jetzt musste Hedwig feststellen, dass sie in Gedanken mehr und mehr dazu überging, ihr wieder den vertrauten, früheren Namen zurückzugeben.

Oma.

Schau, Oma! Dein Kaufhaus! Da ist es. Modernisiert, aber an Ort und Stelle! Was sagst du dazu? Schäbig, wie ich aussehe, gehe ich jetzt trotzdem hinein, schäm dich nicht, Oma. Ich kaufe das Nötigste an Kosmetika, die mein eigenes ramponiertes Äußeres dringend benötigt, dann ein paar hübschere Garnituren Bettwäsche, Frotteetücher für das Bad, Geschirrtücher, all diese Sachen eben, dann brauche ich auch Essensvorräte, Brot, Butter, Milch, Kaffee. Und Schreibpapier kaufe ich, einen Block und Einzelblätter zum Ausdrucken. Das vor allem.

In einer Seitengasse befand sich ein Taxistand. Hedwig schleppte ihre Einkäufe dorthin, Gepäckraum und Rücksitz des Autos quollen nahezu über, als das Taxi losfuhr. Und in der Schlösselgasse war es der Taxifahrer, der ihr half, alles zur Wohnung hochzutragen. Er war ein jüngerer Mann, sie musste ihn kaum darum bitten, er war sofort bereit, es zu tun. Ein schönes altes Haus, sagte er, ein wenig keuchend unter der Last, die er schleppte.

Meine Großmutter lebte hier, antwortete Hedwig, ebenfalls atemlos.

Also eine ältere Frau? So ohne Aufzug?

Meine Großmutter liebte das Haus so, wie es war, sagte Hedwig.

Ich hasste es, dachte sie dann. Aber fange ich jetzt etwa an, es auch so zu lieben, wie es ist?

So ein Lift wäre aber schon gut für Sie, meine Dame, man schleppt sich ordentlich ab über diese alten Stiegen, sagte der Taxifahrer und schichtete schwer atmend eine weitere Last an Einkäufen vor ihrer Wohnungstür auf.

Bei einem so netten Helfer doch nicht! Ich danke Ihnen! antwortete Hedwig und drückte ihm das Doppelte der geforderten Fahrgebühr in die Hand. Der Mann lachte, grüßte dann und ging die Stiegen abwärts davon, sie hörte seine Schritte verklingen.

Jetzt erst sperrte Hedwig die Wohnung auf. Gemächlich, ganz ohne Eile, trug sie Stück um Stück all dessen, was sie besorgt hatte, durch das Vorzimmer in den Raum, der früher auch als Speisezimmer gedient hatte und in dem ein großer Tisch stand. Sie platzierte ihre Einkäufe vorerst auf diese riesige schwere Tischplatte, ein wahres Gebirge an Gegenständen und Tüten. Dann stand sie davor, betrachtete alles und sortierte es in Gedanken. Schließlich wählte sie aus. Ganz zu Beginn die Putzmittel, dazu Lappen, Handbesen, Staubtücher. Ehe sie zu ordnen beginnen konnte, musste die Wohnung halbwegs gesäubert sein, das stand fraglos fest.

Hedwig war nie eine besonders häusliche Frau gewesen, wenn möglich, ließ sie ihre Wohnungen von Putzfrauen säubern. Aber jetzt, an diesem späten Nachmittag, bei offenen Fenstern, die Haare zurückgebunden, begann sie mit einer gewissen inneren Wut die Räume sauber zu kehren, alle Möbel abzustauben, mit feuchten Tüchern nachzuwischen, sie geriet bei dieser Säuberungsaktion in eine seltsame und überraschend wilde Euphorie. Vielleicht, weil ihr dabei gelang, alles andere zu vergessen.

In der Küche nahm sie sich den alten Kühlschrank vor, er funktionierte sogar noch, und sie wusch ihn blitzblank aus. Auch die Küchenmöbel wurden unter ihren Händen wieder weiß, was sie ja ehemals gewesen waren. Alles an vorhandenem Geschirr schrubbte sie sauber, trocknete es mit den neuen Tüchern ab, und räumte es in den Küchenkasten oder auf die Geschirrborde zurück.

Das Badezimmer machte ihr am meisten Mühe. Die schäbigen Kacheln, der fleckige Spiegel, Wanne und Waschmuschel mit eingetrockneten Kalkrändern, es starrte ihr trübe entgegen. Aber zum eigenen Erstaunen gelang ihr sogar, den Durchlauferhitzer wieder in Funktion zu bringen, sie rieb und wusch, polierte die alten Armaturen, das Bad sah zuletzt nahezu schmuck aus, nicht mehr so, als müsse einem davor ekeln, es auch nur zu betreten.

Es begann zu dämmern, Hedwig musste Licht machen.

Da sie auch nicht vergessen hatte, Glühbirnen zu erstehen, konnte sie alle Lampen zum Leuchten bringen. Vor allem die Bürolampe mit gläsernem Schirm, die auf den Schubfächern über der Schreibtischplatte stand und dessen grünsamtene Fläche hervorhob, ließ Hedwig sofort ihren Laptop samt Drucker aus ihrem Gepäck hervorkramen und aufstellen, und alles an Schreibpapier legte sie wohlgeordnet daneben.

Dann aber wurde sie müde. Und Hunger meldete sich.

Nur noch das Bett richten und etwas essen, dachte sie, alles Weitere morgen.

Auf dem Doppelbett erschuf sie sich mit den neu gekauften Kissen und Decken, in frisches Bettzeug gehüllt, ein einladendes Nachtlager.

Das Bett der Oma im Kabinett trug jetzt nur noch eine Überdecke. Auch den Tisch dort, jetzt frei von Lebensmitteln, hatte Hedwig blank poliert und eine von Omas Stickereien auf ihn gebreitet. Trotzdem musste sie kurzfristig ihr schlechtes Gewissen bezwingen, als sei diese Verschönerung ein Vergehen an Omas heimlicher Speisekammer von ehemals.

Sie selbst hatte ihre Essenseinkäufe in der Küche untergebracht, den Kühlschrank gefüllt, den Brotlaib in Omas alter Brotdose aus hellblauer Emaille verstaut, und einige Flaschen Rotwein standen frei herum.

Nachdem sie sich im Badezimmer, wo jetzt auch die Dusche funktionierte, von Staub und Schweiß gesäubert hatte, saß Hedwig in einem wahllos aus dem

Koffer gezerrten Nachthemd am Küchentisch. Gebeugt von Müdigkeit und wie abwesend aß sie ein paar Schinkenbrote zu einem Glas Wein. Dann schien etwas wie eine Ohnmacht sie zu überkommen. Leicht taumelnd stand sie auf, wankte in das Schlafzimmer, drehte am Weg dorthin mit Überwindung noch überall das Licht ab, dann auch die Nachttischlampe neben sich, und streckte sich auf dem Bett aus.

Hedwig schlief ein, ehe sie noch irgendeinen Gedanken denken konnte. Es war wie ein Verlöschen.

～

Anton, rief Hedwig, er war zu weit hinausgeschwommen, die anrollenden Wogen verwehrten ihr den Blick auf ihn, Anton, Hund, sei nicht so übermütig, bedenke das Meer, es ist wunderbar, aber gefährlich, Anton, ich sehe dich gar nicht mehr, bitte komm zurück zu mir, Anton, schau, diese Woge, was für eine Woge, hoch wie ein Haus, sie nähert sich so schrecklich vom Horizont her, Anton, beeile dich, sie wird uns beide verschlingen –

Als sich Hedwig mit einem lauten Schrei, den sie selbst erwachend noch vernahm, aus dem Traum löste und aufsetzte, war sie schweißnass. Es war hell im Zimmer, durch die geöffneten Fenster wehte warmer Sommerwind herein. Hedwig legte beide Handflächen über ihr Gesicht und versuchte in deren Schatten auszuatmen. Seit der Hund gestorben war, hatte sie immer wieder von ihm geträumt, jedoch noch nie so angstvoll, in solcher Panik. Ihre eigenen tiefen Atemzüge beruhigten sie langsam wieder.

Wie spät mag es sein, dachte sie, ich habe wohl sehr lang geschlafen. Ich muss mein Handy suchen, die Wanduhren im Schlafzimmer und in der Küche wurden lange nicht aufgezogen, ich habe keine Ahnung mehr von Zeit.

Sie warf die Decke von sich, stand auf, suchte barfuß herumtappend ihre Umhängetasche, fand sie am Fensterbrett im Vorzimmer, und zog das Handy hervor. Scheiße, es ging nicht mehr, der Akku war leer! Also musste sie weitertappen und in den zwei Reisekoffern, die derzeit all ihr Hab und Gut enthielten, auch nach dem Ladegerät kramen. Das dauerte.

Dann suchte sie die Wände der ganzen Wohnung vergeblich nach einer zeitgemäßen Steckdose ab. Nahezu bereits am Ende ihrer Hoffnungen, machte Hedwig endlich den überraschenden Fund: neben dem Schreibtisch hatte die Oma erstaunlicherweise eine solche Neuerung anbringen lassen. Für die hübsche gläserne Bürolampe wohl, die so einen Stecker benötigte.

Eben! Diese Lampe hatte es damals noch nicht gegeben! Hatte die Oma sie für sich selbst angeschafft, um etwa eines Tages das zu tun, was sie zuvor nie getan hatte – zu schreiben? War sie etwa versucht gewesen, ihrer Enkeltochter einen Brief zu schreiben?

Wie denn, ohne Postanschrift. Selbst hatte sie der Oma ja keinen einzigen Brief zukommen lassen. Vielleicht hatte die alte Frau einfach nur darauf gewartet, dass sie, Hedwig, zurückkehren und den Schreibtisch eines Tages wieder benutzen würde? Denn auch der grüne Samtbelag auf der Schreibfläche war neueren Datums, Hedwig hatte als Schülerin ihre Hausarbeiten noch auf barem Holz erledigt, und wenn sie schlecht gelaunt war, wirre Zeichen und Herzen hineingeritzt. Aber wie auch immer, die Oma hatte ihre Enkeltochter umsonst zurückerwartet. Schluss jetzt.

Hedwig zog den Stecker der Bürolampe heraus und schloss das Ladegerät an. Ha, bereits elf Uhr vormittags! Erstaunlich! Aber wer weiß, wie spät es gestern schon war, als sie einschlief.

Sie setzte sich so wie sie war, noch im Nachthemd und ohne im Badezimmer gewesen zu sein, auf den Sessel vor dem Schreibtisch und begann einzelne Laden zu öffnen. Die kleinen Schubfächer auf der Konsole enthielten wenig. Ein paar alte Schillingmünzen, Bleistiftstummel, eine ewig nicht benutzte Füllfeder, einige uralte Rechnungsbelege.

Aber dann doch, im untersten Lädchen, ein Foto von ihr selbst. In Postkartengröße, schwarzweiß. Das Foto musste noch vor ihrer Matura aufgenommen worden sein. Das junge Mädchen blickte etwas verkrampft um ein Lächeln bemüht in die Kamera, Hedwig verstand das auch im Rückblick, gab es doch ihren lebenslangen Unwillen, sich fotografieren lassen zu müssen. Auf diesem Foto hatte sie helles, lockiges Haar, das ihr bis auf die Schultern fiel, sie trug eine weiße Bluse und drüber eine Strickweste. Oma hatte die Weste gestrickt. Mit Zopfmuster, aber recht hübsch. Überhaupt sah sie auf diesem Bild hübsch aus, hübscher als sie je dachte gewesen zu sein.

Hedwig schob den Sessel zurück, bückte sich und zog die große untere Schublade auf. Was sie da sah, trieb ihr plötzlich Tränen in die Augen. Es waren alle ihre Schulhefte, säuberlich nach Jahren gestapelt. Auch einige Schulbücher und der große Welt-Atlas für die Geografiestunden befanden sich in dieser Lade. Hedwigs gesamtes Schulleben, all die Jahre im Gymnasium waren von der Oma in einer Weise übersichtlich angeordnet und gepflegt worden, wie andere ein Heiligtum hüten. Deshalb vielleicht die neue Lampe! Vielleicht las sie in Hedwigs Schulaufsätzen! Wollte in Erfahrung bringen, was und wie ihre Enkeltochter schrieb. Oder sie studierte in anderen Heften auch die Rätsel der Mathematik, ohne sie je lösen zu können, nur so, sah geometrische Zeichnungen und Formeln, erfuhr aus den Geografieheften vom Zustand der Welt, vielleicht war diese große Lade zu Omas Bibliothek geworden, zu dem, was sie am Leben noch interessierte. Sie hatte vielleicht einen Filzbelag über die von ihrer Enkeltochter zerkratzte Schreibtischfläche spannen lassen, um so die Erinnerungsspuren vergangener Zeiten zu schützen. Vielleicht aber auch, um selbst beim Lesen und

Umblättern eine ruhigere Unterlage und dieses sanfte Grün vor sich zu haben.

In Hedwig entstand ein Bild, das sie noch nie sah. Sie sah die Großmutter neu. Sah sie zum ersten Mal wieder vor sich. Ein halbes Leben lang hatte sie das vermieden. Und jetzt erblickte sie eine alte Frau, die genau auf diesem Sessel, vor genau diesem Schreibtisch, im Schein einer neu erstandenen Bürolampe behutsam in Heften und Büchern blätterte. Wie hatte sie sich in den vielen Jahren wohl verändert. Wie war sie gealtert. Hedwig wusste nichts. Nur dass sie mit über neunzig Jahren verstarb, ohne davor lange krank oder hinfällig gewesen zu sein, und diese Wohnung ihr, Hedwig, vermacht hatte. Weder Cousin Bernhard noch der Notar, bei dem sie nach ihrer Ankunft eine Unterschrift hatte leisten müssen und den Wohnungsschlüssel erhielt, konnten ihr mehr dazu sagen. Die Oma lebte also einsam und ohne viel Kontakt zum Rest der Familie und zur Welt weiter, nachdem ihre Enkeltochter sie verlassen hatte. Sie las in den Schriften und Lehrbüchern einer Gymnasiastin und holte sich von dort her die Wachheit, sehr alt zu werden.

Aber vielleicht auch aus der Erwartung, ihre geliebte Enkelin eines Tages wiederzusehen?

Hedwig wurde leicht übel, einige Tränen hatten sich aus ihren Augen gelöst und waren über die Wangen geflossen, sie wischte sie mit beiden Händen und voll Heftigkeit weg. Nein. Jetzt bitte kein schlechtes Gewissen, kein Bereuen, nein, nur das nicht! Übel war ihr wohl vor Hunger, sie sollte frühstücken. Und vorher ins frisch gesäuberte Badezimmer gehen und sich selbst auch erfrischen. Weg mit dem Nachthemd. Die Koffer auspacken, sich vernünftig ankleiden.

Hedwig erhob sich, schob die große Lade mit einem Knall zu und den Sessel wieder näher zum Schreibtisch hin. Später werde ich den Computer anwerfen, mir alles so einrichten, dass es funktioniert, und schreiben. Werde aufschreiben, warum ich nur so überleben konnte, Oma.

Nach einer Schale Milchkaffee und einem Butterbrot saß Hedwig am Küchentisch und wusste trotzdem wieder nicht so recht, was sie mit dem Tag anfangen sollte. Sie hatte ihre Toilettesachen im Badezimmer deponiert, sich gewaschen, Zähne geputzt, sie war in ein Sommerkleid geschlüpft, das zerknittert, aber frisch war. Als sie es herausholte, hatte sie beide Koffer entleert, alles lag flüchtig hingeworfen auf dem Boden herum. Sie müsste also Omas Kleiderschrank denn doch wieder einmal öffnen und – ja, ausräumen. Ihn für ihre eigene Garderobe freimachen. Wenn hier geblieben, Hedwig, muss das wohl sein. Es ist sommerlich heiß draußen und auch in der Wohnung nicht so kühl wie sonst. Mache ich das heute noch? Und wohin mit Omas Kleidung?

An Fragen des praktischen Alltags hatte sie immer schon gelitten. Nun war sie ja tags zuvor als Putzfrau gewaltig über ihren eigenen Schatten gesprungen, auch beim Erledigen all der nötigen Einkäufe davor, sie konnte sich selbst nur loben. Aber Omas Kleiderschrank baute sich jetzt plötzlich als gewaltige Hürde vor ihr auf.

Hedwig wusch die Kaffeeschale, den Brotteller, ordnete alles, was am Tisch herumstand, langsam und penibel an Ort und Stelle zurück, ließ sich Zeit, verschob. Bis es ihr selbst zu dumm wurde. Sie schritt langsam auf die Abstellkammer zu, in der sich, neben dem Wäschekasten, auch Omas Kleiderschrank befand. Wie früher manchmal üblich, besaß diese alte Wohnung einen schmalen, dunklen, fensterlosen Raum zwischen Küche und Schlafzimmer. Hedwig betrat ihn und drehte die Deckenlampe an, in die sie gestern mühevoll, auf einem Schemel balancierend, eine neue Glühbirne geschraubt hatte.

Dann öffnete sie den Schrank.

Der leicht muffige Geruch nach Vergangenheit überfiel sie wieder, aber Ordnung herrschte. Einige Fächer mit Unterwäsche, Strümpfen, Socken, Strickjacken, alles übersichtlich gestapelt. Und daneben auf Kleiderbügeln, brav nebeneinander, hing all das, was Hedwig nur allzu gut kannte. Die Großmutter schien bei ihrer Garderobe von damals geblieben zu sein, die wadenlangen Kleider mit Spitzenkrägen, die geraden Röcke und Jacken für den Winter, wenig Neues an Kleidungsstücken fiel Hedwig auf. Wonach es im Schrank roch, schien sich aus Staub und Kampfer zusammenzusetzen, es roch aber nicht unangenehm.

Wie hatte man es nur fertiggebracht, alles so geordnet zu hinterlassen, als wäre die Oma davongeflogen. Es musste doch ein Begräbnis gegeben haben, Menschen, die nach ihrem Tod etwas suchten, vielleicht sogar nach etwas wühlen mussten, ehe sie das Gewollte fanden. Wer hatte es organisiert, sie zu begraben? Sie für den Sarg zuzubereiten? Es gab ja außer diesem Cousin und dessen Umfeld keinerlei Verwandtschaft, also mussten die das ja irgendwie bewirkt haben, sie sollte sich vielleicht bedanken?

Hedwig wurde sich mit plötzlicher Scham bewusst, dass sie niemanden befragt hatte, was mit der Großmutter nach deren Tod geschehen war. Nicht diesen Cousin Bernhard, nicht den Notar. Letzterer hätte aber auch kein offenes Ohr für irgendwelche Fragen gehabt, er war kurz angebunden, es war vor Büroschluss, es gab nur seine Erleichterung, schien es ihr, dass die Sache jetzt vom Tisch kam. Und sie selbst war viel zu müde, wie abwesend und völlig am Ende. Als sie am Flughafen aus der portugiesischen TAP-Maschine gestiegen und gleich zur Kanzlei des Notars gefahren war, dachte sie an nichts anderes, als den Schlüssel zur Wohnung zu erhalten und sich endlich irgendwo fallen lassen zu können.

Jetzt aber die Empfindung von Scham. Hedwig stand vor dem Kleiderschrank und starrte ins Leere. In diese Leere, die nach Versäumnissen zu entstehen pflegt und die sie kannte. Hatte sie doch immer wieder einmal irgendetwas töricht verabsäumt. Hatte einfach nicht darauf geachtet, was das Leben ihr vielleicht anbieten oder gar schenken wollte. Darin war ich Meisterin, dachte Hedwig.

Jetzt aber stand sie da, eine Frau von über 50 Jahren, stand vor einem geöffneten Schrank, in den lange keiner mehr geblickt hatte, und wusste nicht wohin. Wohin mit der alten Kleidung, wohin mit sich selbst.

Hedwig zwang sich, ihre Starre aufzulösen und sachlich weiterzudenken. Es gab doch im Besitz der Oma sicher auch irgendwelche alte Koffer. Sie hob den Blick. Ja, sogar gleich da oben am Schrank! Zwei Uralt-Modelle, aus Pappendeckel noch, die Oma war ja nach Flucht und Kriegswirren in ihrem späteren Leben nie auf Reisen gewesen, soweit Hedwig sich erinnerte. Nie in ein anderes Land, nie in ein Hotel, nie mit zeitgemäßem Gepäck. Außer sie fuhr zu den Bauersleuten ins Waldviertel, dorthin immer mit dem Autobus, nie sehr lang diese Fahrt, und meist trug sie dabei nur zwei große Leinentaschen, in denen sie Essbares transportieren konnte. Wo die jetzt wohl waren, diese zwei Taschen. Gestreiftes, dickes Leinen, früher hingen sie in der Küche am Fensterknauf.

Der Schemel, auf den Hedwig stieg, war hoch genug, dass es ihr gelang, die Koffer vom Schrank herunterzuzerren. Es ging leicht, da beide Koffer leer waren. Wunderbar. Sie legte sie am Fußboden geöffnet nebeneinander.

Und dann begann sie, ohne noch zu zögern, alles aus dem Schrank in die Koffer zu schlichten. Der eine füllte sich mit dem, was in den Fächern gestapelt gewesen war, in den anderen breitete Hedwig alle Kleidungsstücke, die auf den Bügeln gehangen hatten, sorgfältig übereinander. Es ging sich genau aus, beide Koffer waren bis zum Rand voll.

Sie schloss die Koffer und schob sie in die Ecke des Raumes, dorthin, wo auch die Schuhe der Großmutter aufgereiht standen, wenige kräftige Halbschuhe und ein Paar Winterstiefel.

Ich werde diesen Bernhard anrufen, dachte Hedwig, seine Nummer ist in meinem Handy sicher noch auffindbar. Wenn auch mit Überwindung, ich muss es irgendwann tun. Muss mich bedanken, dass Omas Begräbnis und diese Ordnung in der Wohnung von ihm und seiner Familie übernommen worden waren, denn wer sonst sollte es gewesen sein.

Hedwig ging ins Wohnzimmer hinüber und setzte sich vor den Schreibtisch. Aus den immer noch offenen Fenstern strich warme Stadtluft herein, diese von Stein und Enge beatmete Sommerlichkeit in der Schlösselgasse, die sie von früher kannte. Selten war sie ja in den Schulferien mit der Großmutter ins Waldviertel gefahren, auch wenn die sie dazu aufforderte, ihr erschienen die Leute auf dem Bauernhof zu einfältig und öde. Andere Reisen, etwa mit Schulfreundinnen, nach Jesolo ans Meer oder ins Gebirge in Tirol, dafür konnte die Oma das Geld nicht aufbringen. Hedwig war sommers manchmal alleine geblieben, im Rathauspark saß sie zeitweise lesend unter den Bäumen, das war alles.

Hedwig sah sich die Schreibtischfläche mit Computer, Drucker und Papierstoß genauer an und begann zu überlegen. Diese grüne Filzbedeckung gefiel ihr gar nicht. Kurz entschlossen entfernte sie alles wieder, was sich auf ihr befand, und begann sie an einer Ecke einzureißen, was ohne Mühe gelang. Also zerrte sie weiter an dem grünen Filz, bis dieser langsam, Riss für Riss, die hölzerne Fläche zur Gänze wieder freigab. Da waren sie, die alten Runen, all das, was sie aus Langeweile oder in Gedanken während ihrer Hausaufgaben und später beim Studium in das Holz geritzt hatte. Klebstoff blieb keiner haften, der Filz war nur an den Rändern damit befestigt gewesen. Hedwig knüllte ihn zusammen und warf das grüne Bündel aufatmend beiseite.

Dann stellte sie alles wieder auf den Schreibtisch zurück. Sie schloss Computer und Drucker per Kabel an der neu entdeckten Steckdose an, nahm den Laptop in Betrieb und legte eine Datei an. Alles gelang.

Jetzt befand sich also endlich wieder diese unbeschriebene weiße Fläche vor ihr. Dieses leere Weiß, das, sei es auf Papier oder am Bildschirm, lebenslang so etwas wie Hoffnung in ihr geweckt hatte. Weil darauf noch nichts feststand und diese Leere allen Möglichkeiten Raum gab. Etwas, das das Leben selbst einem ja meist verwehrt. Hedwig hatte am unverrückbar Feststehenden, an der puren und alles beherrschenden Realität immer gelitten. Ihre Ausflucht wurde das Schreiben. Aufschreiben. Niederschreiben. Sogar im journalistischen Beschreiben realer Gegebenheiten war sie sich stets der Freiheit bewusst gewesen, ihrer eigenen Formulierung Folge zu leisten und dadurch auch verändernd wirksam werden zu können. Ja, sie hatte sich frei dabei gefühlt.

Hedwig fixierte am Bildschirm Schriftgröße und Seitenbild.

Dann lagen ihre Hände nochmals untätig im Schoß, sie blickte durch den Bildschirm, durch die leere Seite mit der Ziffer 1 rechts oben, zurück ins Vergangene. Wie hatte sich ihr Aufbruch angekündigt. Wie ließ alles sich an, nachdem sie diese Wohnung, die Schlösselgasse, Wien, und vor allem die Großmutter verlassen hatte. Wie erzähle ich es dir, Oma.

Und es ist wohl so, dachte Hedwig, dass ich es ihr erzähle. Dieser Frau, die vergeblich auf einen Brief, ein Schreiben gewartet hatte, einen Gruß vielleicht nur, irgendein Zeichen von der einzigen und geliebten Enkeltochter, von mir, von dieser Vagabundin, dieser Suchenden, die nichts fand außer zuletzt die Liebe eines Hundes. Es sind an die dreißig Jahre, von denen ich zu erzählen habe.

Aber jetzt eins nach dem anderen, Oma.

Hedwig hob ihre Hände über die Tastatur und schrieb.

Eins nach dem anderen, Oma.

Ja, du warst erstaunt und nicht sehr zufrieden damit, dass ich nicht Medizin oder Jus, sondern Publizistik studieren wollte. Du konntest dir unter diesem Studium nichts vorstellen, und hattest rückblickend vielleicht nicht ganz unrecht damit. Aber ich versuchte es trotzdem so zu erklären, dass dir verständlich würde, warum es mich anzog, Journalistin zu werden.

Ich will schreiben, Oma, sagte ich. Etwas schreiben für andere Menschen, für die Öffentlichkeit, verstehst du? Man nennt das auch Journalistik, man wird also Journalist. In Zeitungen schreiben, Bücher schreiben, für den Rundfunk Sendungen schreiben, für das Fernsehen schreiben –

Du willst ins Fernsehen gehen?

Die Oma unterbrach mich mit schreckgeweiteten Augen.

Hedwig hörte auf zu schreiben und betrachtete den Fernsehapparat. Auf einem Tischchen, neben die Kredenz gezwängt, stand er immer noch da wie ehedem. Die Oma benützte ihn ja fast nie, und wenn, dann mit sichtbarer innerer Ablehnung. Man musste ungemütlich am Tisch sitzen, um zuzusehen, und die Oma mochte es nicht. Das Radio war ihr ein Leben lang lieber gewesen. Werde ich je versuchen, dieses vorsintflutliche Fernsehgerät nochmals in Gang zu bringen? überlegte Hedwig. Besorge ich mir eines Tages noch ein heutiges Modell für hier, für diese Wohnung? Werde ich hier bleiben?

Egal. Jetzt schreibe ich weiter.

Nein, Oma, ich will nicht ins Fernsehen gehen, antwortete ich, ich will aufschreiben, was andere dann dort vielleicht sagen. Du wirst mich nicht im Fernsehen anschauen müssen, keine Angst! Ich will beobachten, was auf der Welt geschieht, und will es aufschreiben. Mitteilen, verstehst du?

Mitteilen?

Ja, es mit anderen Menschen teilen, die lesen oder zuschauen oder zuhören.

Also auch im Radio?

Ja, auch im Radio vielleicht.

Aha.

Das beruhigte die Oma am meisten, dem Radio war sie verfallen, seit der Nachkriegszeit hatte sie diese Leidenschaft für sich entdeckt. Aus dem Kabinett drang bei offener Tür stetig Radiomusik oder im Radio Gesprochenes, wenn sie in der Küche arbeitete.

Sie widersprach also kaum noch, als ich mich als Studierende im Institut für Publizistik und Medienwissenschaft anmeldete und sie sogar wahrnehmen durfte, dass auch dieses Studium etwas mit der Universität zu tun hatte. Die Universität! Das war für sie Heiligtum, Kirche!

Wir lebten also weiter in unserer Zweisamkeit, die keiner je aufstörte. Ich lud niemanden in die Wohnung der Großmutter ein, und für sie war das ein Selbstverständnis. Da sie ausschließlich für die Tochter ihres verstorbenen Sohnes lebte, ich ihr Lebensinhalt geworden war, forderte sie diese Ausschließlichkeit auch von mir ein. Das heißt – sie forderte nie. Ich fühlte mich ohne jede Forderung dazu gezwungen, tat es also freiwillig, oder unter einem Zwang, der nie ausgesprochen wurde. Klingt seltsam, Oma, aber so war mir zumute. Der plötzliche Tod beider Eltern hatte mich als kleines Mädchen in die Tiefe eines Schweigens gerissen, das keiner je aufbrach. Du redetest nie mit mir darüber, Oma. Ich war von einem Tag zum anderen gänzlich bei dir, nicht mehr nur zu Besuch, du quartiertest mich in das Schlafzimmer mit den Ehebetten ein, der Opa war schon lange tot, ich erhielt den Schreibtisch im Wohnzimmer zur alleinigen Verfügung, du sahst mich mit Befriedigung meine Hausaufgaben machen, du liebtest, dass ich ins Gymnasium ging und dort eine gute Schülerin war, du kochtest für mich, brachtest vom Land »noch nicht vergiftetes« Gemüse und Obst, ich sollte gesund sein und lernen. Es war deine eigene Sehnsucht, die du an mir erfüllt sehen wolltest. Gern hättest du gelernt, studiert, anders gelebt, Oma. Aber Kriege und Armut hatten es dir versagt, eine Heirat ohne Liebe, ein einziger geliebter Sohn, diese dunkle Wohnung in der Schlösselgasse, die ihr euch nur mit Verzicht auf alles, was Leben verschönt und erleichtert, erstehen konntet, war der Ehemann ja nur mit kläglich geringem Verdienst bei der Bahn tätig. Nach seinem Tod deine ebenso geringfügige Witwenrente und einsame Frauenjahre, Jahre eines genügsamen, sehr bescheidenen Lebens ohne Ansprüche. Manchmal zu Besuch bei den Waldviertler Bauern, die in den Nachkriegsjahren dir zu Freunden geworden waren, manchmal das Enkelkind zu betreuen, manchmal sonntags bei der Schwiegertochter eingeladen, du warst es zufrieden, denke ich.

Aber dann dieses Zugsunglück. Der Tod deines einzigen Sohnes, gemeinsam mit der Ehefrau, deine dir nah zugehörige Familie ausgelöscht. Nur noch ich da, Hedwig, ein kleines zwölfjähriges Mädchen, und dieses Mädchen war plötzlich an deiner Seite, neben dir, bei dir, bei einer bereits alt gewordenen Frau, und ganz und gar deren Obhut übergeben.

Ich glaube, es reicht für jetzt, dachte Hedwig, nachdem sie die Hände wieder in den Schoß gelegt und die letzte Passage zurückgelesen hatte. Hunger meldete sich. Vielleicht zum italienischen Lokal in die Florianigasse, auf eine Pizza? Und ich müsste mich unbedingt bei Cousin Bernhard melden, mitteilen, dass ich jetzt hier bin, und dass ich beim Notar alle Dokumente unterschrieben habe. Auch will ich mich bedanken: für das Begräbnis, die geordnet verbliebene Wohnung und vor allem die Geduld, mein Auftauchen abzuwarten. Am besten, ich rufe gleich an.

Hedwig griff nach dem Smartphone, es lag neben ihr am Schreibtisch, und überprüfte die eingegangenen Nummern der letzten portugiesischen Tage. Schnell entdeckte sie die einzige Wiener Nummer, es war Bernhards Anruf gewesen, als sie nach Antons Sterben selbst wie tot auf ihrem Bett lag, dann dennoch das Zeichen des Handys wahrgenommen und sich seltsamerweise gemeldet hatte.

Sie wählte.
Ja? sagte eine Männerstimme.
Bernhard?
Ja. Wer spricht?
Ich bin es, Hedwig, ich bin jetzt in der Schlösselgasse.

Ein Ausruf folgte, der fast einem Aufschrei glich, und dann in einem Lachen mündete.

Darf nicht wahr sein! Die Hedwig! Also wirklich in Wien?

Ja, Bernhard, seit zwei Tagen. Ich habe den Notar von Lissabon aus kontaktiert, du hast mir ja seine Nummer gegeben, hab gleich nach meiner Ankunft bei ihm alles erledigt, unterschrieben, und den Wohnungsschlüssel erhalten.

Und bist gleich in die Wohnung? Nicht erst mal in ein Hotel? Muss ja schauerlich gewesen sein, so lange leer stehend! Ich war auch ewig nicht mehr drin.

Gerade deshalb möchte ich mich bedanken, Bernhard. Es war zwar alles dumpf und verstaubt, aber denn doch wunderbar in Ordnung, kein Chaos! Danke!

Na ja, wir haben unser Möglichstes getan, die Großtante hat so darauf bestanden, dass wir dir alles ordentlich übergeben.

Die Großtante?

Deine Oma, ja. Sie hat uns in ihren letzten Jahren manchmal treffen wollen, auch mit meinem Notar hab ich sie zusammengebracht, sie hat so auf dich gewartet und darauf bestanden, dass du diese Wohnung erhalten sollst, sogar voraus bezahlt hat sie vieles, auch ihr eigenes Begräbnis – hallo? Hedwig, hörst du mich? Ist was?

Entschuldige, Bernhard, murmelte Hedwig. Das Weinen war so plötzlich und heftig in ihr hochgestiegen, dass es ihr kurz die Stimme geraubt hatte. Sie räusperte sich.

Da bin ich wieder, Bernhard. Ich möchte mich wirklich bei euch bedanken, also bei dir und deiner Familie, für das Begräbnis und alles, wirklich, vielen Dank.

Sie war eine sehr liebe Frau, die Großtante Pflüger.

Ja, das war sie. Und ich schäme mich.

Der Cousin schwieg kurz.

Na, na, sagte er dann, was geschehen ist, ist geschehen.

Liegt sie im Familiengrab?

Ja, in Heiligenstadt, bei deinem Opa. Und bei deinen Eltern.

Kann ich mich irgendwie, mit irgendetwas bei euch erkenntlich erweisen? Finanziell?

Nein, nein, die Großtante hat alles geregelt. Besuch uns doch mal.

Ja, das werde ich tun. Mailst du mir eure Adresse und all das?

Klar! Wir bleiben in Kontakt!

Dank dir, Bernhard!

Mach's gut!

Tschau!

Hedwig legte ihr Handy beiseite und starrte eine Weile vor sich hin, sie starrte in einen Raum, der vor ihr lag und den sie nicht kannte. Ruhelos war sie unterwegs gewesen und hatte gedacht, sie könne sich die Welt untertan machen, immer wieder hatte sie das gedacht. Aufbruch, Weiterziehen, ihre nicht zu tilgende Neugierde und der Wunsch hin zu neuem Erleben, das wurde ihr vertraut, so sieht Leben aus, dachte sie in den Jahren ihres noch als jung geltenden Frauseins. Das war jetzt vorbei. Sie war irgendwo angekommen und wusste noch nicht genau, wo. In irgendeiner Endgültigkeit jedenfalls. Und das erschreckte sie. »Denn jede Endgültigkeit ist ein Tod« hieß die Zeile eines Liedes, das sie mochte, und die ihr ein wenig zur Lebensparabel geworden war. Ja, jede Endgültigkeit ist ein Tod.

Jetzt aber hat sich der Kreis geschlossen. Sie war an ihren Anfang zurückgekehrt, um weiterzuleben. Aber wie, das wusste sie nicht. Was anfangen mit den Tagen, die wohl noch auf sie zukommen würden.

Vielleicht erst mal eine Pizza essen, rief sie sich zur Ordnung. Es geht doch stets nur so, Schritt um Schritt durch den Alltag dahin, Zukunft ist und bleibt im Verborgenen. Hedwig dachte an den Ausspruch: Willst du, dass die Götter lachen, dann mach' Pläne. Wer hatte ihr das zum ersten Mal gesagt? War es nicht Eugen gewesen?

Aber weg jetzt mit dieser Überlegung, wozu auch, sie musste unbedingt Nahrung zu sich nehmen, ihr

Magen knurrte, fast war ihr übel vor Hunger, also los, zum Italiener um die Ecke.

Vor ihrer Flucht aus Wien hatte sich dieses italienische Lokal bereits in der Florianigasse etabliert. Sie war oft daran vorbeigegangen und hatte durch die offene Tür den Geruch einer anderen, südlicheren, lebhafteren Welt eingeatmet. Ein einziges Mal konnte sie die Großmutter dazu überreden, mit ihr dort zu Abend zu essen. Nie wird sie vergessen, wie die Oma eine Pizza Margherita vorwurfsvoll zerteilte und widerstrebend davon aß. Hast du nicht lieber eine Palatschinke von mir, Hedwig? fragte sie, die ist weniger hart. Ich kann dir auch so was Ähnliches machen, aber nicht so angebrannt, und mit Käse und Tomaten aus dem Waldviertel drauf! Und diese Nudeln, die du isst – Spaghetti, Oma! warf Hedwig ein –, also gut, Spaghetti, wie auch immer die heißen, ich mach dir das besser, du kennst doch meine Nudeln mit Speck und Zwiebeln, oder?

Hedwig hatte es aufgegeben, die Oma jemals wieder zu verlocken, mit ihr »den Italiener« zu besuchen. Ihr selbst fehlte es am Geld, es allein zu tun. Sie bekam von der alten Frau, was diese erübrigen konnte, aber es war wenig.

Jetzt saß sie also an einem Ecktisch, überblickte das Lokal, es war gut besucht, sie hatte genügend Geld in der Tasche, sich hier alles zu leisten, und aß doch nur eine Pizza Margherita. Eigentlich in Erinnerung an das zögerliche Herangehen der Großmutter an diese mittlerweile aus Italien eingeführte Selbstverständlichkeit, an die bestürzte Abwehr des ihr fremden Gerichts auf dem großen Teller. Hedwig sah plötzlich das zwar halbherzig um Zustimmung bemühte, jedoch letztlich widerstrebende alte Gesicht vor sich, und es entlockte ihr ein Lächeln. Damals konnte sie nicht lächeln. Warum eigentlich nicht? Damals empfand sie bei der Frau, die ihr im Schein einer strohgeflochtenen Hängelampe gegenübersaß, nur Rückständigkeit, altmodisches Spießertum, totale Weltfremdheit, und sie schämte sich ihrer. Damals wollte sie anders leben, wollte sie jugendlich leben, so, wie sie sich Jugend bei anderen vorstellte, ausgelassen, ohne Konventionen und in leuchtender Freiheit, ihr war, als würde sie in der Enge von Omas Schlösselgasse gefangen gehalten und ihr dort alles an Leben verdunkelt, sie sehnte sich hinweg, und nur das.

Hedwig winkte dem Kellner und bestellte ein zweites Glas vom Rotwein, der »Primitivo« hieß. Der Name gefiel ihr.

Woher kommt dieser Wein denn? fragte sie, aber der Mann, der ihn brachte, zuckte nur ratlos mit den Schultern.

Verzeihen Sie, dass ich mich einmische, sagte ein Herr, der allein am Nebentisch saß, aber ich kenne mich da aus.

Ach ja? reagierte Hedwig höflich.

Ja! Der Primitivo stammt eigentlich aus Kroatien, aber ich denke, der Wirt hier bezieht ihn aus Apulien, dort gibt es Weingüter, die diese Trauben haben und ihn herstellen.

Danke, sagte Hedwig.

Gern geschehen. Ich bleibe mittags lieber beim Bier, trinke den Primitivo aber auch gern und reichlich hier.

Sind Sie ein Stammgast?

Warum frage ich ihn das, dachte Hedwig.

Der Herr lachte leise und verhalten auf.

Kann man so sagen! Ich wohne im Haus gegenüber und koche nur selten selbst.

Ich auch.

Was soll diese Auskunft, dachte Hedwig.

Wieder das leise Auflachen des Herrn.

In der Sache sind wir uns also einig. Sind Sie zum ersten Mal Gast hier?

Ja. – Das heißt – nein. Dieses Lokal gibt es ja schon lang, ich kenne es noch aus meiner Jugendzeit. Das ist aber Jahrzehnte her.

So lange waren Sie nicht mehr hier?

Ja.

Und etwa in all der Zeit gar nicht mehr in Wien?

Stimmt. Aber jetzt wieder.

Also eine Heimkehrerin, wie gut. Wien ist die beste Stadt aller Städte.

Er hat recht, eine Heimkehrerin bin ich, wie die Heimkehrer nach dem Krieg es waren, dachte Hedwig. Aus meinem eigenen Krieg bin ich heimgekehrt.

Sie fühlte den Blick des Mannes am Nebentisch ernsthafter auf sich gerichtet, und auch das Erwachen von Interesse. Er wird weiter fragen, dachte sie.

Verzeihen Sie die Frage – aber wohnen Sie in der Nähe?

Ja, um die Ecke, in der Schlösselgasse.

Ich wusste gar nicht, dass es da ein Hotel gibt.

Ich wohne in meiner Wohnung, nicht im Hotel.

Sie besitzen hier eine Wohnung?

Ja, die meiner Großmutter, ich hab sie von ihr geerbt.

Und sind Sie schon länger wieder da?

Nein, erst seit drei Tagen.

Ja, dann willkommen!

Danke.

Wieso gebe ich dem Mann all die Auskünfte, dachte Hedwig, wieso lasse ich mich auf dieses Gespräch ein. Sie trank ihr Weinglas aus, schob den leeren Pizzateller von sich und winkte dem Kellner, der untätig an der Theke lehnte.

Die Rechnung, bitte!

Darf ich Sie vielleicht auf dieses Willkommensmahl einladen? fragte der Mann, es wäre mir eine Freude.

Nein, ich zahle lieber selbst und werde jetzt auch gehen.

Tut mir leid, wenn ich aufdringlich war.

Waren Sie nicht, ich war zu gesprächig.

Finde ich nicht.

Ich schon. Ist eigentlich nicht meine Art.

Mein Name ist Lukas Rothmeier, nur um unserem kurzen Gespräch Form zu geben. Bin aber schon still.

Ich heiße Hedwig Pflüger.

Hedwig! Schön.

Hedwig heißt man doch nicht mehr.

Wer sagt das?

Meine Großmutter hieß so, und mein Vater bestand darauf, auch mich so zu nennen. Meine Mutter hingegen meinte: Hedwig heißt man doch nicht mehr.

Ein kluger Vater, unbekannterweise mein Gruß an ihn.

Meine Eltern sind tot. Schon seit Langem.

Wenigstens sagt der Mann jetzt nicht: tut mir leid, sondern schweigt, dachte Hedwig. Der Kellner kam, legte die Rechnung vor sie hin und sie zahlte. Als sie aufstand, um zu gehen, erhob sich auch Lukas Rothmeier. Hedwig konnte nicht anders als ihm die Hand hinzustrecken. Er nahm sie in die seine und das fühlte sich erstaunlich warm und angenehm an. Ein sanfter, aber bestimmter Druck, ehe er sie wieder losließ.

Ich wünsche Ihnen fürs Weitere ein erfreuliches Wieder-in-Wien-Sein, sagte er.

Danke, den Wunsch kann ich brauchen.

Vielleicht sehe ich Sie nochmals hier? Die Pizzen sind gut und alles andere auch.

Kann sein.

Fein.

Also Adieu.

Auf Wiedersehen.

Als Hedwig auf der Straße stand, hatte sie plötzlich noch keine Lust, in die Wohnung zurückzugehen. Der frühe Nachmittag war nach wie vor sonnig, aber nicht allzu heiß, wie ihr schien. Also wanderte sie die Florianigasse abwärts, wieder Richtung Rathaus. Sie kam am großen Gebäude des Landesgerichts vorbei. »Das graue Haus« hatte die Großmutter es nach wie vor mit furchtsamem Respekt genannt, obwohl es mittlerweile weiß getüncht worden war. Nach dem Krieg aber sei es dunkelgrau und bedrohlich gewesen, dieses Haus, sagte sie, man wusste nicht, wer da wohl gefangen gehalten wurde und wie.

Aber jetzt gibt es dort ja auch Gefangene, es ist ja immer noch teilweise ein Gefängnis, hatte Hedwig eingewandt.

Ja, aber nach dem Krieg war alles anders, befand die Oma, alles war dunkler und alles war gefährlicher.

Hedwig überquerte die stark befahrene Landesgerichtsstraße zum Rathaus hin und schlenderte weiter bis zum Park. Der war ja nur noch teilweise unter Bäumen und neben Wiesen auf Bänken zu nutzen. Direkt vor dem Rathaus, ehemals ein freier, weiter Platz mit Blick auf das Burgtheater, erstreckten sich jetzt die Buden irgendeines Kirtags – oder galten sie einem anderen Ereignis der Volksbelustigung, irgendeinem »Event« eben. »Event«, englisch »Ereignis«, ein Begriff für Veranstaltungen, den Hedwig seit jeher blödsinnig fand und in ihren Artikeln möglichst vermied. Man kann Ereignisse nicht planen, sie ereignen sich oder nicht. Aber kaum einer aus ihrer Kollegenschaft schloss sich dieser Abwehr je an.

Das Burgtheater leuchtete strahlend weiß in der Nachmittagssonne, als Hedwig zur Ringstraße kam.

Mit der Oma war sie damals nur zweimal im Burgtheater gewesen. Zu Hedwigs fünfzehntem Geburtstag hatten sie sich, des festlichen Anlasses wegen, ein Stück angesehen. Es war von dem russischen Autor Maxim Gorki und hieß »Sommergäste«. Sie selbst war von der Aufführung begeistert. Lebendige, heutige Menschen sprachen da auf der Bühne. Zwar in Kostümen der russischen Vergangenheit, jedoch ganz nah und verständlich waren sie, nachvollziehbar mit ihren Torheiten und Wahrheiten, wie es Menschen eben sind. Der Oma aber fehlte sichtlich etwas, sie schüttelte in der Pause den Kopf.

Die sind ja ganz normal, wenn sie miteinander reden, sagte sie, früher war es im Burgtheater viel feierlicher, da ist eben richtig laut und mit großen Bewegungen gespielt worden, mit schönen pathetischen Worten, ein bisschen wie in der Kirche.

Mir gefällt es aber so besser, meinte Hedwig, die Schauspieler sagen das, was ich auch denke oder fühle. Zum Beispiel, dass wir uns viel zu wenig um andere und um anderes kümmern, nur immer um uns selbst kreisen, hatte sie sich zu ereifern begonnen.

Um das zu hören, brauche ich doch nicht ins Theater zu gehen! schloss da die Oma den Diskurs ab.

Als sie später gemeinsam nochmals eine Aufführung besuchten, war es eine, in der einige Schauspieler nackt herumliefen. Hedwig erinnerte sich nicht mehr, was für ein Stück es war, nichts Bedeutendes, etwas Antikes auf modern, aber von der Oma wurde ab nun das Burgtheater gemieden. Hedwig, finanziell von ihr abhängig, ließ es von da an auch bleiben. Eugen wollte zwar immer wieder einmal mit ihr ins Theater gehen, sie dazu einladen, aber sie hatte stets einen Besuch im Kino vorgezogen. Eigentlich bis heute, dachte sie. Gute Filme sind mir allzeit lieber gewesen als jeder Theaterbesuch.

Am Burgtheater vorbei wanderte Hedwig zum Volksgarten hinüber, in den Park, der sich bis zum Heldenplatz erstreckt. Die Rosen standen zurzeit in voller Blüte. Das war damals schon der Fall gewesen, diese nur hier im Volksgarten zu betrachtende Fülle verschiedenartigster Rosensträucher! Die Oma wanderte gern hierher und an den Rosenbeeten vorbei, vor allem daran interessiert, nach welcher Berühmtheit die jeweilige Rosensorte benannt worden war. Schau, diese gelbe da hat man Marika-Rökk-Rose getauft! rief sie erfreut aus, sogar die Namen schon Toter erhalten sie noch, die Rosen, da leben die Schauspieler sogar ein bissel weiter! Hedwig hatte die dunkelrote »Greta Garbo« besonders gut gefallen, aber ihre Großmutter begeisterte sich vor allem für die gelbe »Marika Rökk«. In den Nachkriegsfilmen war diese Schauspielerin ja viel zu sehen gewesen und hatte den Kino-Zuschauern mit ungarischem Temperament den Krieg und das Elend kurzfristig weggetanzt, ihr stand eine leuchtend gelbe Rose also absolut zu! – Die Greta Garbo war aber auch toll, und eine so schöne Frau, meinte Hedwig. – Ach, eine fade Schwedin, ihre Filme waren auch fad, und rote Rosen sind's auch, war Omas Kommentar beim Weitergehen.

Hedwig überquerte noch den Heldenplatz, erstaunt, wie bevölkert er war. Touristen mit ihren Handys und Fotoapparaten schlenderten in Scharen dahin, auch im Volksgarten war ihr schon die Fülle an Besuchern und Fotografierenden aufgefallen. Also in Wien bereits ähnlich wie in Lissabon, dachte sie. Der Massentourismus beraubt die Städte ihrer Identität, die Welt wird zu einer einzigen riesigen »Disney-World«, schauerlich. Wie war man doch früher über diesen großen Platz dahingegangen, sich seiner Weite aufs Schönste bewusst. Jetzt bedecken ihn Container und Reisegruppen. Menschen, die ja letztlich nichts sehen, nur Fotos einfangen, die dann in ihren Smartphones hängen bleiben als bunter Müll. Sie wollen alles festhalten, dachte Hedwig, und nehmen deshalb nichts mehr wahr. Ganz Wien soll möglichst aufgefressen werden, haufenweise Bilder und Videos, die man später als totes Material irgendwo in China oder Amerika wieder ausspeit. Aber die Stadt selbst, mit Geräusch, Geruch, Stimmung – hat man die dann erlebt?

Als Hedwig durch das Heldentor auf die Ringstraße gelangte, den Platz mit den beiden Museen vor

Augen, bot sich ihr das gleiche Bild: Menschenmassen. Touristenhorden. Ja, sie werden zu Horden, dachte sie. Sind nicht mehr Reisende, Welterfahrung suchende, die Welt achtende Wesen, nein, von der Sucht des Festhaltens und Einfangens Getriebene wurden aus ihnen, aus Neugier wurde Gier, aus Fernweh die Lust zu konsumgesteuerter Nähe.

Hedwig ging so rasch es ihr möglich war wieder in ihre Schlösselgasse zurück. Sie ging am Rathaus vorbei und beim Landesgericht die Florianigasse hinauf. Beim Dahingehen dachte sie an ihren Hund Anton, fühlte nahezu seine Leine in ihrer Hand. Auch in Lissabon war es plötzlich nicht mehr möglich gewesen, ihn frei durch den Chiado oder über den Rossio laufen zu lassen, obwohl er immer folgsam in ihrer Nähe geblieben war, nein, es wurde nötig, ihn anzuleinen, um ihn in der Menge nicht zu verlieren. Nur an den Stränden konnten sie beide sorglos Freiheit genießen, dort, wo es noch keine Surfer und keine Restaurants gab. Hedwig wusste am endlosen portugiesischen Atlantikufer immer wieder Einsamkeit aufzufinden. Damals. Damals, als auch Carlos oft mit ihr kam, als Anton ein kräftiger, gesunder Hund gewesen war, damals, als sie noch meinte, zu leben.

Aus der offenen Tür des italienischen Lokals duftete es heraus, man war wohl dabei, die Abendgäste zu empfangen, aber Hedwig ging unverwandt weiter, bog in die Schlösselgasse ein, betrat rasch das Haus, eilte die Treppe hoch, sperrte die Tür auf und ließ sich gleich nach Betreten der Wohnung auf Omas Sessel am Gangfenster fallen.

Sie starrte auf die graue Hinterwand des Lichthofs hinaus, und fast beruhigte es sie jetzt, dieses Grau. Denn all das Licht, der Glanz des Meeres, der nasse, übermütig dahinrasende Hundekörper, all dieses Erinnern war über sie hergefallen und hatte ihr wieder Tränen in die Augen getrieben. Sie verstand es plötzlich, warum die Großmutter so oft hier saß. Auch sie saß wohl vor dieser lichtlosen Mauer, um Erinnerung zur Ruhe zu bringen, um Aufwallung zu bändigen. Die Stille und Schweigsamkeit dieses Hinterhofs wirkten, Hedwig fühlte es. Als würde eine Wunde bedeckt, zugedeckt, ähnlich, als lege sich ein sanfter, farbloser Verband darüber hin. Auf das Fensterbrett gestützt, das lichtlose, einförmige Grau vor Augen, verebbten ihr Weinen und die Erregung ihres Körpers. Sie atmete wieder ruhig.

Ich werde weiterschreiben, dachte Hedwig nach einer Weile ruhigen Dasitzens. Ich werde an meinen Laptop gehen, mich vor die vom Filz befreite Schreibtischfläche setzen und schreibend weiter an mich und die Oma zurückdenken. An die Zeit, die ich hier in dieser Wohnung mit ihr verbracht habe. Und weiter werde ich erzählen, von den vielen weiteren Jahren, von all dem, wovon sie so gern erfahren hätte und was ich ihr seltsam gnadenlos ein Leben lang verschwieg. Warum nur.

Vorher vielleicht noch eine Tasse Tee und ein Butterbrot?

Hedwig richtete sich auf und ging zur Küche. Sie setzte einen Wasserkessel auf die Gasflamme. Die Teekanne, das Teesäckchen, der Zucker, alles war da. Auch eine Schnitte Brot und Butter aus dem sauber geputzten Kühlschrank. Ich werde hier ja richtig häuslich, dachte sie. Etwas, das die Großmutter ihr immer vorgeworfen hatte, dass sie zu wenig häuslich sei!

Nachdem sie Brot und Tee auf dem blechernen Speisetablett ins Wohnzimmer getragen und es dort am Tisch abgestellt hatte, setzte sie sich gleich vor den Laptop und brachte ihn in Betrieb. Dann erst griff sie hinter sich, biss vom Butterbrot ab, schenkte sich eine Tasse Tee ein, gab Zucker hinzu, rührte um und nahm ein paar Schlucke davon.

Ah, die Dateien öffneten sich! Sofort ging Hedwig auf das gespeicherte Dokument OMA. Sie hatte das bislang Geschriebene in Eile und ohne viel nachzudenken so betitelt, ehe sie das Gerät abstellte und zum Essen ging.

– ein kleines zwölfjähriges Mädchen, und dieses Mädchen war plötzlich an deiner Seite, neben dir, bei dir, einer bereits alt gewordenen Frau, und ganz und gar deren Obhut übergeben.

Das die letzten Zeilen.

Hedwig biss noch einmal vom Brot ab, trank die Teetasse leer, wandte sich dann gänzlich dem Laptop zu und brachte ihren Körper in eine aufrechte und konzentrierte Haltung. Sie schrieb weiter.

Ich weiß noch, wie es war, als man mich zu dir brachte. Als ich noch nicht begriff, meine Eltern nie wieder sehen zu können. Als ich von deren Tod zwar erfahren, ihn als Realität jedoch längst noch nicht verstanden hatte. Es musste dich, die du ja am Verlust deines Sohnes und deiner Schwiegertochter littest, eine anfänglich übermenschlich schmerzliche Überwindung gekostet haben, dieses Mädchen aufzunehmen, es Schritt für Schritt an die neue Situation heranzuführen, den Schock des langsamen Begreifens, die trotzdem alles noch begleitende Kindlichkeit zu beschützen, all dies, die neue Schule, das neue Umfeld, mit mir Zwölfjährigen zu teilen. Denn du teiltest ab nun dein Leben mit mir. Und am Gangfenster zu sitzen und in das einförmige Grau hinauszustarren, war wohl deine Zuflucht in eine dir mögliche Gelassenheit, Oma. Jetzt verstehe ich es.

    Ich hatte meine Eltern geliebt, den Vater vor allem. Meine Mutter war oft launisch gewesen, konnte übergangslos von der nettesten Frau zu einer Furie werden, aber wenn man das wusste, war sie letztlich eine gute Mutter. Der Vater nahm ihre Launen mit Humor, er war ein gütiger, beruflich eher erfolgloser, jedoch sehr gut aussehender Mann. Man lebte ruhig, ohne großen Aufwand, aber ohne zu darben, im Winter gab es Schiurlaub und im Sommer die Sommerfrische, und ich war nur deshalb nicht mit in der tödlichen Eisenbahn gesessen, weil ich einige Tage bei einer Schulfreundin im Weinviertel verbrachte und dann hätte nachkommen sollen. Natürlich auch mit dem Zug, nicht mit einem dieser gefährlichen Autobusse.

Dann ein Telefonat – Schreie und Aufregung – die Eltern der Freundin schlossen mich aufweinend in die Arme – ich verstand nichts, nur, dass man mich zur Großmutter brachte, statt ins Salzkammergut zu den Eltern. Und ich glitt, ohne es vorerst zu erkennen, langsam in ein neues Leben hinüber.

Später erst weinte ich. Aber immer so, dass du es nicht merktest, Oma. Nachts weinte ich, im großen Doppelbett auf der für mich aufgebetteten Seite. Du, in deinem Kabinett, warst weit genug entfernt, mein Schluchzen nicht zu hören. Vielleicht weintest auch du nachts und dachtest ähnlich, Hedwig kann mich ja nicht hören, hat sie doch morgen Schule, sie muss ausgeschlafen sein.

Wie dir wohl zumute war, deinen eigenen Namen gewissermaßen wegzugeben. Ich war Hedwig. Du wurdest ausschließlich Oma. Jedoch beide hießen wir Hedwig Pflüger. Wenn ich also meine Schulhefte beschriftete – wenn du mir zusahst, wie ich sie Heft für Heft in die Schultasche packte – wenn du halbjährlich zufrieden meine Zeugnisse ansahst und diese dann unterschreiben musstest – immer war es dein Name, der dabei galt und alles bestimmte. Vielleicht zu deiner Genugtuung, denke ich jetzt. Vielleicht konnte dir auf diese Weise geschenkt werden, was die Jugend dir verwehrt hatte. Wenn schon nicht du selbst – dein Name *stand vor guten Noten – meist über einem Zeugnis »mit Vorzug« – wurde bei Eltern-Sprechtagen, die du jetzt als meine Erziehungsberechtigte besuchen musstest, stets als Name einer besonders begabten Schülerin gelobt. Die Lehrpersonen bekamen nicht mit, dass es ja auch genau der deine war. Wenn im Gymnasium eine Weihnachtsfeier oder ein Sommerfest stattfand, irgendwelche Feierlichkeiten, zu denen auch Eltern geladen wurden, warst du stolzer Gast einer Hedwig Pflüger und warst eben deren Oma, nur das. Hedwigs Oma, hieß es dann nur, und genau das erfüllte dich dennoch mit Stolz. Der uns gemeinsame Name ließ das Symbiotische unserer Gemeinsamkeit wohl noch eindringlicher gedeihen.*

Jedoch außer deiner Anwesenheit, wenn es im Gymnasium unumgänglich zu sein schien, Angehörige einzuladen, brachte ich dich nie mit meinem Leben außerhalb unserer Wohnung in Berührung. Meine Kontakte zu Schulkolleginnen beschränkten sich weitgehend auf die Unterrichtsstunden, auf die gemeinsame Zeit während der Pausen im Schulhof, oder ich besuchte ab und zu eine von ihnen. Aber nicht oft tat ich letzteres. Denn der Aufenthalt in Eigenheimen, wo manchmal Kakao und Kuchen gebracht wurden, wo es auch ein eigenes Zimmer gab, um zu lernen und Hausaufgaben zu machen, wo Geschwister lärmten, wo Familie herrschte, ob nun sonderlich intakt oder nicht, aber Familie eben, mit Vater, Mutter, Kindern – ich ertrug es schwer. Diese Wärme, diese Nähe, dieses Miteinander.

Meine beste Freundin im Gymnasium war deshalb Lizzi. Sie war ein Einzelkind und hatte wohlhabende Eltern, die man nie zu Gesicht bekam. Deren große Wohnung beherrschte ein ganzes Stockwerk in einem Palais, nicht weit von der Schule entfernt. Lizzi verstand nicht, dass ich auch sie nur sehr selten besuchte, und wenn, dass ich nie über Nacht blieb, sondern meinte, ich müsse heimgehen. Wieso? fragte sie immer erstaunt, da ist doch nur deine alte Oma, warum bleibst du nicht bei mir in der riesigen Wohnung, meine Eltern sind meist weg und haben nichts dagegen, wir hätten nur paar Schritte ins Gymnasium rüber, könnten's uns lustig machen, abends fernsehen, der Kühlschrank ist immer voll, bleib doch!

Erstaunlich war, dass sie mir trotz der konstanten Ablehnung ihres Angebots als Freundin gewogen blieb, ja geradezu an mir hing. Wir verbrachten die Nachmittagsstunden oft auf andere Weise miteinander, saßen bei Schönwetter im nahen Schönbornpark, oder, wenn das nicht ging, bei einem Milchshake im ebenfalls nahe gelegenen Café Eiles, wir lernten gemeinsam oder blödelten vor uns hin. Lizzi hielt mich für schrullig, und vielleicht war es gerade das, was ihr an mir gefiel. Kann ich dich nicht doch auch mal besuchen? fragte sie mich in Abständen, und lachte bei der Abfuhr, die sie jedes Mal erhielt, bereits laut auf. Da muss es ja ein wildes Geheimnis geben bei deiner Oma in der Schlösselgasse, sicher Hexerei oder so was, vielleicht geheime Messen, oder betreibt ihr gar ein Puff? Schade, ich würd's wahn-

sinnig gern wissen! Und dabei hieb sie mir fröhlich gegen die Schulter.

Aber trotz ihrer unbekümmerten Frechheit respektierte Lizzi meinen privaten Rückzug, ließ mich gewähren, bohrte nicht nach, und so konnten wir lange Zeit Freundinnen bleiben.

Und ich war letztendlich doch reichlich viel an Zeit an deiner Seite, Oma, blieb lange Stunden studierend oder mit Hausaufgaben an meinem Schreibtisch, aß meist, was du für mich gekocht hattest, wenn nicht mittags, dann später, von dir sorgsam aufgewärmt, als Abendmahlzeit. Obwohl ich unter deiner übermäßigen Aufmerksamkeit litt, mich dein fast ausschließlich mir gewidmetes Leben bedrückte, ließ ich dich nur selten wirklich lange allein. Andererseits fühlte ich mich stets wie befreit, wenn du für ein paar Tage zu deinen befreundeten Bauersleuten davonfuhrst. Wenn von dir die zwei gestreiften Leinentaschen vorbereitet wurden, wusste ich, dass mir für eine Weile etwas Ähnliches wie Freiheit nahen würde. Ich konnte dann unbesorgter mit Lizzi ausbleiben, konnte daheim den mickrigen Fernseher laut laufen lassen, konnte jederzeit die Wohnung verlassen, mit einem Buch in den Rathauspark gehen und auf einer Bank unter den Bäumen sitzen und lesen, ich konnte so tun, als wäre ich nur ich selbst, und nicht dein Ein und Alles. Denn dass ich das geworden war, als man mich dir übergab, war mir klar.

Es begann zu dämmern. Zwar leuchtete der bläuliche Schirm des Computers noch hell genug in den Raum, aber Hedwig knipste die Schreibtischlampe an. Diese Lampe, die es damals nicht gab. Sie, Hedwig, hatte als Schülerin und als Journalistik-Studentin eine hässliche Neonlampe auf eisernem Gestell benützen müssen, wenn es dunkel wurde. Wo die wohl war? Beim Putzen und Räumen war sie ihr nicht in die Hände gefallen. Hatte die Oma sie weggeworfen? Diese Frau, die niemals etwas wegwarf, hatte eine funktionsfähige Lampe in den Müll geworfen? Erstaunlich.

Vielleicht hat sie es zu hassen begonnen, dieses Neon-Ding mit seinem eiskalten Licht. So wie ich es hasse. Hat es plötzlich als einen der Gründe befunden, der ihre Enkeltochter davongetrieben hatte. Wäre nicht ganz unrichtig gewesen. Ich hasse sie ja, diese Wohnung, und alles, was mich in ihr umgab. Warum eigentlich jetzt nicht mehr? Jedenfalls nicht mehr in dieser Weise, ich fühle mich nicht mehr von ihr abgestoßen.

Oder bin ich heimgekehrt, ob ich es wollte oder nicht?

Hedwig wandte sich um, nahm das mittlerweile zerflossene Butterbrot vom Teller und aß es auf. Den kalt gewordenen Tee, der noch in der Kanne war, goss sie in die Tasse, zuckerte ihn, trank. Kein nettes Abendbrot, dachte sie. Schmeckt mir nicht und stillt meinen Hunger nicht.

Aus dem italienischen Lokal hatte es ja schon nachmittags appetitanregend herausgeduftet, sicher war für den Abend vorgekocht und vorbereitet worden, für hungrige Gäste, wie sie jetzt einer wäre. Sollte sie vielleicht heute ein zweites Mal dort essen?

Hedwig schüttelte den Kopf. Dass sie sich auf so eine Überlegung überhaupt einließ! Sie stand auf und trug das Tablett mit dem leeren Geschirr in die Küche zurück. Schnell waren Kanne, Tasse, Teller unter dem Wasserstrahl in der Spüle wieder gesäubert, dann abgetrocknet und an ihre jeweiligen Plätze zurückgestellt worden. Penibel machte sie das. Allzu penibel. Dann stand Hedwig mitten in der Küche und wusste nicht, wohin mit sich. Im Kühlschrank gäbe es einiges, um ein Abendbrot zusammenzustellen. Der Abend lag warm im Hinterhof, wie wohl über der ganzen Stadt, es war dunkel geworden. Also: Licht machen. Vielleicht ein Rührei?

Als Hedwig das Haus verließ und schnellen Schrittes auf das Lokal in der Florianigasse zuging, überkam sie das Gefühl, mit dieser fast vergessenen Lizzi unterwegs zu sein, von der sie heute geschrieben und an die sie erinnernd zurückgedacht hatte. Dieses den eigenen Skrupeln nicht zu gehorchen, nur das zu tun, was der Augenblick sich wünscht, oder sogar einfordert, das war Lizzi gewesen.

Mit einer Plötzlichkeit, die sie nur an Lizzi kannte, und ohne sich umzukleiden oder zu kämmen, so wie sie war, hatte Hedwig ihre Handtasche geschnappt und die Wohnung verlassen. War es wirklich nur der Hunger, der sie antrieb? Was mache ich, wenn der

Mann von zu Mittag – dieser Lukas Rothmeier, so heißt er doch? – wieder im Lokal sitzt? dachte Hedwig. Will ich vielleicht gar diesen Mann wiedersehen? Will ich *einen Mann* wiedersehen? Nein, sicher nicht. Ich esse ein Vitello Tonnato und trinke ein Glas Primitivo, dann kehre ich um und setze mich wieder vor den Computer.

Als Hedwig das dicht besuchte, lärmende Lokal betrat, sah sie Lukas Rothmeier sofort. Er saß am selben Tisch wie mittags. Er schaute auf und lächelte. Ihr war mit einem Blick klar geworden, dass es im ganzen Restaurant keinen einzigen freien Platz mehr gab, alle Tische waren besetzt. Lukas Rothmeier wies mit einer einladenden Geste auf den leeren zweiten Sessel. Hedwig wusste, dass sie jetzt entweder ganz rasch mit einem entschuldigenden Achselzucken oder Winken kehrtmachen müsste – oder seiner Einladung Folge leisten.

Schön, Sie wiederzusehen, sagte er, als sie sich setzte.

Ich hatte noch Hunger, antwortete Hedwig.

Hatte ich auch.

Der Mann lächelte. Warum lächelt er mich so an, dachte Hedwig, so, als gäbe es irgendeine Gemeinsamkeit zwischen uns.

Ich möchte nur ganz rasch eine Kleinigkeit essen, sagte sie.

Warum denn ganz rasch?

Weil –

Weil?

Was geht ihn das eigentlich an, dachte Hedwig.

Weil ich nichts gespeichert und meinen Computer auch nicht geschlossen habe, sagte sie dann, ich muss wieder heim.

Sind Sie Schriftstellerin?

Nein. Journalistin.

Wirklich? Journalistin?

Die Frage des Mannes klang erstaunt.

Ja! – Warum denn nicht!?

Hedwig war laut geworden.

Verzeihung, ich wollte Sie nicht beleidigen. Ich hätte in Ihnen nur eher eine Schriftstellerin vermutet, Journalismus ist mir fremd. Und Sie nicht. Sie sind mir nicht fremd.

Sie mir aber! wollte Hedwig heftig antworten, aber sie wurden vom Kellner unterbrochen, der zu ihnen an den Tisch getreten war.

Was wünschen Signora? fragte er.

Das Vitello Tonnato und ein Glas Primitivo.

Bene, brummte der Kellner und eilte wieder davon.

Bissel überarbeitet das Personal, sagte Lukas Rothmeier, dieses Lokal läuft zu gut in letzter Zeit, es steht leider in den Reiseführern.

Sind das Touristen, die Leute um uns herum?

Einige, ja.

Ich war heute im Volksgarten und am Heldenplatz, nach all den Jahren wieder. Eigentlich schrecklich, alles so voller Menschen, die nur noch mit ihren Smartphones schauen.

Haben Sie im Ausland journalistisch gearbeitet?

Ja, antwortete Hedwig.

Sie sagte es so knapp und abschließend, dass auch der Mann verstummte.

Beide saßen schweigend am Tisch.

Schließlich trug der Kellner im Laufschritt Hedwigs Bestellung herbei, er knallte den Teller samt Besteck und Serviette vor sie hin, füllte das Glas aus einer Karaffe mit dem Rotwein und stellte beides daneben ab. Buon appetito. Und er hastete wieder davon.

Hedwig begann zu essen. Es macht mir keine Freude, dachte sie, was für eine blödsinnige Stimmung.

Guten Appetit, sagte Lukas Rothmeier vorsichtig, ich hoffe, ich habe Ihnen mit meinen Fragen diesen nicht verdorben.

Hedwig legte Messer und Gabel zur Seite.

Hören Sie. Ja, ich habe als Journalistin im Ausland gearbeitet, ich war jahrelang unterwegs, in Berlin, in Hamburg, zuletzt in Lissabon. Und ich bin Ihnen ganz sicher fremd. Total fremd. Das vor allem. Genügt es?

Jetzt lächelte Lukas Rothmeier sie wieder an.

Sie sollten essen, und ich sollte Sie wirklich nicht mehr mit meinen Fragen belästigen. Nur eines: mein Gefühl, als würde ich Sie näher kennen, dagegen ist leider kein Kraut gewachsen.

Das ist Anmache, was Sie da tun, sagte Hedwig.

Ich widerspreche nicht, sagte er.

Die Lampe mit dem gläsernen Schirm warf weiterhin ihr Licht über den Laptop, der das zuvor von ihr Geschriebene wieder am Bildschirm erscheinen ließ. Hedwig war erleichtert und speicherte es jetzt. Sie war nach Betreten der Wohnung durch die dunklen Räume auf den erleuchteten Schreibtisch zugeeilt, und saß jetzt vor den sichtbar gewordenen letzten Zeilen. Omas Ein und Alles. Darum war es ja gerade gegangen, als sie unterbrochen hatte.

Schreibe ich heute noch weiter? überlegte Hedwig. Sehr spät ist es noch nicht und ich fühle mich wach. Eigentlich sehr wach. Sie musste plötzlich lächeln. Es überfiel sie, dieses Lächeln, ob sie wollte oder nicht. Sie lehnte sich zurück, der Kopf ruhte auf der Sessellehne, die Hände lagen ihr locker im Schoß, Entspannung floss durch ihren Körper. Etwas, das bei ihr nicht häufig und nicht selbstverständlich der Fall war. Aber der Abend vorhin beim Italiener hatte sich nach der kurzen Bemerkung des Mannes blitzartig verwandelt. Dass er ihrem Vorwurf der Anmache nicht widerspreche, hatte er so trocken gesagt, dass sie, Hedwig, plötzlich auflachen musste. Und er lachte sofort mit. Aus einer Stimmung der Abwehr geschah ihr übergangslos dieser Wechsel in ein gemeinsames, freies Gelächter! Erstaunlich.

Sie war ihr Leben lang Empfindungen meist ganz und gar ausgeliefert gewesen, und ebenso ihrem daraus resultierenden Verhalten. Carlos fand immer wieder, sie sei verbohrt, unflexibel, bliebe zu sehr in ihren jeweiligen Stimmungen hängen. Wenn in Portugal gerade herrsche, dieses portugiesische Gefühl melancholischer Sehnsucht, das man Ausländern gegenüber ohnehin nie wirklich definieren könne, verweigere dennoch kein Portugiese, es sofort hinter sich zu lassen und röhrend aufzulachen, wenn ein Witz, eine komische Situation sich dazwischendrängte. Man weint und man lacht, sei nicht so stolz auf deine Gefühle, hatte er einmal zu ihr gesagt. Und wohl nicht ganz unrecht damit gehabt, jedenfalls hatte dieser Satz sie damals hart getroffen.

Jedoch vorhin, beim Italiener, da reagierte ich doch überaus portugiesisch und ganz in Carlos' Sinn, fand Hedwig jetzt. Ihr plötzliches Auflachen hatte alles andere vom Tisch gefegt, sie dann mit Appetit ihr Vitello Tonnato verzehrt, ein zweites Glas Primitivo bestellt, Lukas hatte auch weitergetrunken, und ein heiteres, ungezwungenes Gespräch war entstanden.

Lukas – nenne ich ihn jetzt so? – Ja, wir haben einander rasch das Du-Wort angeboten. – Zu rasch? –

Hedwig richtete sich mit einem Ruck auf. Kerzengerade saß sie da und blickte starr vor sich hin. Habe ich zu viel von mir erzählt? War ich zu entgegenkommend? Zu gesprächig? Dieser Abend mit einem mir fremden Mann in dieser mir fremd gewordenen Stadt? War das wieder einer meiner Fehler?

Hedwig atmete tief durch und stützte sich dann mit beiden Händen neben dem Computer am Schreibtisch ab.

– dein Ein und Alles. Denn dass ich das geworden war, als man mich dir übergab, war mir klar.

Es waren die letzten Zeilen am Bildschirm, dicht vor ihr.

Das war vor so langer Zeit, als ich jung war, dachte sie. Und jetzt sitzt hier eine Frau am Rand des Altwerdens und regt sich auf, weil sie einen netten Abend verbracht und dabei vielleicht ein wenig zu viel mit einem netten Herrn geplaudert hat. Als hätte mein Leben mir nicht Gewichtigeres geboten, mich aufzuregen. Ein paar Stunden lang war ich fröhlich, das ist doch etwas. Ein paar Stunden lang habe ich Anton vergessen, nicht über ihn gesprochen, nicht von Schmerz und Verlust gesprochen, das ist doch etwas. Ein paar Stunden lang war ich eine nach Wien heimgekehrte Journalistin, die lange Jahre im Ausland verbracht und dort gearbeitet hat. War ich das, was ich immer sein wollte und nie geworden bin, eine Frau, die ihr Leben im Griff hat, beruflich und privat, die selbstständig und eigenständig ihren Weg gegangen ist, und vorhat, ihn weiter so zu gehen. Ich habe ja geschwindelt! Unrichtiges habe ich gesagt. Ja, habe mich vor diesem Lukas aufgespielt. Aber warum eigentlich nicht. Warum vom Elend berichten, wenn ein Sommerabend und zwei Gläser Primitivo es mir eine Weile lang verschleiert haben? Jetzt sitze ich ja wieder brav hier, vor dem Schreibtisch meiner Kindheit und Jugend, befinde mich in Omas alter Wohnung, bin wieder bereit, ihr all das zu erzählen, was ich ihr bis zu ihrem Tod unerklärlicherweise vorenthalten habe. Kann schon sein, dass ich aus der Fremde gewissermaßen heimgekehrt bin. Denn in der Fremde war ich. Immer.

Hedwig begann weiterzuschreiben.

Denn in der Fremde war ich, Oma. Immer. Auch als ich dich verließ, aus der Schlösselgasse, aus dieser Stadt, aus meinem Studium und einer quälend werdenden Beziehung, aus allem, was mein Leben ausmacht, flüchtete – ich kam ja letztlich nirgendwo wirklich an, Oma. Es gab für mich keine Heimat, nirgendwo und nie.

Aber lass mich weitererzählen.

Ich schaffte also die Matura mit Auszeichnung. Du warst unsagbar stolz auf mich. Du kamst zur Abschlussfeier ins Gymnasium. Du hattest ein ganz helles Gesicht, ich erinnere mich, dass mir zwischen all den Eltern dein Gesicht auffiel. Es war nicht Blässe, es war ein helles Leuchten, das von ihm ausging. Für dich hatte sich wohl ein Traum erfüllt. Vielleicht ein ganz persönlicher, ein eigener Traum, vielleicht hast du in mir dich selbst gesehen. Eine unerfüllte Möglichkeit deiner selbst.

Ich hatte mich davor schon an der Universität angemeldet, im dortigen Institut für Publizistik. Dir, Oma, galt nur der Begriff: Universität. Den Rest wolltest du eigentlich nicht wissen. Für dich war ich eine Studierende an der Universität Wien, das genügte.

Sich an diesem Institut zu inskribieren, machte keine Mühe, ich wurde sofort aufgenommen, würde also ab dem Herbst als ordentliche Hörerin die Vorlesungen besuchen. Jetzt galt es noch den Sommer zwischen meinem glanzvollen Abschluss im Gymnasium und dem Beginn des Studiums hinzubringen. Wohin mit mir.

Lizzi, die weniger glanzvoll, aber problemlos auch die Matura geschafft hatte, würde mit ihren Eltern auf einer gemieteten Luxusyacht im Mittelmeer unterwegs sein, und sie bestürmte mich, doch mitzukommen. Sei nicht fad! Paar lustige Leute sind dabei, aber es gibt viele Kabinen, genug Platz, und wir ankern vor Italien, Griechenland, vielleicht sogar segeln wir bis zur Türkei, wird sicher toll! Ich aber lehnte ab. Die Vorstellung, dicht gedrängt mit mir fremden Menschen Wochen auf einem Boot zu verbringen, ohne die ständige Möglichkeit zu haben, spontan abzuhauen, war mir unerträglich.

Auch du, Oma, hattest eine sommerliche Aufforderung parat, hättest mich gern eine Zeit lang auf den Bauernhof deiner Freunde verbannt. So schön sei es dort, die wunderbare Natur, ein kleiner See in der Nähe, da könnte ich schwimmen, sicher alles geeignet, mich mal richtig zu erholen! Sie hätten auch ganz nette Zimmer, ländlich, aber nett!

Jedoch auch dir gab ich einen Korb, nein, ich bliebe lieber in Wien, könnte mich auf die Universität hier innerlich besser vorbereiten, ich wählte also das Studium als Ausrede, und das erwarb mir dein Verständnis. Du bist mit deinen gestreiften Leinentaschen und einem zusätzlichen Koffer, weil du diesmal länger als sonst ausbleiben würdest, alleine losgefahren.

Ich war also einige Wochen lang Königin meiner Zeit, nichts und niemand forderte mich auf, sie zu teilen, sie gehörte mir, nur mir. Die Wohnung war mir untertan, und ob ich nun blieb oder hinausging, ob ich aß oder hungerte, ob ich schlief oder wach blieb, alles war meinen Wünschen untertan, eine Weile lang erfüllte mich der Jubel, völlig frei zu sein.

Eine Weile lang.

Aber allmählich verstummte sie, diese jubelnde Freude, und die Tage begannen sich lähmend langsam hinzuziehen. Ich ernährte mich selbst nur mit Mühe, da ich nicht kochen konnte. Auch hatte ich sehr bald kaum noch Geld, weil ich anfangs mit dem Betrag, den du, Oma, mir hiergelassen hattest, unvernünftig umgegangen war, völlig unüberlegt eingekauft und zu viel für Kinokarten ausgegeben hatte. Auch regnete es in diesem Sommer häufig, ich konnte den Rathauspark und das Lesen im Schatten seiner Bäume nur selten genießen. Also saß ich bald nur noch in der Wohnung herum, die Fenster zur Schlösselgasse meist geöffnet, auch bei Regen, ich hörte Omas Radio oder schaute in den schäbigen Fernsehapparat.

Bis schließlich genau letzteres mich dazu brachte, diese anfangs jubelnd begrüßte freie Zeit für mich endlich auch gewinnbringend zu nutzen. Bald hörte ich im Radio maßgeblich nur noch die stündlichen Nachrichten, sah im Fernsehen alle Nachrichtensendungen und politischen Diskussionen, die es gab und die von Kommentaren der unterschiedlichsten Art begleitet waren. Gerade deren Unterschiede reizten mich jedoch mehr und mehr, weil sie ein Bild erschufen, das zwischen allen Behauptungen schwebte und deshalb der Wahrheit am nächsten kam.

Ja, ich begann in diesem Sommer erstaunlicherweise zum ersten Mal die Welt mit journalistischer Neugier zu betrachten, mich wirklich um Informationen zu bemühen. Alle Zeitungen, die ich mir finanziell leisten konnte, kaufte ich. Sie stapelten sich auf dem großen Wohnzimmertisch und ich las sie mit einer neu erwachten Aufmerksamkeit. Je unterschiedlicher deren Qualität, umso informativer erschien es mir, da ich alles an Meldungen gegeneinander aufwiegen und eine mir glaubhaft erscheinende Synthese dabei herausfinden konnte. Plötzlich wurde mir auch wirklich klar, warum ich Publizistik studieren und Journalistin werden wollte. Bislang hatte dieser Wunsch maßgeblich mit meinem Empfinden zu tun, aus der Enge meiner persönlichen Lebensumstände, aus dem, was mich anscheinend so unveränderbar umgab, ausbrechen zu können. Wenn ich anderes erforschte, anderes kennenlernte, anderes öffentlich und nicht nur für mich selbst beschriebe, käme ich auch woanders hin, das erwartete ich mir von der journalistischen Tätigkeit. Was ich aber noch nie wirklich bedacht hatte, war die Richtung des Ganzen. Weder kulturell noch politisch hatte ich wirklich Ahnung von irgendetwas. Ich war mit *meinen jetzt 18 Jahren nichts anderes als auch eine, an der das Zeitgeschehen letztlich unbeobachtet, unreflektiert, ohne Spuren zu hinterlassen, vorbeifloss. Zwar im Gymnasium jahrelang mit Geschichte, Literatur, Sprachen konfrontiert, hatte sich all das nur die Schülerin im braven Erlernen zu eigen gemacht. Die Schülerin hatte die Prüfungen vor Augen, war ehrgeizig, wollte bestehen. Jedoch ich selbst, ich, Hedwig, war an allem, wie ich jetzt feststellen musste, auf seltsame Weise desinteressiert gewesen. Jetzt, in diesen Sommerwochen allein in der Schlösselgasse, griff zum ersten Mal ein ganz persönliches, ein ganz eigenständiges Verlangen nach mir, etwas wissen zu wollen. Und es galt Politischem mehr als der Kulturlandschaft, das fiel mir bald auf. Premieren am Theater, Festspiele wie in Salzburg, das Getöse um »Kunst und Kultur«, dem stand ich eher gleichgültig gegenüber. Aber was sich politisch tat, dafür wurde ich hellwach.*

Ja, Oma, du weiltest in diesen Sommermonaten länger als sonst bei deinen Freunden am Land und hast mich, die unbedingt in der öden Stadt bleiben wollte, deshalb bedauert. Aber ahntest nicht, dass sich genau in diesen Wochen das bewahrheitete, was ich dir als verlogene Ausrede meines Bleibenwollens genannt hatte: mein Interesse an dem gewählten Studium der Publizistik wurde zu meiner Wahrheit. Zu etwas, das nichts mehr mit einem fernen Traum von Eigenständigkeit zu tun hatte. Ja, ich bereitete mich plötzlich ganz sachlich und ohne Gefühls-Schnörkel darauf vor.

Ich begann mich für Michail Gorbatschow zu begeistern. Verfolgte das Fortsetzen seiner unbeugsamen Reformen in der Sowjetunion. Dann der Atom-Abrüstungsvertrag, den er und Ronald Reagan unterschrieben! Der einem das Gefühl gab, die Welt könnte sich vielleicht doch zum Besseren hin entwickeln, der Kalte Krieg sein Ende finden. Auch verfolgte ich die Untersuchungen, die ein Jahr nach Tschernobyl in Russland endlich in Gang kamen. Als der Reaktorunfall, dieser erste Supergau, ein Jahr davor geschehen war, hatten wir das ja in Wien nach einer Weile allseits mitbekommen. Aber mit dir, Oma, sprach ich kaum darüber. Wo ist Tschernobyl, wo sind wir. Du hattest zwei Weltkriege erlebt, für dich waren die Russen eben die fürchterlichen Russen, und gottseidank weit weg.

Jetzt begann ich mich für all das zu interessieren. Ich beobachtete unter anderem auch den Golfkrieg, der nicht enden wollte. Andererseits bemühte ich mich, diese als geheimnisvolle Sensation gewertete Uwe Barschel-Affäre in der BRD irgendwie zu durchschauen. Da gab es einen Mann, einen erfolgreichen Politiker, der vorerst schon mal einen Flugzeugabsturz überlebt hatte, dann aber auf ominöse Weise tot in einer Badewanne aufgefunden wurde. Ich sammelte die Fülle an Vermutungen, die geäußert wurden, und versuchte mir aus alledem selbst ein Bild zu konstruieren. Es gelang mir nicht, aber meine eigenen Notizen dazu hatten für mich bereits einen ansatzweise journalistischen Charakter. Ja, ich begann meine diversen Rückschlüsse aufzuschreiben, ihnen die

Form einer neuen Erkenntnis zu geben, und dass mir das Schreiben dieser fiktiven Zeitungsartikel Spaß machte, war nicht zu leugnen.

Auch die aufkeimenden Meldungen aus der DDR, es gäbe dort mehr und mehr Jugendproteste gegen das Regime, nahm ich mit Erstaunen wahr. Ich wollte mich früher mit diesem kommunistischen »Unrechts-Staat« hinter der Mauer kaum auseinandersetzen, er war mir egal, es gab sie, die DDR, und Schluss. Jetzt gewann ich eine neue Sicht auch darauf. So, wie ich in kürzester Zeit nahezu alles neu, mit völlig anderen Augen zu sehen und teilweise auch zu begreifen begonnen hatte.

Ja, Oma, als du mit deinen prall gefüllten gestreiften Leinentaschen, das Köfferchen schleppend, wieder zurückgekehrt und nach Betreten der Wohnung aufseufzend gleich auf den Sessel am Gangfenster gesunken bist, empfing dich eine andere Enkeltochter als die, die du wenige Wochen davor verlassen hast.

Punkt und Schluss für heute, dachte Hedwig. Plötzlich wurde ihr bewusst, dass sie todmüde war. Speichern. Abdrehen. Sagt man in der Computersprache überhaupt abdrehen? Egal. Den Finger auf die nötigen Tasten, und aus.

Sie hatte Mühe, das Badezimmer zu erreichen und die Zähne zu putzen, mehr gelang ihr nicht mehr. Sie streifte ihre Kleidung im Gehen ab, fiel nackt auf ihr Teil des großen Ehebettes, die Fenster waren offen, die Nachtluft warm, nur ein dünnes Laken breitete sie noch über ihren Körper, und der Schlaf nahm sie sofort in seine Arme.

∼

Das Gewitter hat richtig gutgetan, sagte Lukas Rothmeier.

Vor der geöffneten Tür regnete es in Strömen, die feuchte, erfrischte Luft drang in das Lokal.

Es hat mich aufgeweckt, sagte Hedwig, plötzlich am Morgen dieses Donnern, und der Sturm hat das Regenwasser durchs offene Fenster auf mein Bett geklatscht.

Da haben Sie aber sehr fest geschlafen.

Ja, ich war müde.

Meine Wohnung führt nach hinten hinaus, sagte Lukas Rothmeier, in einen kleinen Hof. Da geht es nicht gleich so wild zu, aber gedonnert hat es ordentlich, das Gewitter hat sich wirklich direkt über uns abgespielt, ein Wunder, dass nicht irgendwo der Blitz eingeschlagen hat.

Der Kellner brachte die von Hedwig bestellten Spaghetti Carbonara. Sie musste immer einen Löffel dazu benutzen, die Nudeln aufzurollen, um das gekonnte Essen einer Pasta nur mit der Gabel hatte sie sich nie bemüht. Jetzt meinte sie den prüfenden Blick des Mannes auf sich zu fühlen.

Tut mir leid, ich kann's nur so, sagte sie.

Was?

Spaghetti essen.

Liebe Hedwig, ist mir doch egal, wie Sie Ihre Spaghetti essen. Ich habe Sie nicht deshalb angeschaut.

Sondern?

Ich finde, Sie wirken mehr hier angekommen.

Wo hier?

In Wien. Bei sich. Zu Hause. Genauer kann ich's nicht sagen.

Hedwig ließ Löffel und Gabel sinken.

Sie mögen recht haben, sagte sie dann. Ich weiß zumindest, dass ich bleiben werde.

Freut mich, sagte er.

Es geht dabei aber nicht um Sie, lieber Lukas.

Weiß ich doch, nur die Ruhe, liebe Dame.

Sie lachten. Ich mag es, dass ich mit dem Mann lachen kann, dachte Hedwig. Er aber wurde übergangslos wieder ernst. Sogar sehr ernst, fand sie. Zu ernst.

Warum, wenn ich Sie das fragen darf, Hedwig – warum waren Sie denn eigentlich so lange Jahre weg aus Wien?

Ihr Pollo Firenze wird kalt, sagte Hedwig.

Falls Sie das stört – ich könnte zuhören und trotzdem weiteressen. Aber ich verstehe, wenn Sie mir nicht antworten wollen. Trinken wir einen Schluck?

Sie hatten beide Weißwein bestellt. Auch Hedwig hob ihr Glas, sie nickten einander zu und tranken. Danach aßen sie schweigend weiter.

Ich wollte weg von meiner Großmutter, sagte Hedwig nach einer Weile. Sie hing zu sehr an mir, meine Eltern starben, als ich zwölf war, ich wuchs bei ihr auf. Und da ich Publizistik studiert hatte, wollte ich als Journalistin nicht nur im Österreichischen beheimatet bleiben, sondern – na ja, sagen wir's halt so – die Welt erkunden.

Und? Haben Sie sie erkundet, die Welt?

Ihre Frage klingt zu Recht ironisch.

Vielleicht klang es so, tut mir leid. Aber ich meinte es nicht ironisch.

Hedwig aß den letzten Bissen Spaghetti und schob dann den Teller von sich. Soll ich ihm antworten, fragte sie sich. Und tat es schließlich, warum auch nicht, dachte sie.

Ich blieb als Journalistin natürlich im deutschsprachigen Raum hängen, mit Fremdsprachen tat ich mir nie leicht, auch mein Englisch ist eher mickrig.

Aber Lissabon? Sie nannten mir unlängst ja auch Lissabon –

Da nahm Hedwig ohne zu antworten ihr Weinglas und trank es aus.

Ich werde Sie jetzt Ihrem nur zur Hälfte gegessenen Huhn überlassen und gehen, sagte sie dann.

Es regnet immer noch in Strömen!

Ich habe meinen Schirm dabei.

Trotzdem. Warten Sie doch lieber, bis der Regen ein wenig nachlässt. Vielleicht ein Dessert?

Nein, danke. Außerdem zahle ich selbst, ich benötige keine Einladung.

Okay, okay, aber darum geht es doch nicht.

Wie auch immer, ich muss noch Besorgungen machen und möchte weiterarbeiten.

Sie arbeiten jetzt in Wien? Für welche Zeitung denn?

Für keine Zeitung. Für mich selbst.

Ein Buch?

Hedwig wandte sich dem Mann zu und sah ihn an. Seine Augen waren von echtem Interesse erfüllt, sie konnte diese gewisse männliche Neugier, die meist mit Herablassung zu tun hatte, in ihnen nicht erkennen. Aber wie oft haben mich meine als wahr empfundenen Erkenntnisse späterhin sträflich getäuscht, dachte sie, warum soll ich ihnen plötzlich trauen.

Eine Erzählung, sagte sie dann.

Schön, sagte er.

Ich werde mich nie mehr journalistisch in die Medienlandschaft einklinken, fuhr Hedwig fort, die Digitalisierung hat alles über den Haufen geworfen, es gibt ja fast nur noch den Boulevard, seriösen Journalismus kaum noch, die politischen Zustände weltweit sind derart komplex geworden, ich stehe ratlos und hilflos davor, ich gebe es zu.

Sie sind ehrlich, sagte Lukas Rothmeier, und können sich diese Ehrlichkeit hoffentlich auch leisten. Meist sind es ja die leidigen Existenzfragen, die Menschen in letztlich nicht gewollte Richtungen lenken. Auch politisch.

Ich habe mein Auskommen, sagte Hedwig.

Ich werde dem Mann doch nicht erklären, wovon ich lebe, dachte sie grimmig. Vor allem von Carlos. Der erklärte sich ja trotz allem bereit, mich weiterhin zu unterstützen, und ich nahm es dankend an, obwohl ich mich gern davon befreien würde. Aber das alles geht wahrlich nur mich selbst etwas an.

Wovon leben Sie denn? fragte Hedwig.

Ich habe diesen Mann noch nie etwas gefragt, fiel ihr auf, während er das dauernd tut.

Ich war Steuerberater, sagte er.

Steuerberater?

Ja, ich weiß, das klingt desillusionierend. Aber ich bin früh in Pension gegangen, so früh ich konnte. Es war das nie meine Welt, die der Zahlen, ich habe sie gern verlassen.

Welche andere Welt wäre denn die Ihre gewesen?

Ich hätte gern Musik studiert.

Und warum haben Sie's nicht getan?

Das alte Lied. Die Eltern. Die bestens funktionierende Steuerberatungskanzlei des Vaters. Eine weinende Mutter, der mein jüngerer Bruder früh an einem Aneurysma weggestorben ist. Pflichtgefühl, Jugend, ein Mangel an Selbstbewusstsein, all das eben.

Spielten Sie ein Instrument?

Ich hatte seit der Kindheit regelmäßig Klavierstunden, mein Lehrer hielt mich für begabt, er bedrängte meine Eltern, mich auf die Musikakademie zu schicken. Aber vor allem mein Vater kannte da keine

Gnade. Ein Klavierspieler werden, nein. Kann er ja zu Hause immer noch tun, wenn er unbedingt will, sich ans Klavier setzen und klimpern.

Tut mir leid.

Muss es nicht. Mein Leben wurde trotzdem ganz passabel. Und ich klimpere ja nach wie vor am Klavier herum, aber auf eine wie gesegnete Weise zu meinem eigenen Vergnügen.

Sie finden, das eigene Vergnügen daran – segnet das, was man tut?

Ja, schon. Es macht dieses Tun zu etwas Eigentlicherem, es gehört einem dann mehr. Reduziert zumindest die nach außen lenkende Absicht.

Lieber Lukas, nicht böse sein, aber ist das nicht eher eine genaue Beschreibung von Dilettantismus?

Kann sein. Aber nicht unbedingt. Vielleicht ergeht es Ihnen ähnlich, wenn Sie jetzt an Ihrer Erzählung schreiben?

Hedwig wurde plötzlich gereizt. Was reden wir da eigentlich, dachte sie. Ihre Frage klang lauter als gewollt.

Und wie kommen Sie darauf?

Nun ja, als Journalistin muss man doch dem Zeitgeschehen, den Trends, dem Stil und Programm des Mediums folgen, für das man arbeitet, also all das, was Sie gerade vorhin für sich selbst und Ihre Zukunft abgelehnt haben, wenn ich Sie richtig verstanden habe. Jetzt schreiben Sie einfach.

Man schreibt nicht einfach, wenn man es wirklich tut.

Man musiziert auch nicht einfach, wenn man es wirklich tut.

Hedwig und der Mann sahen einander an. Dann lachten sie wieder.

Wissen Sie was? sagte Hedwig, ich gehe jetzt einfach, und zwar so, wie man es wirklich tut.

Und ich freu mich auf ein nächstes Mal mit Ihnen, einfach so, wie man es wirklich tut.

Adieu, sagte Hedwig.

Sie stand auf und ging zur Tür. Dort zog sie ihren Schirm aus dem vollgefüllten Behälter. Als sie sich Lukas Rothmeier noch einmal zuwandte, hob er grüßend die Hand. Sie nickte zurück. Er lächelt nett, der Mann, dachte Hedwig, als sie das Lokal verließ.

Der Regen hatte nachgelassen, aber die Hitze war eindeutig gebrochen. Hedwig fröstelte sogar ein wenig, als sie mit ihren Einkäufen in die Wohnung zurückkehrte. Ihr Schirm hatte sie zuvor nicht wirklich vor der herabprasselnden Nässe geschützt. Dann plötzlich die kühlere Luft, ihr dünnes, feucht gewordenes T-Shirt, und das Schleppen eines vollgefüllten Einkaufssackes, der sich, ebenfalls feucht geworden, aufzulösen drohte, da sie, der Plastik-Ablehnung folgend, natürlich einen aus Papier genommen hatte.

Ich hätte wirklich noch im Lokal bleiben und das Nachlassen des Regens abwarten sollen, dachte sie. Aber da gab es dieses Gespräch über sein ambitioniertes einsames Klavierspielen, ein Steuerberater als verhinderter Pianist, irgendwie passt das doch nicht zu diesem vernünftig wirkenden Mann. Und er wollte dann auch noch über Journalismus und mein derzeitiges Schreiben reflektieren, nein, danke. Was weiß der denn schon.

Hedwig räumte alles, was sie erstanden hatte, in der Küche dorthin, wohin es gehörte, und fühlte sich danach ausreichend gerüstet, auch nur einem leichten Appetit eine Zeit lang gewappnet gegenüber zu stehen. Ich kann doch nicht ständig zum Italiener essen gehen, dachte sie, das geht ins Geld. Auch wenn der Steuerberater nett lächelt und scheinbar immer Zeit für dich hat, meine Liebe, du erhältst nicht seine sicher üppige monatliche Summe als Pensionist, du musst schauen, dass du durchkommst, tut mir leid.

Hedwig öffnete die Fenster, die sie alle vor Sturm und Gewitterregen hatte schließen müssen, und ließ die kühlere Luft hereinwehen. Ihr T-Shirt zog sie aus, auch den BH, und ein dünner Pullover, den sie überzog, tat ihr wohl. Es erinnerte sie an das Wohlgefühl nach einem heißen Nachmittag am Meer, wenn man der leichten abendlichen Kühle mit etwas Wärmendem am Leibe begegnete. Vielleicht dazu ein Glas Campari-Orange in Händen, der Atlantik unter der sinkenden Sonne schimmernd, das Geräusch seiner Wogen – Aus! befahl Hedwig sich und nahm vor dem Schreibtisch Platz. Lass mich also heute noch ein wenig weitererzählen, Oma. Sie schrieb.

Lass mich also weitererzählen, Oma.

Du stauntest, als du den mit Zeitungen, Zeitschriften und Magazinen bedeckten Wohnzimmertisch erblicktest. Wozu das denn? hast du gefragt. Für mein Studium, antwortete ich, und diesmal, ohne dich anzulügen. Ach so! sahst du diese für die Universität benötigte Unordnung widerstrebend, aber gefügig ein. Aber als ich darum bat, im Radio regelmäßig die Nachrichten anhören zu dürfen, wurdest du unruhig und drücktest mir bald eine Geldsumme in die Hand. Genügt das für einen eigenen Rundfunkempfänger? lautete deine zögernde Frage. Irgendwie rührte mich das Wort »Rundfunkempfänger«, es klang nach Vergangenheit und Krieg. Natürlich! sagte ich, jedoch ohne es zu kommentieren, und besorgte mir ein kleines, billiges Kofferradio.

Schwieriger wurde es, dir meinen plötzlichen Fernsehkonsum begreiflich zu machen. Dass ich mich fast jeden Abend vor die Nachrichtensendungen kauerte und mir beim Zuschauen und Zuhören Notizen machte. Du hast entgeistert den Kopf geschüttelt, als du es zum ersten Mal wahrnahmst.

Dieser blöde Fernsehapparat war dir doch früher nur hinderlich, wenn du Schulaufgaben gemacht hast, wir haben ihn doch fast nie aufgedreht, sagtest du.

Ich muss aber jetzt erfahren, was auf der Welt passiert, Oma, erklärte ich dir. Oder versuchte dir zu erklären, was dir sichtlich unverständlich blieb. Na ja, der Gorbatschow, sagtest du, der wird die Russen auch nicht ändern können. Ich wusste damals nicht, wie sehr du damit eigentlich recht hattest, und antwortete feurig: Aber vielleicht die Welt! Was auch nicht ganz falsch war. Jedoch ließen wir Fragen dieser Art bald auf sich beruhen. Du hast mich nach einer Weile abends einfach alleine im Wohnzimmer dem Fernsehen und dem Kritzeln meiner Notizen überlassen, bist in dein Kabinett und meist früh ins Bett gegangen. Ich erkannte es stets daran, dass die Musik aus deinem Radio übergangslos verstummte.

Die Sommermonate gingen ohnehin ihrem Ende entgegen, und die Tore der Universität würden sich demnächst für mich auch wirklich öffnen. Jedoch ehe es so weit war, begann ich noch angelegentlich in Buchhandlungen herumzustöbern, ich hatte das Gefühl, mit ein paar Büchern unter dem Arm würde ich das Institut für Publizistik gewappneter betreten können. Ich suchte nach politisch beatmeter Literatur und nach Sachbüchern über Politik. Und da nahm ich eines Tages einen Band aus dem Jahr 1983 an mich, er sei eigentlich weitgehend bereits vergriffen, erklärte man mir im Laden, sei ein Restposten. »Briefe an Olga« hieß das Buch. Untertitel: »Betrachtungen aus dem Gefängnis«. Geschrieben hatte es ein Václav Havel, dessen Namen ich ja schon mal gehört hatte. Er verband sich für mich mit Begriffen wie dem sogenannten »Prager Frühling« und einer »Charta 77«, aber sie waren vage, so vage, wie es der Geschichtsunterricht am Gymnasium größtenteils gewesen war.

Heimgekommen, begann ich zu lesen. Es war ein trüber, schwüler Nachmittag, ich saß mit angezogenen Knien auf meinem Bett, gegen die Kopfkissen gelehnt, und ich las. Ich las bis es dämmrig wurde, und dann sofort, ohne zu unterbrechen, im Licht der Nachttischlampe weiter. Du wolltest mit mir Abendbrot essen, Oma, aber ich lehnte ab. Ich las. Dieses Buch sog mich auf.

Aus dem Klappentext erfuhr ich jetzt Näheres. Am 29. Mai 1979 wurde Václav Havel verhaftet, zusammen mit weiteren Bürgerrechtlern, die ein Komitée für die Verteidigung zu Unrecht Verfolgter gebildet hatten. Im Oktober desselben Jahres verurteilte man ihn wegen »Gründung einer illegalen Vereinigung und der Aufrechterhaltung von Kontakten zu Emigrantenkreisen« zu viereinhalb Jahren Gefängnis. Das Angebot, sein Land zu verlassen, lehnte Havel ab. Daraufhin wurden seine Haftbedingungen verschärft. In dieser Haftzeit entstanden die »Briefe an Olga«, Briefe an seine Frau.

Wovon handelt denn dieses Buch? fragtest du, als ich spät abends immer noch lesend auf meinem Bett hockte, und du, schon im Nachthemd, nochmals zu mir hereinschautest. Hast du denn keinen Hunger?

Oma, dieses Buch erzählt von einem ganz anderen Hunger, antwortete ich, es erzählt vom Hunger nach Gerechtigkeit.

Na ja, sagtest du, da wird wohl keiner je satt. Gerechtigkeit gibt es nicht.

Doch, Oma! rief ich, aber man muss bei sich selbst anfangen, selber gerecht sein und sich dafür auch ver-

antwortlich fühlen. Sich nicht davonschleichen. Es gibt eine Haltung, Oma, die der Gerechtigkeit dient, und die muss man bei sich selbst aufrechterhalten. Oder überhaupt erst einmal selbst zu einer Haltung allem gegenüber gelangen. Auch wenn es einem dabei schlecht und gefährlich ergeht, der Václav Havel wurde ganz krank im Gefängnis, man hat ihn geschunden, aber er ist nicht in die bequemen USA ausgereist, das hat man ihm angeboten, jedoch fühlte er seine Verantwortung stärker als Schmerzen und Angst!

War das ein Tscheche? fragtest du nur.

Ja, sagte ich.

Die alle hinter dem Eisernen Vorhang, das wird nichts mit der Gerechtigkeit, glaub mir. Und hör bald auf zu lesen, deine Augen! In der Küche hab ich dir noch ein Wurstbrot aufgehoben, gute Nacht.

Ach Oma, wie sehr hat mein flammender Aufruf zur Verantwortlichkeit des Menschen dem Mensch-Sein gegenüber dich nicht erreicht. Nachdem du zwei Weltkriege überleben musstest, verstehe ich es ja. Sie spinnt halt ein bissel, hast du sicher gedacht, vielleicht ist sie nervös wegen der Universität, kein Wunder, es ist ja auch eine Umstellung, warum zwar die Aufregung über das Buch von einem Tschechen, aber das legt sich sicher bald wieder. Ich konnte all diese Gedanken in deinen Augen lesen, in diesem Blick, nachdem du mir Gute Nacht gesagt, bisschen zu mir hergelächelt und dich dann erst zum Gehen gewandt hast.

Hedwig nahm ihre Hände von der Tastatur und legte sie in den Schoß. Sie betrachtete das Geschriebene am Bildschirm.

Und plötzlich sah sie wirklich die Augen ihrer Großmutter auf sich gerichtet, es waren graue Augen mit grünlichen Einsprengseln, ähnlich ihren eigenen. Aber die milde Skepsis in ihnen habe ich damals nicht verstanden, dachte Hedwig. Ich war von dem, was Václav Havel an seine Frau Olga geschrieben hatte, unvorbereitet und bis tief in meine Seele ergriffen worden. Ich fühlte mich wie eine bislang dürre Wiese, die, nachdem ein Frühlingsregen sie tränkte, plötzlich zu blühen beginnt. Sogar dieses Gefühl so kitschig zu beschreiben scheute ich nicht, denn es war mir danach. Das ist es, dachte ich an diesem Abend, in dieser Nacht, das ist mein Weg. Mit einer ebenso aufrechten Haltung wie dieser Mann, unkorrumpierbar und furchtlos, werde ich ihn gehen. Gegen Ungerechtigkeit, gegen Niedertracht, gegen jede Form der Fälschung von Menschenwürde werde ich anschreiben und antreten, und ohne Rücksicht auf Verluste. Das wird mein Beruf sein. Meine Berufung.

Ja, das dachte ich.

Hedwig hob ihre Hände wieder, speicherte, was sie zuletzt geschrieben hatte, und einem plötzlichen Impuls folgend, begann sie alles Bisherige auszudrucken. Es funktionierte. Es wurde ein nicht unbeträchtlich hoher Stapel bedruckter Seiten. Alles für dich, Oma, dachte sie. Für heute.

Als Hedwig sich erhob und in die Küche ging, musste sie am Weg dorthin schon Licht machen, Abenddämmerung erfüllte die Wohnung. Ja, dachte sie müde, in jugendlicher Begeisterung meinte ich mit Leichtigkeit mehr als nur diese Vorzugsschülerin zu werden, der Großmutters Stolz galt. Das Institut für Publizistik hier in Wien betrat ich jedenfalls noch so, erfüllt von hehrem Anspruch und hoher Anforderung.

Am Küchentisch belegte Hedwig ein paar Brotschnitten mit Schinken und Käse. Beim Rotwein dachte sie vorerst nur an ein volles Glas, entschloss sich dann aber, die ganze Flasche mitzunehmen. Auf einem Tablett trug sie alles ins Wohnzimmer und näherte sich dann zum ersten Mal seit ihrer Rückkehr dem alten Fernsehgerät. Da stand es, so wie damals, als sie begonnen hatte, sich für die Welt zu interessieren. Fernbedienung gab es natürlich keine, und sie tat zögernd das, was sie früher getan hatte. Aber ganz simpel, einfach auf Knopfdruck, funktionierte der Apparat noch! Erstaunlich, dachte Hedwig. Sie konnte die beiden österreichischen Programme, ORF 1 und ORF 2, in sehr schlechter Qualität, aber doch empfangen.

Hedwig hatte ja auch aus dem Ausland stets das politische Geschehen in Österreich mitverfolgt. Jetzt aber plötzlich wie als junges Mädchen, als ganz junge Frau, wieder vor diesem altmodisch kleinen Bildschirm zu sitzen, sich Wein einzuschenken, belegte

Brote zu kauen und eine abendliche Nachrichtensendung zu sehen, ließ Hedwig unvermutet Tränen in die Augen steigen. Den Sprecher kannte sie, auch in Lissabon hatte sie österreichische Programme gesehen, ermöglicht durch eine am Haus vorhandene Sat-Schüssel. Diese suspekte Ibiza-Affaire, die das Land in Aufruhr versetzt hatte, konnte sie ja gerade noch aus der Ferne miterleben. Sie selbst war jedoch nach der Trennung von Carlos und dem Tod ihres Hundes so sehr am Ende ihrer seelischen Kräfte, dass diese Kulmination von Niedertracht, die sogar den österreichischen Rechtspopulismus zu erschüttern vermochte, ihre eigene Lethargie nicht durchbrechen konnte, es war ihr egal gewesen.

Aber auch jetzt noch, schien es, war die politische Situation hierzulande nicht bereinigt. Die SPÖ zumindest ist wohl ganz aus dem Rennen, und das nicht nur hier, dachte Hedwig, die Sozialdemokratien an sich werden weltweit demoliert, oder können nicht Fuß fassen, Portugal ist ja zurzeit erstaunlich zur positiven Ausnahme geworden –

Hedwig! ermahnte Hedwig sich, lass es! Lass jetzt deine politischen Kommentare, das liegt hinter dir.

Sie schaute jedoch weiter, sah in einer Sendung namens »Seitenblicke« irgendein Film-Festival, gezwungen lächelnde Frauen in langen Roben sich auf dem ewigen roten Teppich drehen und wendend – da schau, die auch nicht mehr junge Julia Roberts, aber kaum geliftet, schön!

Hedwig saß vor ihren Broten, aß eines nach dem anderen auf, und trank allmählich auch die ganze Flasche Rotwein aus. Ich werde mir demnächst einen nagelneuen Flachbild-Fernseher anschaffen, dachte sie, der mickrige da vor mir wird ohnehin bald den Geist aufgeben. Ich tu heute das, was alle einsamen Menschen tun: Ich sitze vor dem Fernseher, mampfe in mich hinein, trinke Alkohol, werde müder und müder und gebe auch bald den Geist auf.

Mühsam erhob sie sich, schaltete das Fernsehgerät wieder per Knopfdruck aus und trug das Tablett in die Küche.

∼

Und dann kam also der Tag, Oma, an dem ich dir am Morgen, nach dem Frühstück, ganz locker sagen konnte: Also ich geh jetzt los ins Institut! Da hast du meine Hand ganz fest gedrückt – umarmt haben wir einander ja fast nie – und mich indirekt ausgebessert, indem du meintest: Dein erster Tag Universität! So etwas! Sogar hast du mir aus dem Fenster nachgewinkt, als ich durch die Schlösselgasse davonging. Ich hob nur lässig die Hand.

Aber als ich an Ort und Stelle dann den Hörsaal des Instituts für Publizistik betrat, war mir in keiner Weise lässig zumute, im Gegenteil. Ich fühlte mich plötzlich seltsam allein gelassen und einer mich bedrohenden Fremde ausgesetzt.

Die Schar der jungen Leute um mich war überschaubar, es waren nicht allzu viele, einige nickten einander befangen zu. Man nahm auf den ansteigenden Bänken Platz, mit der schmalen Tischfläche vor mir meinte ich anfangs wieder Schulkind zu sein. Dann erschien schnellen Schrittes ein alerter, etwas übertrieben aufgeräumt wirkender Mann, der um Ruhe bat und sich lautstark als Professor Lautenburger vorstellte. Er sei also unser »strenger Chef«, versuchte er seine Position humorvoll zu umschreiben, wobei er selbst am heftigsten darüber auflachte. Brav lachte ein Teil der Anwesenden mit. Ich blieb ernst, der Mann gefiel mir nicht. Nun war er aber tatsächlich der Leiter des Instituts.

Bald nach ihm betrat ein anderer, jüngerer Mann den Raum, der wohl ebenfalls mit dem Institut zu tun hatte, sich aber ruhig und abwartend verhielt. Mir fiel auf, dass er seinen Blick interesselos über uns Neulinge schweifen ließ, so, als betrachte er etwas ihm allzu Wohlbekanntes.

Ja, Eugen! Komm doch näher! wandte Professor Lautenburger sich ihm jetzt zu, lass dich vorstellen.

Der Jüngere trat an seine Seite.

Liebe künftige Kollegen und Kolleginnen – lasst mich euch so nennen –, das ist also Dozent Doktor Eugen Lobau, fuhr Lautenburger fort, der Gute macht hier eigentlich alles, während ich faul sein kann. Und wieder sein Lachen über den eigenen Scherz, in das diesmal jedoch kaum noch jemand einstimmte.

Hallo, sagte dieser Dozent Lobau nur, und nickte kurz in die Runde.

Ja, dann also los, meinte der Professor, euer aufregendes, dem Zeitgeschehen und unserer Gesellschaft dienendes Studium beginnt. Journalismus ist eine große Aufgabe für jeden, der sie wirklich übernehmen will, ich wünsche Ihnen allen Erfolg dabei. Meine Vorlesungen übernehme ich ab morgen, so ein erster Tag birgt haufenweise Bürokratie, die erledigt werden muss, also viel Spaß mit Doktor Lobau. Servus, Eugen, bis morgen.

Und der Professor verschwand.

Der Dozent trat ruhig vor uns hin. Ohne jetzt wie sein Vorgänger gleich eine künftige Kollegenschaft zu begrüßen, sprach er uns sachlich und kurz an. Ich heiße Sie also auch willkommen, sagte er, lasst uns beginnen.

Es war ein erster flüchtiger Abriss über die Geschichte der Publizistik, den er uns bot. Er formulierte klar und schnörkellos, aber immer wieder betonte er, dass dies nur Vorgeschmack sei, eine Art Einstimmung, und dass er sich für die Zukunft regelmäßigen Besuch der Vorlesungen wünsche. Publizistik sei kein Studienzweig, der einem das Studieren erspare, er fordere uns eindringlich dazu auf, die Jahre hier am Institut nicht als Alibi fürs Laschieren zu sehen, sondern sie ernst zu nehmen.

Mir gefiel, was dieser Mann da sagte, denn in diesem Sinn hatte ich mich ja zum Publizistikstudium entschlossen. Es war mir ernst damit, ernster als es mir je mit deinen hehren Universitäts-Träumen gewesen wäre, Oma, die du mich ja liebend gern als künftige Ärztin oder Anwältin gesehen hättest. Aber diese ersten Worte des

Dozenten Lobau damals schienen mir wohltuend recht zu geben.

Es hatte wieder leise zu regnen begonnen. Hedwig erhob sich vom Schreibtisch und trat an eines der geöffneten Fenster. Ja, ein leiser, lauer Sommerregen. Seit dem Gewitter und den wilden Regenfällen gestern hatte die davor herrschende Hitze sich in angenehme Sommerlichkeit verwandelt. Hedwig betrachtete die gegenüberliegende Hausfront, fast alle Fenster waren geschlossen, vielleicht weil ja derzeit halb Wien Urlaub hatte und auf Reisen ging.

Hedwig beugte sich aus dem Fenster. Kein Mensch war unterwegs, die Gasse lag still und leer unter ihr. Sie blickte nach links, zum Ende der Hausfront hin. Dort, nach der Biegung zur Tulpengasse, weiter unten an einer Häuserecke, hätte es nach dem Krieg den besten Bäcker der Stadt gegeben, erwähnte die Oma immer wieder mit Bedauern, die Bäckerei Pflamitzer sei das gewesen, und sie wüsste nicht, wo auf Erden man je wieder so herrlich knusprige Kipferln bekäme wie damals beim Pflamitzer.

Ach Oma, dachte Hedwig, ich würde mir jetzt gern ein paar solcher Kipferln holen können und ordentlich frühstücken. Sie hatte sich am Morgen nach nur einer Tasse Kaffee gleich wieder an den Computer gesetzt und weitergeschrieben, weil sie immer wieder schlaflos war und viel zu früh erwachte. Der Fernsehabend tat mir nicht gut, dachte sie, diese Rückkehr zu politischen Themen und Eindrücken. Wirres Träumen hat mich immer wieder aufgeschreckt, also lieber aufstehen und was tun, dachte ich. Und da es sonst nichts zu tun gab, schrieb ich also weiter. Jetzt habe ich Hunger.

Hedwig holte sich aus der Küche ein großes Honigbrot und eine weitere Tasse des bereits kalten Kaffees. Beides in Händen haltend, setzte sie sich vor den Laptop und betrachtete ihre letzten Zeilen.

Tja, Oma, der Dozent Lobau. Dass mir nicht nur gefiel, was er sagte, sondern dass er selbst, der Mann, mir gleich irgendwie gefiel, davon sagte ich dir natürlich kein Sterbenswort.

Warte, Hedwig – das gleich aufschreiben!

Sie verschlang das Brot und trank rasch den Kaffee aus. Da die Finger danach vom Honig ein wenig verklebt waren, lief sie noch eilig ins Badezimmer, wusch ihre Hände, sah sich dann selbst im Spiegel an, schüttelte kurz den Kopf über dieses bleiche Gesicht zwischen verstrubbelten Haaren, das ihr da entgegenblickte, und saß dann schnell wieder vor dem Laptop.

Diese Einführungs-Vorlesung dauerte nicht lang, Doktor Eugen Lobau entließ uns bald mit einer freundlichen Verabschiedung, er stand an der Tür und drückte jedem der Publizistik-Neulinge die Hand. Mir fiel dabei auf, wie klein seine Hände waren, im Vergleich zu einem trainiert wirkenden Männerkörper mit besonders breiten Schultern. Er hatte ein sinnliches Gesicht, die

Lippen des auffallend großen Mundes wirkten eigenartig weich, sein Haar, straff zurückgekämmt, schien dünn und ein wenig fettig zu sein. Er war keine Schönheit, Oma, aber doch ein gut aussehender Mann, irgendwie. Und sein Händedruck, nicht kräftig, sondern eher scheu, als sei diese Berührung ihm gar nicht lieb, aber auch sein Blick, den er ein wenig länger auf mir ruhen ließ, wie mir schien – ich behielt beides im Sinn, als ich nach Hause schlenderte. Und nicht nur im Sinn behielt ich es, sondern auf mich überraschende Weise im Körper.

Ich hatte bisher mit ein paar Gymnasiasten aus der Parallelklasse am Schulhof ein wenig geflirtet. Wenn man das überhaupt flirten nennen konnte, eigentlich fand ich unser sich lockend gebendes Gehabe eher blöd. Mit Lizzi im Schönbornpark hatte ein besonders warmer goldener Herbsttag mich ein einziges Mal dazu bewogen, hinter bergendem Gesträuch den Kuss eines Jünglings zuzulassen. Aber auch diesen Kuss fand ich blöd. So nass. Und der Versuch, die Zunge mir in den Mund zu schieben. Mir grauste.

Ich konnte also auf deine seltenen, sehr vorsichtigen Fragen, Oma, die in Richtung meines Heranwachsens zur jungen Frau gingen, meist so reagieren, dass es dich zwar ein wenig verwunderte, aber auch beruhigte. Diese deine Enkelin, die zwar monatlich ihre Tage hatte und auch einen hübschen Busen, schien das weibliche Erwachen noch vor sich zu haben. Dass jedoch der eher lasche Händedruck und ein etwas längerer Blick des Dozenten

Lobau mit erstaunlicher Direktheit mitten in mein bislang noch ruhendes Verlangen, Frau zu werden, Frau zu sein, vorgedrungen war, dass dies zu einer meiner ersten Institutserfahrungen gehören würde, hätte dich wohl wenig gefreut. Ja, ich erwachte, Oma.

Meinen Heimweg vom Institut zögerte ich durch langsames Schlendern hinaus, die Bäume im Rathauspark leuchteten bereits frühherbstlich golden in der Nachmittagssonne.

Dann die stille Schlösselgasse.

Wie war denn alles? Erzähle! Du hast mich begierig zurückerwartet und mit Fragen überfallen. Ich beschrieb den Hörsaal, erzählte vom sehr lauten Professor Lautenburger, der mir nicht sonderlich gefiele, du warst sofort beunruhigt, bitte bleib nett zu dem Mann, wenn der dort das Sagen hat, aber ja, beruhigte ich dich, ich glaube, die meisten Vorlesungen macht ohnehin der Dozent. Der Dozent? fragtest du gleich, es klang dir nicht so imponierend wie Professor. Ja, sagte ich, da gibt es natürlich auch einen weniger Wichtigen, ach so, hat dich das gleich beruhigt, nicht einmal nach seinem Namen fragtest du, und vom sanften, aber drängenden Aufruhr meines Körpers bekamst du natürlich nichts mit, wie denn auch, ich benahm mich wie sonst, sah aus wie sonst, war deine Enkelin Hedwig wie sonst.

Du hast an diesem Abend sogar eine wohl sorglich gehütete Flasche Wein aus deinem Kabinett geholt und geöffnet. Aber Oma! staunte ich. Nur für besondere Anlässe! sagtest du, und wir stießen mit unseren vollen

Gläsern an, als wir Brathühnchen aßen, auch eine Besonderheit deines sonst eher sparsam gehaltenen Speiseplans. Auf deinen ersten Tag an der Universität! hast du ausgerufen, temperamentvoll wie sonst nie. Du warst glücklich an diesem Abend, Oma.

Brathühnchen, dachte Hedwig.

Köstlich waren die Brathühnchen der Großmutter, ich habe Hunger, das Honigbrot ist längst verdaut. Aber gleich wieder beim Italiener den musizierenden Steuerberater treffen? Nein. Es gab früher Schinken-Käse-Toast im Café Eiles, den ich gern aß, mir aber nicht leisten konnte, Lizzi lud mich oft drauf ein. Bei beschämter Abwehr brüllte sie meist: Sind meine Alten jetzt reich oder nicht? Tu nicht so blöd bescheiden!

Ich geh ins Eiles, beschloss Hedwig.

Es regnete nicht mehr, sogar lag blasse Sonne über der Gasse. Hedwig speicherte das Geschriebene, ließ den Laptop aber laufen. Nachdem sie Jeans und ein T-Shirt angezogen hatte, machte sie sich vor dem Badezimmerspiegel ein wenig zurecht. Geht ja, dachte sie zuletzt. Mit einem Hauch Make-up, Wimperntusche, die Lippen nachgezogen, ist so ein Frauengesicht über fünfzig eigentlich noch ganz passabel. Carlos hatte sie schön gefunden, als sie einander begegneten, sie selbst sich aber nie. Sie war mit ihrem Aussehen nie zufrieden gewesen, komisch, warum jetzt auf einmal. Auch ihr Haar, mittlerweile grau durchzogen, fand Hedwig plötzlich gar nicht so übel. Früher eine endlos lange, lockige Mähne, hatte sie diese in Lissabon, ihrem verletzten Frausein und Liebesschmerz folgend, radikal kürzen lassen. Die Friseurin tat es ungern, sie jammerte der Haarpracht in lautem Portugiesisch hinterher, während sie sie abschneiden musste. Jetzt passte der kurze Haarschnitt genau zu ihrem Gesicht, fand Hedwig. Also gut, auf ins Eiles.

Sie wandte sich vom Haustor aus nach links, wanderte die Tulpengasse abwärts, dann weiter zur Landesgerichtsstraße. Und als Hedwig das Kaffeehaus betrat, fand sie sofort einen Tisch, sogar für sich allein und direkt am Fenster.

Haben Sie den gemischten Toast noch? fragte sie den Ober.

Unser Schinken-Käse-Toast, klar! Ein Bier dazu?

Ein kleines, ja, danke.

Hedwig blickte aus dem Fenster, hatte so auf geschützte Weise die pulsierende, sommerliche Stadt vor Augen. Ach Lizzi, dachte sie, ich glaube, wir saßen auch an diesem Tisch ab und zu, es war damals das Eiles für uns nichts anderes als einfach irgendein Kaffeehaus, wo alte Leute Zeitungen lasen.

Manchmal machten wir hier auch gemeinsam unsere Hausaufgaben. Der von dir gespendete Toast schmeckte mir, du hast gern heiße Schokolade dazu bestellt, und warst jedes Mal verständnislos bis zornig, wenn ich zeitgerecht aufbrach, um meine Oma nicht warten zu lassen. Lass die alte Frau doch mal bissel warten, schlugst du vor, gewöhne sie dran, dass du irgendwann mal sowieso dein eigenes Leben leben wirst!

Mein eigenes Leben leben, dachte Hedwig.

Wir hatten beide sehr intensive Vorstellungen davon, jede auf ihre Art, von diesem eigenen Leben. Aber ich habe meine Großmutter nicht daran gewöhnt, wie Lizzi es viel behutsamer vorschlug, nein, ich war auf grausame Weise feige, ich habe sie von heute auf morgen verlassen. Jetzt, zu spät, aber doch, bin ich dabei, ihr von diesem meinem eigenen Leben zu erzählen, weiß aber bis heute noch nicht wirklich, was ein eigenes Leben überhaupt ist. Es geschah mir meist, mein Leben.

Es geschah mir meist, mein eigenes Leben, schrieb Hedwig.

Sie saß wieder an ihrem Schreibtisch vor dem Laptop. Nachdem sie im Café Eiles den Schinken-Käse-Toast gegessen und ein Glas Bier dazu getrunken hatte, nahm plötzlich ein gesprächiger Herr ohne viel zu fragen an ihrem Tisch Platz und begann auf sie einzureden. Es war Abwehr gegen den überbordenden Tourismus, den sie da zu hören bekam, doch sehr schnell färbten Fremdenhass und Ausländerfeindlichkeit seine Beschwerde. San' ja alles keine Deutschen! Die Deutschen, das geht ja, aber was brauchen wir so viel Fremde bei uns, die Chinesen san wenigstens net arm, aber schaun Sie sich mal die Leut' aus Afrika an, so viele Murln auf einmal, oder diese Muslime mit den schwarz eingepackten Frauen, wo man nix als die Augen sieht, was da auf einmal alles in unserer schönen Wienerstadt unterwegs ist, eine Schande, finden Sie nicht? –

Hedwig hatte den Ober gerufen und eilig bezahlt. Finden Sie nicht, gnä' Frau? wiederholte der Herr, aber wortlos, ohne zu antworten oder zu grüßen, war Hedwig aufgestanden und gegangen, seinen erstaunten Blick im Rücken. Sie floh. Immer und überall so rasch diese rassistischen Haltungen. Seit den Flüchtlingsströmen, den Ertrinkenden im Mittelmeer, seit dieser die Welt erfassenden neuen Völkerwanderung allerorten das Aufblühen eines Gedankengutes, von dem man gemeint hatte, es sei, wenn schon nicht überwunden, so doch gemildert. Sogar Portugal war davon nicht ganz verschont geblieben, obwohl sie selbst es dort nicht wirklich wahrnahm, das einstige Kolonialland war stets von Fremdem durchsetzt gewesen. Aber Carlos hatte sie darauf hingewiesen, hatte auch dort eine Veränderung der früheren Offenheit und Toleranz beklagt. Und ihr eigenes journalistisches Interesse an der Welt war ja nie zur Gänze verstummt, sie erfuhr trotz ihres privaten Desasters stets, was dabei war, sich weltweit gefährlich und gefährdend zu entwickeln, sie erfuhr es, ob sie wollte oder nicht. Zu intensiv hatte sie jahrelang ihr Gespür dafür geschult.

Der gesprächige Wiener im Café Eiles jedenfalls hatte sie davongetrieben. Sie eilte im Laufschritt an ihr entgegen Flanierenden vorbei in Richtung

Schlösselgasse und war atemlos und erleichtert in die Wohnung zurückgekehrt. Nachdem sie ihr verschwitztes T-Shirt und die Jeans ausgezogen, sich im Badezimmer mit kaltem Wasser erfrischt und nur ein leichtes Baumwollhemd übergezogen hatte, war es ihr unerlässlich, ja ein drängendes Bedürfnis gewesen, rasch diesen Satz zu tippen: *Es geschah mir meist, mein eigenes Leben.* Es war der Gedanke, der in ihr hängenblieb. Auch der lästige Rassist und das Nach-Hause-Laufen danach konnten ihn nicht gänzlich vertreiben. Er war neben und in ihr mitgelaufen, dieser Gedanke. Also weiter.

Es geschah mir meist, mein eigenes Leben.
Als ich regelmäßig die Vorlesungen im Institut für Publizistik zu besuchen begann, du mich trotzdem viel bei dir hattest, wenn ich daheim arbeitete, also Skripten durchsah oder Seminararbeiten schrieb, wir oft gemeinsam zu Abend aßen, ich Lizzi immer weniger traf, eigentlich überhaupt niemanden mehr traf, nur auf das Studium konzentriert zu sein schien – das war deine Zeit, Oma. Du strahltest. Ich ging und kam zurück, alles zu seiner Zeit, du konntest dich darauf verlassen, dich stets vorbereiten, mich mit einer schmackhaften Mahlzeit empfangen, danach mich und mein Studierenmüssen, an dem dir so viel lag, mit häuslicher Ruhe und Stille behüten, du konntest stolz sein auf diese fleißige, kluge Enkelin über ihren Schriften und Büchern, noch stolzer als auf die Gymnasiastin, denn jetzt ging es ja um

Zukunft und Ehre, du konntest etwas mit-erleben, das dir selbst verwehrt gewesen war, ich lebte gewissermaßen auch dein Leben.

Als sich dann für mich einiges zu verändern begann, vorerst nur am Rande und zaghaft, jedoch allmählich immer einschneidender, war ich eine Weile lang in der Lage, es dir zu verheimlichen. Konnte ich eine Zeit lang so tun, als bliebe alles beim Alten.

Ich versäumte keinen Tag am Institut, besuchte regelmäßig nahezu alle Vorlesungen. Die vom Professor Lautenburger, die des Dozenten, und ab und zu gab es auch Gäste, die ihre Erfahrungen vortrugen und befragt werden konnten, meist Leute des öffentlichen Lebens, also Künstler oder Politiker. Die letzte Variante war mir die interessanteste, geschah aber auch am seltensten. Am häufigsten und am lautesten überfielen uns Studenten die Stunden mit Professor Lautenburger. Sein Bemühen, witzig und originell zu sein, was er leider selber stets mit schallendem Gelächter honorierte, ging mir gegen den Strich, ich musste mich meinerseits bemühen, mir auch aus seinem denn doch vorhandenen Wissen ein wenig Belehrung zu holen.

Der Dozent hingegen, dieser Doktor Eugen Lobau, blieb meist ruhig und zurückhaltend bei der Sache, man konnte Zwischenfragen stellen, ich mochte seine Seminare. Mochte sie langsam immer lieber. Wohl auch, weil er mir langsam immer mehr gefiel. Auch war er derjenige, der uns am häufigsten eine Art Anschauungsunterricht bot, indem er es schaffte, Persönlichkeiten ins Institut einzuladen, die quasi am anderen Ende des Journalismus dessen Aufmerksamkeit erfuhren oder benötigten. Sich zum Teil auch als Opfer des journalistischen Interesses fühlten. Und dass der Dozent es fertigbrachte, solche Leute zu uns sprechen zu lassen, dass er sie dazu bewegen konnte, das Institut und den Hörsaal aufzusuchen, vor eine Schar junger Publizistikstudenten zu treten, sich befragen zu lassen und auch schmerzliche Erfahrungen preiszugeben – es beeindruckte mich.

Am Ende einer dieser Vorlesungen verließen nach und nach die Studenten den Hörsaal. Ich aber blieb sitzen.

Was ist? fragte mich der Dozent.

Wie schafft man es, kein widerlicher Sensationsjournalist zu werden? antwortete ich.

Er lachte leise auf, es war ein trauriges Lachen.

Liegt an einem selbst, sagte er dann. An der eigenen Haltung zu diesem Beruf.

Aber schämen sich die Journalisten denn nicht, wenn sie fremdes Leid öffentlich ausschlachten?

Nein, sie schämen sich nicht. Es gibt in allen Bereichen Menschen, denen Scham fremd ist.

Wirklich?

Wirklich. Oder sie können zumindest ihre Schamlosigkeit mit guten Gründen zudecken.

Was sind gute Gründe?

Der Job. Die Angst. Das Geld. Der Erfolg. Die Wichtigtuerei. Ein Blick in die politische Landschaft genügt, Hedwig. Oder in den Kunstbetrieb. Es steckt im Mensch-Sein. Überall ist der Mensch allzu menschlich.

Er hatte Hedwig zu mir gesagt! Das fiel mir sofort auf.

Aber, Doktor Lobau – wären wir als Journalisten denn nicht aufgerufen, dagegen zu sein? Gegen dieses allzu Menschliche? Gegen den Verlust von Scham und Haltung?

Jetzt lächelte er, der Dozent. Sehr milde lächelte er mich an.

Behalten Sie diese hohe Meinung für Ihren Beruf, Hedwig. Nach ein paar Jahren reden wir nochmals darüber, ja?

Woher wissen Sie eigentlich meinen Namen? fragte ich.

Sie heißen doch so, oder?

Ja. Aber dass man sich bei so einer Schar Leute die einzelnen Namen merkt –

Nur, wenn man sich den Menschen merkt.

Als er das gesagt hatte, sahen wir zwei uns plötzlich an. Wir sahen uns wirklich in die Augen. Ich stellte fest, dass die seinen braun waren, ein warmes Braun ohne Flecken oder Punkte.

Du hast grüne Punkte in deinen Augen, sagte der Dozent plötzlich.

Weiß ich.

Oh entschuldige. Oder darf ich Sie duzen, Hedwig?

Ja, dürfen Sie. Ihre Augen sind einfärbig. Nur braun.

Weiß ich auch. Aber bitte duze du mich auch.

Dieser seltsame Dialog war der Anfang, dachte Hedwig.

Sie hatte aufgehört zu schreiben. Genau das hatten sie zueinander gesagt, diesen Blödsinn, es war so simpel und komisch, dass sie es nie vergessen konnte. Den Rest, warum und wodurch eigentlich dieser Dozent Eugen Lobau auf sie aufmerksam geworden war, weiß sie bis heute nicht zu erklären. Dass er sich ihren Namen merkte, sich in ihre Augen vertiefte. Weshalb sie selbst ihn anziehend fand, war ihr verständlicher, er, vorne am Pult, hielt die Vorlesungen, sie konnte ihn betrachten, seine Worte überprüfen, während sie selbst sich ja inmitten der Schar seiner Zuhörer befand.

Jedenfalls war nach diesem gemeinsamen Zurückbleiben im Hörsaal, sie beide allein einander gegenüber, nach dem seltsamen Wortwechsel, nach dem tiefen und langen Blick, den sie zuließen, etwas geschehen. Hedwig wusste es. Und die Frage, die der Dozent jetzt stellte, überraschte sie nicht.

Hättest du Lust, mit mir einmal abends essen zu gehen? fragte er.

Klar, warum nicht, hatte sie ohne jedes Zögern geantwortet, und war auch von ihrer Bereitwilligkeit nicht überrascht.

Wann denn?

Wann du meinst.

Morgen? Wäre prima, Wochenende, keine Vorlesung.

Gut.

Dann bestelle ich im Hotel Regina einen Tisch, so um halb sieben. Dir recht?

Ja.

Hatten sie einander die Hände gereicht? Oder nur noch zugenickt? Das wusste Hedwig nicht mehr. Nur, dass sie danach beide rasch ihrer Wege gegangen waren, so, als müssten sie plötzlich voreinander flüchten. Als hätte die fehlende Überraschung sie verspätet denn doch eingeholt.

Sie selbst wanderte also heimzu in die Schlösselgasse, unter die erwartungsvollen Augen der Großmutter, die in der Küche schon Topfenpalatschinken im Backrohr stehen hatte und sofort die nie ausbleibende Frage stellte: Na, wie war's denn heute in der Universität?

Ach Oma, wie dir erklären, wie es vorhin in der Universität gewesen war! Jetzt erst begann ich zu überlegen, was an Ausrede ich für den morgigen Abend erfinden könnte. Dir einfach zu sagen, klipp und klar, dass ich mich mit dem Publizistik-Dozenten Eugen Lobau, also mit einer meiner Lehrpersonen, zum Abendessen verabredet hatte, daran war nicht zu denken. Jedenfalls für mich nicht. Was Lizzi mir vorgeworfen hatte, stimmte. Ich konnte dich nicht daran gewöhnen, Oma, dich nicht auf selbstverständliche Weise damit konfrontieren, dass ich nun neunzehn Jahre alt, also erwachsen war, und mein Leben sich von dem deinen entfernen würde. Ja müsste. Ich blieb in deiner Gegenwart die ewig gleiche, brave Hedwig, pünktlich, fleißig, viel zu Hause, ganz so, wie du sie haben wolltest.

Morgen treffe ich Lizzi, sagte ich beim Abendessen.
Ach ja? Wann denn?
Sechs, halb sieben.
So spät?
Wir gehen ins Kino.
Was für einen Film seht ihr euch denn an?
Gandhi.
Was? Der Inder?
Über Mahatma Gandhi, ja. Ein sehr guter Film, Oma.

Du hast geseufzt, aber nichts mehr gesagt. Du hast immer geseufzt, vor allem, wenn der Name Lizzi fiel, sie war dir suspekt, obwohl du sie ja kaum je vor Augen bekamst.

Gibt es denn keine nette Studentin, mit der du dich befreundest? hast du mich bald einmal gefragt. Und mit der Zeit begann ich dir natürlich von so einer Studentin vorzulügen, die meine Freundin geworden sei und mit der ich viel unternehmen würde. Dass ich dir diese auch niemals vorstellte, wurde dann langsam ebenfalls zum Problem. Aber für dieses Rendezvous am nächsten Abend hatte nochmals Lizzi herhalten müssen. Lizzi und Mahatma Gandhi.

Allein das Wort Rendezvous verwirrte mich, obwohl ich es für dieses Treffen mit einer Art Trotz benutzte. Ich habe heute Abend eben auch einmal ein Rendezvous, sagte ich mir, als Unsicherheit mich zu überkommen drohte. Als mir auffiel, dass ich dabei war, meine rasche Zusage zu bereuen. Den Tag verbrachte ich wie immer. Vormittags noch ein paar Einkäufe, um die Großmutter zu entlasten, wir aßen gemeinsam zu Mittag, ich saß dann am Schreibtisch über meinen Skripten, du hörtest Radio und hast für den morgigen Sonntag einen Gugelhupf gebacken, es duftete gut bis zu mir her.

Erst als ich versuchte, mich zurechtzumachen, mir etwas anzuziehen, in dem ich mich möglichst hübsch fühlen könnte, wurde es schwieriger. Ich pflegte für meine Verabredungen mit Lizzi oder irgendwem sonst aus meinem bisherigen Umfeld nie Toilette zu machen, ich ging einfach immer aus dem Haus, so wie ich war. Auch wenn es, sehr selten, aber doch, ein Treffen mit unseren wenigen Verwandten gab, Tante, Onkel, Cousin Bernhard, Cousinen, war mir stets egal, wie ich aussah. Was du, Oma, zwar jedes Mal beanstandet, jedoch letztlich als meine Eigenart hingenommen hast.

Jetzt aber bemühte ich mich, deine Aufmerksamkeit nicht auf mich zu lenken, als ich das ansehnlichste meiner Sommerkleider aus dem Schrank holte und anzog, dann im Badezimmer mit dem wenigen an Schminke, das ich besaß, mein Gesicht etwas auffrischte, mir mein meist verwildertes Haar sorgfältiger zu irgendeiner Lockenfrisur zurechtkämmte, und sogar die einzige Handtasche, die ich hatte, eine aus rotem Lackleder, mit all dem füllte, was ich sonst unbekümmert in einer großen Umhängetasche oder in den Taschen meiner Hosen und Röcke bei mir zu tragen pflegte.

Auf diese Weise halbwegs herzeigbar als weibliches Wesen ausgestattet, rief ich, ehe ich abhaute, aus dem Vorzimmer meinen Abschiedsgruß laut in Rich-

tung Küche. Bis nachher! rief ich, Oma, ich gehe jetzt, bin schon spät dran! Dann wischte ich aus der Wohnungstür, warf sie hinter mir zu, lief die Stiegen abwärts und eilte nahe an der Hauswand, um von oben, aus den Fenstern nicht erspäht zu werden, durch die Schlösselgasse davon. All das tat eine junge Frau von 19 Jahren, die sich außerdem zum ersten Mal mit einem erwachsenen Mann verabredet hatte! Kein Wunder, Oma, dass dieser Zustand irgendwann ein Ende nehmen musste.

Als Hedwig in die Florianigasse einbog, sah sie Lukas Rothmeier von der anderen Seite her ebenfalls auf das Restaurant zusteuern. Wie blöd, schon wieder dieser Hobby-Musiker, dachte sie. Der mittags eilig genossene Toast im Café hatte sie nicht wirklich gesättigt, Hunger unterbrach vorhin ihre Lust, weiterzuschreiben. In die Küche zu gehen und sich selbst etwas zuzubereiten, dazu war sie zu faul gewesen. Außerdem hatte ihr Appetit plötzlich sehr nach italienischen Gerichten verlangt, nach einer Pizza Margherita oder nach Spaghetti aglio e olio, und da es noch früh am Abend war, hoffte sie, diesem Mann beim Italiener diesmal nicht zu begegnen. Aber nein. Da kam er lächelnd auf sie zu, vor dem Eingang des Lokals trafen sie zusammen.

Essen Sie eigentlich ständig hier? fragte Hedwig.

Guten Abend, schöne Frau, gab er zur Antwort. Aber ja, ich esse fast ständig hier. Stört es Sie?

Entschuldigen Sie und auch guten Abend. Aber ich will Sie dabei nicht ständig mit meiner Anwesenheit belästigen. Ich will auch nur rasch was essen.

Rasch essen ist sowohl ungesund als auch ein Blödsinn. Und dass Sie mich nicht belästigen, müssten Sie eigentlich schon mitbekommen haben. Also, gehen wir hinein?

Hedwig nickte nur noch und folgte Lukas Rothmeier in das Lokal.

Als sie einander gegenübersaßen, schaute Lukas Rothmeier sie schweigend an. Dann lächelte er. Wieder dieses nette Lächeln, dachte Hedwig, muss ich zugeben. Die meisten Menschen lächeln, ohne wirklich zu lächeln, es ist eher ein Verziehen des Gesichtes, des Mundes, ein So-tun-als-ob-Lächeln. Aber der Mann da lächelt, weil er wirklich lächelt.

Ist etwas? fragte Lukas Rothmeier.

Wieso?

Weil Sie mich betrachten.

Das tun Sie ja auch. Mich anschauen. Und warum lächeln Sie dabei?

Wohl, weil Ihr Anblick mir Freude macht.

Ich habe mich nicht gekämmt, keinen Blick in den Spiegel geworfen, ich wollte nur was essen gehen, mein Anblick kann keine Freude machen.

Irrtum. Vielleicht gerade deswegen. Weil Sie so aussehen, wie Sie wirklich aussehen.

Also gut, dann will ich Ihre Freude nicht trüben.

Hedwig fuhr sich mit beiden Händen kurz durch

das Haar. Ich muss ja weiß Gott wirklich so aussehen, wie ich aussehe, dachte sie, kein Make-up, kein ordentliches Kleid, nur das Baumwollhemd und eine Jacke drüber, einfach vom Schreibtisch hoch und rasch aus der Wohnung, ich glaube, der Mann da scherzt.

Haben Sie vorhin geschrieben? fragte Lukas Rothmeier plötzlich.

Wie kommen Sie darauf?

Es ist noch irgendwie in Ihren Augen.

Lieber Herr Rothmeier –

Sagen Sie bitte Lukas zu mir, der Rothmeier geht mir auf die Nerven. So wie ich Sie ab nun nur noch Hedwig nennen möchte, auch wenn man angeblich so nicht mehr heißt. Ja?

Ja. Also gut.

Fein.

Aber wie kommen Sie auf die Idee – mein Schreiben sei noch irgendwie in meinen Augen? Das irritiert mich.

Weil es stimmt? Sie haben geschrieben?

Jetzt kam der Kellner angerannt, scusi, scusi, entschuldigte er sich in lautstarkem Italienisch, was er denn wolle, der Signor Rothmeier? An Hedwig wandte er sich kaum.

Die Dame möchte sicher ein Glas Primitivo, oder? erkundigte der Signore sich betont bei Hedwig.

Ja, sagte sie, und eine kleine Pizza Margherita bitte.

Ich dasselbe, Luigi. Den Rotwein und die Pizza.

Bene!, rief der Kellner und hastete wieder davon.

Ja, ich habe geschrieben, sagte Hedwig, ich habe fast den ganzen Tag geschrieben, ich schreibe eigentlich ständig, seit ich in Wien bin. Ich schreibe an meine Großmutter.

Jetzt schwieg Lukas Rothmeier und musterte Hedwig. Er tat es jedoch ohne Überraschung, in seinem Blick lag prüfendes Interesse.

An Ihre Großmutter? fragte er dann.

Ja.

An die, die auch Hedwig Pflüger hieß?

Ja.

Die Ihnen die Wiener Wohnung vererbte?

Ja.

Die also – die also nicht mehr am Leben ist?

Ja.

Jetzt schwiegen beide.

Hedwig blickte vor sich hin. Warum das! Warum bitte habe ich diesem Lukas plötzlich solche Auskünfte erteilt. Habe ich ihm aus dem Nichts heraus meine Lebensgrundlage preisgegeben. Ja, die derzeitige Grundlage meines Lebens, um noch etwas Sinn darin zu finden. Was hat mich geritten, ihm plötzlich Tür und Tor dazu aufzutun. Was geht ihn meine Großmutter an. Mein Bericht an eine Tote, um für mich das bittere Versäumnis der Lebenden gegenüber erträglicher werden zu lassen.

Niederschreiben heilt, sagte Lukas plötzlich.

Ich suche keine Heilung, erwiderte Hedwig.

Was dann?

Ich versuche, Jahre einer inneren und äußeren Abwesenheit in etwas Erlebtes zu verwandeln.

Für Ihre Großmutter? Oder für sich selbst?

Beides! stieß Hedwig hervor. Sowohl meine Großmutter als auch ich selbst wussten all die Zeit nichts von mir!

Ihr fiel auf, dass sie plötzlich am ganzen Körper zu zittern begann. Sie rappelte sich hoch und wollte so rasch wie möglich davon, raus aus dem Lokal. Lukas bekam sie gerade noch zu fassen, seine Hand ergriff die ihre und zwang sie, stehen zu bleiben.

Lass uns essen und trinken und ruhig weiter offen zueinander sein, Hedwig. Gibt nichts Besseres als das, glaub mir. Komm, setz dich wieder.

Sie stand ihm gegenüber. Er hatte sie geduzt, unverhofft, wie der Dozent Eugen damals, das fiel ihr auf. Aber gleichzeitig fühlte sie, wie das Zittern ihres Körpers nachließ. An den Nebentischen war ihr Heftigwerden und das Aufspringen kaum registriert worden, es war laut genug im Lokal, eine Reisegruppe lärmte fröhlich vor sich hin.

Lukas ließ ihre Hand los und blickte abwartend und ruhig zu ihr hoch. Das bewog Hedwig, sich wieder hinzusetzen.

Entschuldigung, sagte sie.

Weswegen?

Nun ja – ich habe mich aufgeführt.

War wohl nötig, sagte Lukas.

Jetzt brachte der Kellner die Pizzen, dazu zwei

Gläser und eine Karaffe mit dem Wein. Wieder sein Scusi, Scusi, die Signora, glaub ich, wollte schon gehen, tut mir leid, aber viel Betrieb heute –

Grazie Luigi, alles okay, sagte Lukas.

Er goss die Gläser voll. Dann stießen sie an.

Auf deine Erzählung, sagte er. Nennen wir's so.

Hedwig widersprach nicht.

Sie tranken.

Ich weiß, Hedwig, dass ich dich ungefragt geduzt habe, aber es ging auf einmal nicht anders.

Okay, ich heiße Hedwig, sagte Hedwig.

Fein. Ich heiße Lukas. Wir sollten uns küssen.

Guten Appetit, sagte Hedwig.

Als sie einander jetzt anlächelten, musste Hedwig an einen Ausspruch Lizzis denken: Nett sei die höflichere Form von Scheiße. Aber ich kann nicht anders, dachte Hedwig, ich finde das Lächeln dieses Mannes nett. Nicht Scheiße, sondern ausgesprochen nett, tut mir leid, Lizzi.

Eine Weile herrschte Schweigen, beide aßen.

Ich weiß nicht, was mit mir los war, sagte Hedwig schließlich, ich pflege mich sonst in Lokalen nicht so zu benehmen.

Schau mal, wie die am Nebentisch brüllen, sagte Lukas.

Aber sie zittern nicht. War blöd, dieses Zittern.

Es war nicht blöd, nur ein bisschen beunruhigend.

Hab ich vorher noch nie gehabt.

Das macht mich ruhiger.

Ich habe aber auch noch nie von dem gesprochen, was du in meinen Augen gesehen haben willst. Von dieser Schreiberei eben. Ich weiß nicht, warum ich es dir auf einmal gesagt habe. Bitte vergiss es wieder.

Muss ich?

Wäre mir lieb.

Aber vielleicht wäre dir lieber, davon zu reden.

Warum soll man immer von allem reden wollen, ich –

Nur als Annahme, bitte nicht wieder davonlaufen, Hedwig!

Aber nicht mehr heute.

Gut, nicht mehr heute.

Ich habe heute einem fremden Mann davon erzählt, dass ich dir mein Leben erzähle, Oma. Mein an deiner Seite und fern von dir verbrachtes Leben aufzuschreiben versuche. Und seither weiß ich, dass dieses Aufschreiben auch eine Suche nach mir selbst ist. Wie sagte ich zu ihm? Ja, dass ich versuche, innere Abwesenheit in etwas Erlebtes zu verwandeln. Wenn schon, habe ich nur journalistisch geschrieben, kommentiert, Schlüsse gezogen. Ich selbst aber kam dabei nicht vor. Seit ich zitternd – ja, ich zitterte! – feststellen musste, dass es hier in der Schlösselgasse, hier in Wien zurück, hier in deiner alten Wohnung auch um mich geht, hat sich etwas verändert.

Ich kam uns beiden näher, Oma.

Obwohl es bereits spät am Abend, und obwohl es nicht nur bei dem einen Glas Rotwein geblieben war, saß Hedwig vor dem Laptop. Die Schreibtischlampe brannte. Sie selbst, immer noch im Hemd, hatte sich nur ein Tuch um die Schultern gelegt. Es war eines dieser Tücher, die sich in Portugal Fado-Sängerinnen der alten Schule umzuwerfen pflegen, um in der Leidenschaft ihrer Gesänge mit beiden Händen an ihnen klammernd Halt zu finden. Das ihre hier, schwarz, mit einem Muster aus Mohnblumen, hatte Carlos ihr irgendwann geschenkt, es sei aus dem Nachlass der berühmten Amalia Rodrigues, log er, Hedwig hatte später den winzigen Preiszettel am Saum des Tuches entdeckt. Aber wie bei so vielem hatte sie auch dazu geschwiegen.

Jetzt zog sie das Tuch enger um sich, die Nacht war kühl geworden. Also weiter im Zurückgehen, dachte sie. Weiter jetzt, Hedwig.

Ich betrat also zur angesagten Zeit, pünktlich um halb sieben, das Restaurant Regina im Erdgeschoß des gleichnamigen Hotels. Da ich auf diesem Gebiet keinerlei Erfahrung besaß, verwirrte mich der große Saal mit den vielen blendend weiß gedeckten Tischen, die aber, wohl des frühen Abends wegen, nur teilweise besetzt waren. Ehe jedoch ein Ober sich mir nähern konnte, hörte ich schon Eugen Lobaus Stimme meinen Namen rufen. Von einem nicht weit entfernten Tisch war er aufgesprungen und deutete mir mit erhobenem Arm, doch zu ihm zu kommen, was ich erleichtert und rasch tat.

Als wir uns dann an diesem Tisch gegenübersaßen, musterte er mich.

Hübsch siehst du aus, sagte er.

Man tut, was man kann, antwortete ich.

Hunger?

Schon, ein bisschen.

Wir bestellten also. Ich glaube sogar, Oma, dass ich fantasielos ein Wiener Schnitzel wählte, weil ich es kannte und mich bei der Fülle von Gerichten auf der Speisekarte nicht zurechtfand. Auch bei der Wahl des Getränks sagte ich einfach bereitwillig zu, als Eugen irgendeinen ganz besonderen Weißwein vorschlug, von dem ich keine Ahnung hatte.

Überhaupt benahm ich mich unsicher, meinte, der Vornehmheit dieses Ambientes Genüge tun zu müssen. Das Regina war zwar zu dieser Zeit ein recht angesagtes Lokal, glaube ich, aber andererseits auch eine Hochburg wohlbestallter bürgerlicher Spießigkeit, was festzustellen ich in meiner damaligen Unerfahrenheit natürlich noch nicht in der Lage war. Ich fand alles um mich herum hochelegant.

Also versuchte ich formvollendet zu essen, zu trinken, war im Gespräch nicht locker und fühlte mich auf seltsame Weise von allen Seiten beobachtet. Bis Eugen zu essen aufhörte, mich ansah und zu lachen begann.

Warum bist du nicht du? fragte er.

Ich gehe selten in Restaurants, antwortete ich.

Werden wir ändern, meinte er. Aber sei jetzt bitte auch hier ganz normal, so normal wie dieses Gasthaus.

Und, Oma, ich wurde normal.

Sein Lachen, seine Worte erlösten mich irgendwie aus meiner Verkrampfung. Außerdem trank ich dann nicht gerade wenig vom ganz besonderen Weißwein, ich, die bislang Alkohol nur äußerst selten und in geringen Mengen genossen hatte.

Aber vor allem, als sich herausstellte, dass ich mit Eugen über Václav Havel sprechen konnte, über dieses mein erst vor Kurzem entdecktes Idol, und zwar ausführlich – als ich erfuhr, dass auch er die »Briefe an Olga« nicht nur kannte, sondern auch schätzte –, da war bei mir jeglicher Bann gebrochen.

Es wurde ein ausnehmend lebhafter, klug unterhaltsamer Abend für mich, einer, an dem ich mich irgendwie – ja, endlich an meinem Platz fühlte. Dass ich so Gespräche führen konnte, dass meine Ideen von Journalismus und Publizistik Antworten fanden, die ich bejahen konnte. Dass mir da jemand gegenübersaß, der sich politisch auszukennen schien, der schon einmal in der DDR gewesen war, der auch Gorbatschow ernst nahm und nicht abtat, der zwar meine intuitiv entstandene sozialdemokratische Ausrichtung nicht gänzlich zu teilen schien und eher dem Konservativismus huldigte, jedoch alles und jedes in ein gelassenes, nie aufgeplustertes Für und Wider verwandeln konnte, das mich anzog und interessierte – all das hatte ich so noch nie erlebt und es beflügelte mich.

Was natürlich dazu führte, dass ich im Gespräch auch in Privates glitt. Ich Eugen erzählen konnte, dass meine Eltern früh starben und ich, seit ich zwölf war, bei mei-

ner Großmutter aufwuchs. Ich erzählte ihm also von dir, Oma, und auch von der Enge und dem Gefangensein in einer seltsamen Verantwortlichkeit dir gegenüber erzählte ich. Er hörte aufmerksam und ruhig zu und schien mich zu verstehen. Es sei gut, dass ich jetzt studieren würde, meinte er, und vor allem, dass ich dabei gerade die Publizistik gewählt hätte. Diese Möglichkeit, über den eigenen Tellerrand hinauszuschauen, so nannte er es.

Und irgendwann war auch der Dozent plötzlich willens, mir sehr Persönliches anzuvertrauen, und das, obwohl ich ihn eigentlich nach nichts gefragt hatte. Es wurden Eröffnungen für mich, Oma, und sie verwirrten mich anfangs denn doch. Ich erfuhr, dass er verheiratet sei, aber getrennt lebe. Seinen Sohn sähe er nur ab und zu, Frau und Kind wären in der gemeinsamen Wohnung geblieben, er hätte sich anderswo ein Zimmer genommen. Ich konnte nicht vermeiden, dass sein völlig gelassen vorgetragenes, aber dennoch überaus privates Geständnis mich verunsicherte. Ich fiel kurzfristig aus den Wolken unseres gesprächsfreudigen Kennenlernens. Ob sie schon lange zurückliege, diese Trennung von seiner Familie, fragte ich. Und er blieb bewundernswert offen. Nein, erst in diesem Sommer sei es dazu gekommen, knapp vor Semesterbeginn. Nur abgezeichnet hätte der Bruch sich natürlich schon längst.

Ich nickte verständnisvoll, trank vom Wein und fühlte, wie die Verwirrung, die Verunsicherung mich langsam wieder verließ. Im Gegenteil, Oma. Ich begann mich plötzlich als erwachsen und auf kühne Weise weiblich zu fühlen. Dass ich da ein Rendezvous mit einem verheirateten Mann hatte, erhob unser Treffen völlig aus dem Flirt eines Professors mit einer seiner Schülerinnen, es erhielt eine Eigenständigkeit des Erlebens, die mir gefiel. Wie einem etwa ein Roman gefallen kann, nur eben mit der eigenen Person als Hauptfigur.

Was ich als Nachtisch wolle, fragte Eugen, und wir bestellten nach einigem Hin und Her Marmelade-Palatschinken. Da werde ich mich aber nach Hause rollen müssen, scherzte ich. Er hätte es da leichter, meinte Eugen. Wieso? fragte ich. Weil er hier wohne, im Hotel, es sei ein gemietetes Mansardenzimmer, aber nett und sehr preiswert. Also mit vollem Bauch nur in den Lift – und schon ins Bett.

Deshalb die Einladung hierher! wurde mir klar.

Aber ich begleite dich natürlich heim, fügte der Dozent hinzu.

Manchmal hieß er für mich immer noch der Dozent, mir fiel schwer, ihn bereits auf selbstverständliche Weise Eugen zu nennen, ich musste mich dazu zwingen.

Nein, Eugen, sagte ich jedoch, das ist nicht nötig, ich komme immer sehr gut allein nach Haus.

Oder du schläfst bei mir.

Das schlug er mit einer Gelassenheit vor, die mir den Atem raubte. Dennoch gelang mir verkrampft aufzulachen, was einer belustigten, jedoch wortlosen Abwehr gleichen sollte. Verlegen stocherte ich in meiner Palatschinke herum.

Nicht heute natürlich, sagte Eugen, aber irgendwann

doch, wirst sehen.

Und er hatte klarerweise recht, Oma.

Er brachte mich heim. Vor dem Haustor in der Schlösselgasse küsste er mich, und er küsste mich sehr erfolgreich, weil gut. Mein Körper reagierte auf seinen Kuss so erregt, dass ich es einen Moment lang fast bereute, nicht ins Mansardenzimmer im Hotel Regina mitgegangen zu sein. Du schliefst schon, als ich leise in die Wohnung und in mein Bett schlich.

Hat aber lang gedauert, dein Gandhi, sagtest du beim Frühstück, dass ich mal einschlafe, bevor du heimkommst!

Ja, ist ein besonders langer Film, Oma, und hat auch erst spät begonnen, antwortete ich.

Und wie oft werde ich dir wohl noch Freundin Lizzi und Spätfilme und brave Studentenpartys vorspielen können, dachte ich gleichzeitig. Wie es dir absehbar plausibel machen, dass ich vielleicht auch mal über Nacht ausbleibe. All das, was ab nun geschehen würde, war mir nach Eugens Kuss klar geworden. Ich wollte mit ihm schlafen, ich wollte eine Frau werden, ich wusste plötzlich, was Verlangen ist. Und nicht nur nach Sexualität, nach Liebe verlangte mich. Nein, es verband sich für mich sofort mit dem Verlangen nach Freiheit, nach Leben. Nach einem Leben, das sich an deiner Seite, Oma, nie erfüllen würde. Nach einer Freiheit, die deine Schlösselgasse mir verschloss.

Habe ich noch nie so bedacht, dachte Hedwig. Schlösselgasse. Dass dieser Straßenname entfernt, aber doch mit Schloss und Riegel, mit Verschlossensein zu tun hat.

Auch das Schultertuch konnte nicht mehr verhindern, dass Hedwig fror. Wohl, weil sie todmüde war. Aus. Den Computer aus und ins Bett.

~

Wieder fiel Regen. Er hatte im Morgengrauen eingesetzt, vorerst nur flüsternd, rauschte jetzt aber heftig vor den offenen Fenstern herab.

Wie lange bin ich eigentlich schon zurück, zurück hier in dieser Wohnung? dachte Hedwig. Ihr Kopf war immer noch im Kissen vergraben, der Körper vom Bettlaken warm eingehüllt, auch fiel der Regen gleichmäßig in die Gasse, ohne Wind, also ohne ins Zimmer geworfen zu werden, das gab ein wohliges Gefühl. Hedwig hatte nicht die geringste Lust, jetzt schon aus dem Bett zu steigen. Jedoch begann sie nachzudenken und nachzuzählen. Das Resultat verblüffte sie.

Heute erst der fünfte Tag!

Sie hatte viel getan in diesen Tagen. Sich die Wohnung ein wenig zu eigen gemacht. Am Computer geschrieben, gar nicht wenig, ein Stoß ausgedruckter Seiten, um der Großmutter zu berichten, was diese in den letzten Jahren ihres Lebens nicht von ihr erfahren hatte. Und außerdem hatte sie im italienischen Restaurant gleich um die Ecke mit einem pensionierten

Steuerberater – was hatte sie mit dem eigentlich? Sich angefreundet?

Ja, kann man so nennen, dachte Hedwig, wir haben uns angefreundet. Und zu sehr. Das muss wieder unpersönlicher werden, aber wie auch immer.

Tag 5 heute, Oma, ein Regentag, ich werde Kaffee trinken und weiterschreiben, es bietet sich an. Hedwig griff nach dem Smartphone auf dem Nachttisch, dieses Gerät war auch ihr mittlerweile notwendig geworden, sich zu orientieren. Ach ja, sogar war heute Sonntag! Und bereits nach elf Uhr war es, also später Vormittag, sie hatte lange und tief geschlafen, nachdem der gestrige Tag erst spätnachts sein Ende fand. Mit plötzlichen Erwägungen zur Schlösselgasse, erinnerte sich Hedwig vage, Erwägungen, die der Schlaf schnell aufsog.

Sie gähnte und kroch dann aus dem Bett. Kurz sah sie aus dem Fenster in eine Wand aus strömendem Regen und blickte dann hinunter in die Gasse, wo sich Rinnsale bildeten, die am Rand der Gehsteige sogar zu kleinen Bächen gediehen.

Sie schloss die Fenster nicht, denn obwohl es regnete, hatte der Sommer keine Kühle aufkommen lassen, nur Wellen warmer, feuchter Luft. Hedwig tappte jedoch zum Schrank und zog einen Trainingsanzug über. Sie nannte diese Bekleidung immer noch so: Trainingsanzug. Jetzt würde man dazu wohl sagen: eine Jogginghose mit Sweatshirt. Nur joggte sie ja nie. Und damals im Gymnasium trugen die Mädchen zum Sportunterricht alle Trainingsanzüge, es hieß damals nur so. Aber sei's drum. Jedenfalls wollte sie sich jetzt auf häusliche Weise weich und gemütlich eingehüllt fühlen, Trainingsanzug hin oder her.

Nach einem flüchtigen Besuch des Badezimmers trank Hedwig in der Küche zwei Tassen starken Kaffee, dazu aß sie Butterbrot mit Marillenmarmelade. Danach wurden die Spuren dieses Frühstücks von ihr wieder getilgt, sie tat es allzu gemächlich, aber ihr war danach, das Weiterschreiben noch vor sich herzuschieben und nicht kopfüber ins Erzählen hineinzustürzen, ging es doch ab nun um etwas, das schwerer wog. Dann aber schlenderte sie langsam ins große Zimmer hinüber, setzte sich an den Schreibtisch und öffnete den Laptop. Die Datei OMA.

Draußen rauschte immer noch der Regen herab.

Ich besuchte also weiterhin Tag für Tag das Institut für Publizistik – von dir, Oma, eisern »die Universität« genannt –, außer an den Wochenenden war ich für dich also weiterhin die brave, pflichtbewusste Studentin und konnte damit dein Herz erfreuen. Was dir aber recht bald auffiel, war mein Aussehen. Dass ich mich ein wenig sorgfältiger kleidete, mein Haar nicht mehr wild und ungebändigt beließ, und sogar manchmal Wimperntusche und Lippenstift benutzte.

Du wirst ja eitel! meintest du, als du mich eines Tages im Badezimmer beim Auftragen von Make-up überraschtest.

Oma, ich bin erwachsen, meine ruppige Antwort.

Du lenktest sofort ein, und, wie mir auffiel, mit strahlender Zufriedenheit. Weiß ich ja, sagtest du, nicht bös' sein, war ein Scherz. Du warst nur bisher so schrecklich uneitel, was dein Aussehen betrifft, ich bin ja froh, dass die Universität diesen guten Einfluss auf dich hat, und nicht mehr deine Lizzi mit ihren Hippies rundherum!

Die Hippie-Bewegung, Blumenkinder, die Beatles, lange Haare und Röcke, Stirnbänder, all das, was Jahre davor, in den 68ern, die Jugend erfasst und mit meiner Lizzi überhaupt nichts zu tun hatte, war dir, Oma, tiefsitzend suspekt geblieben, und du hast die guten alten Hippies nach wie vor dazu benutzt, um Verachtung auszudrücken.

Und ich ließ dich widerspruchslos Lizzi verachten – die inzwischen übrigens brav die Modeschule besuchte –, ließ dich vor allem bei deinem Glauben an den guten Einfluss, den die Uni auf mich hätte. Sagte kein Wort über das, was mich dort wirklich beeinflusste. Keine Silbe erfuhrst du vom Dozenten Lobau, den ich mittlerweile nur noch Eugen nannte, den ich immer häufiger traf, und der alles andere war als ein Blumenkind. Ein erwachsener verheirateter Mann war er, und ihm wollte ich gefallen. Er war es, in den ich mich mehr und mehr verliebte, und wie er eine Frau hübsch fand, so wollte ich aussehen. Und so gefiel ich auch dir, Oma. Die Verbesserung meines weiblichen Aussehens bereitete uns beiden also keine Schwierigkeit.

Meine liebe Not aber hatte ich mit den Erklärungen längeren Ausbleibens an den Abenden. Vom stunden-

langen Fernbleiben am Wochenende. Von der Zeit eben, die ich mit Eugen verbringen wollte. Deshalb mussten anfangs auch immer wieder erfundene Einladungen der armen Lizzi herhalten, die davon keine Ahnung hatte. Irgendetwas faselte ich von regelmäßigen Studenten-Partys, die gar nicht stattfanden. Ich log, dass es eine Freude war.

Und eine gewisse Zeit lang ließ sich die Situation auf diese Weise auch irgendwie handhaben. Vor allem, weil du, Oma, eine gewisse Zeit lang deiner eigenen Hochachtung für mein Studium erlegen warst. Weil du mir ganz einfach glaubtest, oder glauben wolltest, dass bei Studierenden die Zeit anders abläuft. Dass Studenten beisammensitzen, diskutieren, sich beraten, oder auch – sei's drum – miteinander feiern.

Nur Schulfreundin Lizzi fand in diesen Lügengeschichten natürlich bald keinen erklärbaren Platz mehr.

Als ich jedoch wirklich zum ersten Mal über Nacht ausblieb, und zwar im Mansardenzimmer des Hotels Regina, da musste sie noch einmal herhalten, die gute Lizzi. Meine Ausrede: Ich hätte leider unbedingt bei der Freundin übernachten müssen, weil ich bei einer Party dort zu viel Whisky getrunken und mich danach mehrmals übergeben hatte – mir fiel einfach nichts Besseres ein. Du warst entsetzt, Oma. Ich floh vor deinem Händeringen, vor all deinen Vorwürfen und Anschuldigungen in mein Bett, verbarg mich, verkroch mich, fühlte meinen Körper, fühlte mich selbst, fühlte eine Wärme, die mir neu war und die ich Leben nannte.

Hinter meiner drastischen Lüge verbarg sich also die für mich wundersame Begebenheit, dass ich zur Frau geworden war. Man umschreibt es ja gern mit diesem: zur Frau werden, aber ich empfand es auch so. Eugen war anfangs ungläubig erstaunt gewesen, als ich ihm eröffnen musste, noch nie mit einem Mann geschlafen zu haben. Dass eine Neunzehnjährige noch Jungfrau war, verwirrte ihn vorerst. Dann aber erwies er sich als ein so sensibler Liebhaber, dass ich diese erste Nacht mit einem Mann, den ersten Liebesakt, dieses erste Eindringen und Erobertwerden tatsächlich als wundersam empfand. Der eher verhalten und auf unspektakuläre Weise männlich wirkende Dozent konnte nicht nur gut küssen, er konnte eine Frau auch sexuell gut erfühlen, ihr diese Lust schenken, die den meisten Männern Nebensache ist, wenn nur die eigene Befriedigung stattfindet. Eugen wollte nicht mit mir schlafen, um sein eigenes Verlangen zu stillen, nein, er wollte mich lieben. Und das tat er. Er liebte mich auf das Schönste und Sinnlichste, und das bei einem ersten Mal. Meist ja ein eher notwendiger und freudloser Einstand, hatte ich früher erzählt bekommen. Mir geschah Glück.

Ach Oma. Wie dir damals auch nur in Ansätzen davon berichten.

Du hast leidenschaftlich gegen Lizzi und deren Partys gewettert, mir vorgeworfen, mich von dieser Freundin vom Studium abhalten zu lassen, ich gelobte dir dann, sie zu meiden, und vor allem ab nun zu unterlassen, Whisky in diesen Mengen zu trinken. Das konnte ich dir leichten

Herzens und ohne Weiteres geloben, Whisky war ja nicht im Spiel. Aber wie mit den weiteren Nächten an Eugens Seite, wie mit dieser Liebes-Geschichte umgehen, ohne mich deinem Vorwurf und deinem Unverständnis auszusetzen. Ich wollte mit dir nicht über einen Dozenten des Instituts sprechen, mit dem ich schlief. Das sollte zwischen uns niemals Thema werden, fand ich, es war mir zutiefst unangenehm. Aber andererseits wollte ich weiterhin Nächte mit Eugen verbringen. Sein kleines Zimmer im letzten Stock des Hotels Regina war gemütlich, klein, aber sehr gemütlich, das Bett groß, das Badezimmer ausreichend, und man sah aus dem Fenster direkt auf die Votivkirche.

Eugen war es, der mich umzustimmen versuchte. Du musst es deiner Großmutter sagen, meinte er, du bist erwachsen genug, es ist doch nicht nötig, dass du herumlügst wie ein kleines Schulmäderl! Du kennst meine Großmutter nicht, sagte ich. Dann lass sie mich kennenlernen, ich kann mit alten Frauen sehr gut umgehen! Nicht nur mit alten, sagte ich. Das führte zu seinem Lächeln und einem langen Kuss. Dann aber kehrte er zu seinem Vorschlag zurück, dich, Oma, zu besuchen oder ins Kaffeehaus einzuladen, sich mit dir zu befreunden. Mir gefiel das alles nicht. Aber ich musste zugeben, dass solches vielleicht unumgänglich war, um ohne Lügengeschichten frei auszuleben, was ich jetzt leben wollte.

Und wenn sie erfährt, dass du verheiratet bist? fragte ich. Muss sie es erfahren? war Eugens erstaunlich lakonische Antwort. Erstaunlich, wie der zur Gänze lockere

Umgang mit seiner immer noch vorhandenen familiären Bindung. Ich wusste zwar, dass er seinen Sohn öfter besuchte oder anderweitig Zeit mit ihm verbrachte, jedoch sprach er darüber kaum mit mir, und seine Frau erwähnte er eigentlich niemals. Hatte er so gesehen nicht recht? Warum solltest du, Oma, denn von seiner Familie erfahren? Wenn nicht einmal ich selbst etwas davon erfuhr.

Jedoch wurde mir auf andere Weise geholfen. Was mir nach den langen Zeiten des Herumlügens, der mühsamen Schwindeleien – später, nach meiner ersten Liebes-Nacht, auch dem Drang, nicht stets in der Schlösselgasse zu nächtigen –, was mir aus dieser anhaltenden Patsche half, waren ironischerweise sich zuspitzende politische Zustände.

Man erfuhr mehr und mehr von Demonstrationen und Aufständen in der DDR.

Ich hatte dir, Oma, nie verschwiegen, dass ich als Journalistin gern über Politik schreiben würde. Was, außer Václav Havels Briefen, mich letztlich dazu bewog, konnte ich mir selbst nicht genau erklären, aber dir sagte das von Anfang an überhaupt nicht zu. Warum gerade Politik? hast du gebrummt. Man weiß doch, wohin das führt! Denk an den Hitler! An den Stalin! Warum nicht Kunst? Theater? Warum nicht etwas Schönes, Menschliches? Was reizt dich denn so am politischen Durcheinander überall auf Erden?

Aber unverhofft ergab sich jetzt ein erster Schritt völlig in die von mir gewünschte Richtung. Ich konnte dir *eröffnen, dass wir im Rahmen der Universität – diesmal betonte ich die Universität! – eine Reise an die ungarische Grenze planen würden, zum Eisernen Vorhang. Es gäbe flüchtende Ungarn! Flüchtende DDR-Urlauber! Es gäbe hier bei uns im Burgenland ganz neue politische Vorkommnisse, die unserer Beachtung wert seien! Als Übungs-Projekt! Die Reise würde vom Dozenten des Instituts, Dr. Eugen Lobau, organisiert und durchgeführt, sei also eigentlich Teil des Studiums!*

Und als dieser Dozent mich dann eines schönen Tages besuchte, die Wohnung in der Schlösselgasse betrat, dich, Oma, sehr höflich begrüßte, und wir dann so taten, als müssten wir Reisemodalitäten besprechen, hast du ihm bereitwillig Kaffee und Apfelstrudel serviert, beglückt darüber, einen so gut aussehenden Universitätsprofessor kennenzulernen, der zwar Teil meines Lebens als Studentin darstellte, jedoch andererseits ein männliches Wesen ohne irgendeinen Bezug zu mir als junger Frau war.

Weiß der Teufel, warum der Gedanke, ich könne mich verlieben, ich könne Beziehungen zu Männern haben, warum dir das so unvorstellbar blieb, Oma.

Sie wollte mich einfach nicht verlieren, dachte Hedwig. Jeder Eingriff in unser Leben zu zweit erschreckte sie. Sogar wenn sie ihre Freunde am Land besuchte und mich allein in Wien zurückließ, befürchtete sie meine Abwendung in irgendein anderes Menschenumfeld. Das Gymnasium – die Universität –, das war der Weg, den ich ihrem Wunsch gemäß gehen sollte.

Hedwig speicherte die Seiten ab, die sie seit dem Morgenkaffee geschrieben hatte, und lehnte sich in ihrem Sessel zurück. Der Regen hatte nachgelassen.

Ehe ich weiterschreibe, eine Pause, dachte Hedwig. Jetzt kommt es ja allmählich zur Loslösung, zu unserer Trennung, zu den letzten Erinnerungen, die du, Oma, noch mit mir teilen oder verbinden konntest. Ich glaube, dass ich Hunger habe.

Morgen, am Montag, ist Ruhetag, sagte Lukas sofort, als Hedwig auf den Eingangsstufen in das Lokal spähte, komm nur herein.

Er saß an seinem Tisch und grinste ihr entgegen. Ja, diesmal grinste er, fand Hedwig, das war nicht sein sonst so nettes Lächeln. Sie hatte fest angenommen, der Italiener sei am Sonntag nicht geöffnet, hatte ihren Trainingsanzug anbehalten und war nur ein wenig ins Freie gegangen, auch um den Kopf auszulüften, ihn eine Weile vom Ansturm der Erinnerungen zu befreien. Später würde sie sich ein Omelett zubereiten, hatte sie vorgehabt, und dann weiterschreiben. Jetzt aber saß der Steuerberater also auch sonntags da und sah ihr entgegen, als hätte er sie erwartet.

Ich habe nichts Ordentliches an, sagte Hedwig.

Völlig egal, wir befinden uns hier in keinem Nobellokal.

Der Karl Lagerfeld meinte, wer Jogginghosen trüge, hätte die Kontrolle über sein Leben verloren, und ich habe ihm recht gegeben.

Liebe Hedwig, auch das hat sich überholt, die Jogginghose hat gesiegt, komm jetzt endlich herein. Außerdem siehst du sehr gut aus.

Ich sehe nicht sehr gut aus, sagte Hedwig, als sie am Tisch Platz nahm, spare dir bitte zu sagen, was man halt so sagt.

Schlecht gelaunt? fragte Lukas.

Nur nicht in Laune auf Smalltalk.

Hast du geschrieben?

Ja.

Der Kellner kam, und Hedwig bestellte Spaghetti al burro und Wasser. Lukas Rothmeier schien schon gegessen zu haben, er hatte eine leere Espressotasse vor sich stehen.

Darf ich heute ein wenig davon wissen? fragte er.

Sehr freundlich von dir, dass du deine Frage so vorsichtig stellst, aber ja, du darfst. Ich habe sogar Lust, darüber zu sprechen.

Toll, sagte Lukas.

Das heißt, ich möchte dich etwas fragen: Hast du damals miterlebt oder mitbekommen, was an der ungarischen Grenze geschah, ehe die Mauer fiel?

Du meinst unseren Alois Mock, damals Außenminister, der mit Gyula Horn den Zaun durchgeschnitten hat?

Ja, genau. Ich war nämlich dort. Ich war dabei, mit einer Horde von Publizistik-Studenten und Journalisten. Jetzt bin ich knapp davor, es rückblickend zu beschreiben.

Du, Hedwig, in YouTube findet man jetzt noch Fotos zu diesem damaligen »Tor zur Freiheit«, die könnten deine Erinnerungen auffrischen. War ja damals ein echtes Ereignis. Wie enthusiastisch wir Österreicher ungarische und DDR-Flüchtlinge willkommen geheißen haben! Daran erinnert sich jetzt kaum noch einer. Eigentlich niemand.

Ja, eigentlich niemand, wiederholte Hedwig, es war knapp vor dem Fall der Mauer, und ich bewundere, dass du sogar den Namen des ungarischen Politikers noch weißt, von diesem Gyula Horn, hätt' ich völlig vergessen, das liegt wohl an den YouTube-Bildern, die du kennst, die würden mich auch sehr interessieren. Aber leider habe ich noch kein Internet, das muss ich mir erst einrichten lassen, ich bin froh, dass ich wenigstens schreiben und ausdrucken kann, die Wohnung stand ja lange Zeit leer.

Besuch mich doch mal, sagte Lukas, ich zeige dir alle Fotografien von damals auf meinem Computerbildschirm.

Hedwig sah ihn an.

Schau nicht so, sagte Lukas, das war keine amouröse Einladung, es geht um die Aufnahmen von damals, sonst um nichts.

Ich hab nicht so geschaut, sagte Hedwig.

Doch, hast du.

Der Kellner brachte Spaghetti und Wasser, und stellte beides im Vorbeieilen vor Hedwig hin. Danke, sagte sie, und begann zu essen.

Also, wenn du dieses Material aus 1989 wirklich sehen willst, fuhr Lukas fort, jederzeit! Wir könnten das gleich erledigen, wenn du deine Mahlzeit beendet hast. Dann hast du's gesehen und kannst wissender weiterschreiben.

Hedwig rollte ihre Spaghetti auf und aß.

Warum erzählst du deiner Großmutter eigentlich gerade davon? fragte Lukas. War sie dabei?

Hedwig lachte auf.

Nie im Leben wäre meine Oma mit mir zur ungarischen Grenze gefahren! Politik war ihr ein Gräuel! Ich war mit meinen Institutskollegen dort. Aber bald danach hatte ich das Studium abgeschlossen, es gab dann den tatsächlichen Fall der Mauer, und der trieb mich bald darauf nach Berlin, wie ein an mich gerichteter Appell. Ich verließ also Wien und habe meine Oma danach nie wieder gesehen.

Nie wieder?

Nie wieder.

Und warum?

Weil es eine Flucht war, und ich einem Gefängnis entronnen zu sein meinte, von dem ich nichts mehr wissen wollte, und das auch von mir nichts mehr wissen sollte.

Schon ein bisschen grausam.

Wem sagst du das.

Verzeih.

Nein, du hast ja recht, dir muss nichts verziehen werden. Wenn, dann nur mir. Aber ich schreibe auf, schreibe nieder, man könnte mich klarerweise fragen, warum diese Schreiberei posthum? Aber es muss erzählt werden. Jetzt. Vielleicht dann –

Was vielleicht dann?

Vergebung.

Dass du selbst dir vergibst?

Etwas in der Art, ja.

Glaubst du, dass dadurch auch deine Großmutter dir vergeben könnte? Irgendwie?

Nein, glaube ich nicht.

Ganz und gar nicht?

Etwas wird in den Raum gestellt. Nur daran glaube ich.

In welchen Raum?

In den endlichen Raum in mir – nenne es mein Herz, wenn du willst – und in die Weite der Unendlichkeit, in diesen Raum, der uns alle irgendeines schönen oder weniger schönen Tages aufnimmt und vergehen lässt.

Ich habe jetzt alles über die Studienreise an die ungarische Grenze, Oma, nochmals erfahren. War ich doch vorhin mit diesem Lukas Rothmeier in seiner Wohnung, und er hat mir auf seinem großen Bildschirm erhaltene Fotos und Berichte darüber gezeigt. Alois Mock noch recht jung und fesch – dieser ungarische Kerl neben ihm – die Männer mit den Zangen und das Drahtgitter – strahlende Menschengesichter dahinter und rundherum. Uns Studenten sah ich nicht, obwohl wir dem Geschehen damals sehr nahekamen und ich es fast ein wenig erwartet habe. War jedenfalls ein packender Rückblick, ein Blick zurück in Vergessenes, das rührt ja immer an. Lukas schwieg und ließ mich schauen. Der Computer befindet sich in einem kleineren Zimmer, bisschen sein Bürozimmer, denke ich. Ist eine sympathische Wohnung, muss ich sagen. Eine Junggesellenwohnung, aber hübsch. Also weder verstaubt noch krampfhaft hypermodern, nein, einfach eine angenehm eingerichtete, nicht überladene, mit guten Möbeln ausgestattete Wohnung. Ein Flügel, Bösendorfer glaube ich, beherrscht den größten der Räume. Aber er hat nicht darauf gespielt, dem Himmel sei Dank, es kam kein Anerbieten von ihm, es zu tun, und ich habe auch nicht darum gebeten. Ich ging bald, froh darüber, sein musikalisches Können nicht beurteilen zu müssen.

Danke für diese Information, Lukas, das kann ich jetzt wirklich brauchen, sagte ich zum Abschied, als er mich an die Wohnungstür brachte, jetzt nix wie gleich weiterschreiben!

Na dann, hab Spaß! antwortete er. Und irgendwie standen wir uns in großer Nähe gegenüber und schauten einander in die Augen. Es war ein kurzer Moment, ich wandte mich dann rasch ab und ging. Aber – ich erzähle dir ja bereits Gegenwärtiges, Oma, fällt mir auf! – aber jedenfalls hätten wir uns in diesem Moment durchaus küssen können, es lag in der Luft.

Nur kehre ich jetzt in die Vergangenheit zurück. In unsere letzte gemeinsame Zeit als Großmutter und Enkeltochter.

Ich fuhr also eines Tages mit Eugen und einigen anderen Studenten ins Burgenland. Wir bezogen einfache Zimmer in einem Gasthof. Dass der Dozent mit einer Studentin ein Doppelzimmer wählte, fiel zwar auf, war uns aber egal. Ich glaube sogar, wir waren Gäste beim Kirchenwirt Deutschkreutz, von dem ich vorhin in den Beiträgen erfuhr – es waren jedenfalls unerhört menschenfreundliche, die Fremden mit nahezu frenetischer Herzlichkeit empfangende Österreicher, die uns umgaben und begegneten. Angeblich seien im Seewinkel die ersten drei DDR-Flüchtlinge über die Grenze gekommen – im April – und jetzt war Juli, der Sommer herrschte. Alois Mock würde sich mit Gyula Horn treffen, um gemeinsam den Grenzzaun zu durchbrechen. Das sei eine europäische Sternstunde! ließ Mock vermelden, und bewog seinen eigenen Fotografen zur Stelle zu sein. So wie wir es waren. Die Menschen strömten zur angesagten Stelle am ungarischen Grenzzaun. Es war der Grenzübergang Klingenbach. Und damals, nach 40 Jahren Mauer und Getrenntsein, herrschte dort auch wirklich der Jubel, die Euphorie einer Sternstunde! Wir Studenten, um Dozent Lobau geschart, jubelten mit – einige fotografierten auch – es war sonnig, die Natur schien mitzufeiern – und wir wussten, dass dieses Geschehen nicht nur für uns und im Augenblick mitreißend war, sondern auch medial große Wirkung haben würde. Deshalb sollten wir, heimgekehrt, darüber schriftlich berichten, meinte Eugen, deshalb seien wir ja hier. Und es wurde dies auch eine der letzten großen Übungsaufgaben, ehe ich ohne Verzögerung mein Studium abschließen konnte. Zwar von mir eher als eine Privatreise angetreten, hatte dieser Vorgang am Grenzzaun mich tiefer berührt als gedacht.

Bei einem gemeinsamen Abendessen danach, am großen Tisch im Gasthaus unserer burgenländischen Bleibe, wurde von uns Studierenden das eben Erfahrene wie wild kommentiert. Vielfältig wurde auf Veränderungen der politischen Zukunft hingewiesen, und ich tat dabei lautstark und leidenschaftlich mit. Eugen staunte. Dass mich etwas dieser Art so glühend interessiere und ergreife, hätte er nie gedacht, sagte er.

Und siehst du, Oma – obwohl du ihn jetzt kanntest und ihm vertrautest, ich mühelos Zeit auswärts und mit ihm verbringen konnte, wir einige Male solche dem Studium dienliche Ausflüge als Ausrede nutzen konnten – dieses Staunen Eugens, weil ich voll der Erregung und Leidenschaft an einem politischen Diskurs teilnahm – und dabei sicher sogenanntes linkes Gedankengut vertrat, ganz im Sinne Václav Havels – es ließ mich zum ersten Mal etwas wie einen kleinen Riss verspüren. Oder sagen wir – etwas wie ein kurzes, vages, fast unmerkliches Abstandnehmen. Nichts wies darauf hin, als wir uns anschließend im Zimmer des Landgasthauses auf knarrendem Bett vorbehaltlos und hingebungsvoll liebten, ohne Rücksicht darauf, was davon man vielleicht rundum hören konnte – aber es war vielleicht doch der erste Ansatz einer schwindenden Liebe.

Hedwig ließ die Hände sinken, legte sie in den Schoß und blickte vor sich hin. Vor sich hin und auch zurück,

zurück in die Jahre ihres Liebens und Frauseins. Wie sich dieses erste leise Auseinanderdriften einer Anziehung, die Ewigkeitswert gehabt zu haben schien – wie sich das stets in einer Weise ankündigt, die erst später erkennbar wird. Und wie sich in ihrem Leben das von ihr anfangs mit tiefer Überzeugung als wahrhaft und unverrückbar Gehaltene erst durch unmerkliche und dann immer unübersehbarer werdende Enttäuschungen zur Täuschung gewandelt hatte. Viel zu unbelehrbar blieb sie, den Anfängen zu misstrauen. Immer gleich hinein in die Begeisterung, in ein unerschütterliches Zutrauen den eigenen Gefühlen gegenüber, sogar ihr selbst nachträglich als naive Gefühlsduselei völlig unverständlich. Sie ließ sich vom Leben einfach nicht belehren.

Ich ließ mich vom Leben stets nur schwer und zu wenig belehren, Oma. Das verblieb mir als Unvermögen in all den Jahren meiner Abwesenheit aus Wien. Also auch in der Zeit, in der du noch hier gelebt hast, ohne von mir zu erfahren.

Jedoch vorerst schien sich unser beider Zusammenleben in der Schlösselgasse noch einigermaßen harmonisch zu fügen. Du warst dir dessen sicher, dass ich mein Studium auf meine ehrgeizige Weise zu einem erfolgreichen Abschluss bringen würde. Und da gab es ja auch diesen netten und klugen Dozenten, der sein Auge darauf zu halten schien. Dass ich jetzt öfter ausblieb, eben angeblich Studienreisen unternahm oder mich mit meinen Stu-

dienkollegen traf, lerntest du hinzunehmen. Und wenn wir beide zu Hause gemeinsam Zeit verbrachten, war es wie immer. Ich am Schreibtisch, du in der Küche mit Radiomusik, deine immer sehr schmackhaften Speisen, wenn wir miteinander am Küchentisch zu Abend aßen, oder am Wohnzimmertisch einen mittäglichen Sonntagsbraten verzehrten. Ich hatte dich sehr gern, Oma. Deine steingrauen, immer sehr ernsten Augen, dann auch ab und zu ein alles veränderndes Auflachen, das mir kurz eine Vision davon gab, wie schön du als junge Frau gewesen sein musstest.

Aber mir selbst, meinem selbstbestimmten Weg als Frau, dem traute ich nicht und schob es dir in die Schuhe. Ungerechterweise, ich weiß. Es war wohl der frühe Verlust meiner Eltern und der sehr enge Anschluss an dich, meine Großmutter, wodurch ich zwar anfangs gehalten wurde, aufrecht gehalten, was jedoch allmählich zu einer allzu sehr von dir geforderten Bindung an dich wurde. Zu einer Bindung, die ich mehr und mehr als Fessel empfand.

Obwohl ich mich wiederhole – ich kann es mir nur so erklären, Oma.

Hedwig unterbrach, stand auf und ging zur Küche hinüber. Sie ging durch das Vorzimmer, am dort weiterhin unverrückbar befindlichen Sessel vorbei. Durch das Fenster zum Lichthof konnte sie erkennen, dass es dunkel zu werden begann, der Abend pflegte sich in dieser Enge zwischen Hausmauern meist früher als anderswo anzukündigen.

Am Herd setzte sie den Wasserkessel auf, und in einer von Omas großen Tassen aus dickem weißem Steingut bereitete sie ein Earl-Grey-Teebeutelchen vor. Tee und ein Käsebrot heute Abend, dachte sie, mehr nicht. Nicht mehr hinaus, nicht mehr zum Italiener, nicht mehr Lukas über den Weg laufen. Morgen, Montag, sei Ruhetag dort, hatte er gesagt. Also deshalb morgen wohl noch ein abgesicherter Tag des Abstandhaltens nach dieser plötzlichen und seltsam verführerischen Nähe an seiner Wohnungstür, die zu einem Kuss hätte führen können, wenn man sie verdichtet hätte. Hatte man aber nicht.

Der Teekessel pfiff, Hedwig goss das heiße Wasser in die Tasse, nahm nach ein paar Minuten das Beutelchen heraus, gab Zucker hinein, Brot und Käse hatte sie schon vorbereitet. Sie trug diesen Imbiss zum Fensterbrett vor dem Hinterhof, setzte ihn dort ab, und nahm auf der abgenützten Sitzfläche des alten dunklen Sessels Platz. Saß also auf Omas Sessel, auf dem die alte Frau, mit Blick auf die grauen, die Welt rundum ausschließenden Hinterhofwände, wohl immer wieder Einkehr gehalten hatte. Einkehr halten, dachte Hedwig, während sie in ihr Brot biss und dann vom Tee trank, wieso komme ich auf diesen Begriff. Weil ich das auch gerade tu?

Nicht nur in meinem Inneren und indem ich aufschreibe, was ich meiner Großmutter nachträglich berichten und erklären möchte. Nein, auch hier in diese Wohnung bin ich ja heimgekehrt, gewissermaßen, halte hier also Einkehr, mein junges, mein vergangenes Leben wiederzuentdecken. Da alles sich mir so unverändert dargeboten hat, die alte Wohnung, die stille Schlösselgasse, ist hier mein Einkehrhalten eine Art Gebot. Oder?

Weil ich für dich aufschreibe, Oma. Weil ich für dich, für uns, zurückdenke. Auch heute und jetzt noch. Draußen dunkelt es zwar schon, die Straßenlampen leuchten, auch die Schreibtischlampe neben mir. Aber der Imbiss hat mir genügt, jetzt ohne Hunger zu sein, ich bin hellwach, es ist warm, ein warmer Sommerabend, die Fenster sind geöffnet, die Gasse darunter gähnt schweigsam wie fast stets. Statt des Trainingsanzuges trage ich schon mein langes T-Shirt für die Nacht, im Badezimmer habe ich mich vom Staub des Tages befreit, will heißen: ein Bad genommen und die Zähne geputzt. Und jetzt weiter. Weiter im Beschreiben meiner Studienzeit, die du noch miterlebtest.

Mir lag sehr daran, mein Studium möglichst zu beschleunigen. Eugen fand, ich würde übertreiben, einen Ehrgeiz und eine Eile entwickeln, die ein normaler Student doch eher beiseiteließe. Warum die Studienjahre nicht ein wenig genießen, meinte er, diese gewisse Zeit der Verantwortungslosigkeit vor dem sogenannten Ernst des Lebens auskosten, statt zu versuchen, sie so schnell zu beenden, wie du es tust. Was treibt dich denn so an, Hedwig? Diese Frage wiederholte er oft, und ich wusste nicht so recht, wie sie zu beantworten. Mehr und mehr wuchs in ihm der Wunsch, Zeit mit mir zu verbringen, das fühlte ich. Zeit für Sinnlichkeit, für ein Liebesleben fern vom Institut und von der Konstellation Dozent und Studentin. Und je mehr ich das fühlte, umso mehr wuchs in mir Gegenteiliges an. Dass er mich so bereichernd und zärtlich zur Frau hatte werden lassen, dass ich für einige Zeit auf erwachsene Weise einen Mann lieben konnte, dafür blieb ich ihm dankbar. Aber das Lieben verwandelte sich unmerklich in ein vages Zugetansein, da schlichen sich Gewohnheiten ein, die mich irritierten, oder Aussagen, die ich nicht mehr teilen konnte. Sein Dachzimmerchen im Hotel Regina verlor langsam das Flair des Romantischen, mehr noch, es wurde mir immer öfter zu eng dort oben, so, als könne ich nicht mehr atmen.

Ich blieb deshalb wieder öfter und freiwilliger bei dir in der Schlösselgasse, Oma. Konnte dort ungestörter über meiner Diplomarbeit sitzen, als je in Eugens Umfeld. Ich schrieb über das Regime der DDR und wie die Bevölkerung es mehr und mehr revolutionär zu erschüttern schien. Beschrieb das, was in Berlin und quasi neben uns geschah, es lag als publizistisches, journalistisches Thema ja in der Luft.

Wenn ich am Schreibtisch gearbeitet habe, bist du mir meist möglichst ferngeblieben, Oma. Nur ganz leise und fern lief das Radio. Ich konnte dein Interesse jedoch nahezu körperlich spüren, so sehr war es mir zugewandt. Das führte dazu, dass ich dich ab und zu in der Küche aufsuchte und dir etwas vorlas. Dieses Dir-Vorlesen machte mir selbst Fehler oder Qualität des eben Geschriebenen bewusster. Dein Zuhören aber hatte etwas fast

Ergreifendes, so sehr war es dir sichtbar und fühlbar Ehre und Auszeichnung. Obwohl der Inhalt meiner Diplomarbeit dich nicht wirklich erreichte. Die DDR, die widrigen Zustände dort, das Aufbegehren der Menschen, es war dir nicht wichtig. Jahre des Kalten Krieges, der Mauer, alles nur in Radionachrichten oder Zeitungen von dir registriert, nichts reichte an deine eigenen kindlichen Kriegserlebnisse heran, und du wolltest nichts anderes, als vom Politischen unbehelligt bleiben und deine Ruhe haben.

Wenn aber ich schrieb, beschrieb, und es dir dann laut vorlas, wurde für dich wohl etwas anderes daraus. Ein Werk. Eine Geschichte, die auch erfunden sein konnte, du hast Sätze erlauscht und in dich aufgenommen, weil ich sie zu Papier gebracht hatte. Sogar fehlte dir nicht der Mut zu Einwänden, wenn etwas dir unverständlich erschien, und das gab mir mehrmals den Impuls zu korrigieren. Du wolltest anerkennen, was ich da tat, wolltest es aber auch verstehen. Und das, ohne in ein wirkliches Verständnis der beschriebenen Sachlage einzutauchen. Werden Leser so etwas dann in einer Zeitung lesen? hast du mich einmal gefragt. Wenn eine Zeitung es abdruckt, ja, antwortete ich. Na, dann muss es aber auch gut geschrieben sein, dann tun die das sicher! hast du ausgerufen. Mit diesem Bewusstsein hörtest du mir also zu.

Ich kam ohne Mühe durch mit meiner Diplomarbeit, man befand sie im Institut als sehr gelungen, auch Eugen schloss sich – wenn auch mit einem müden, fast traurigen Lächeln – dieser Beurteilung an, und ohne Umschweife oder Schwierigkeiten wurde ich also zur sogenannten »Magistra phil.« in Sachen Publizistik.

Als du die Einladung zur Sponsion erhalten hast, Oma, hat sich, denke ich nachträglich, einer deiner wesentlichsten Lebensträume erfüllt. Wie du darum gerungen hast, welches deiner besten Kleider noch gut genug sein könnte, die Würde dieser Veranstaltung würdig zu begleiten. Schließlich hast du dann in einem schwarzen Kleid mit weißem Kragen diesem Anspruch mehr als genügt, fast königlich sahst du aus, leuchtend vor Stolz. Und mir hast du ein viel zu teures, dunkelblaues Kostüm richtiggehend aufgedrängt, ich musste es mir in einem exklusiven Modegeschäft kaufen, ob ich wollte oder nicht, du hast sicher einen Teil deiner Ersparnisse dafür geplündert. Wenn nicht dafür, wofür dann, Hedwig! hast du ausgerufen, mit einem ganz seltenen Leuchten auch in deiner Stimme.

Wer jedoch am Ende meines Studiums und zum Erreichen meines Abschlusses hin mich immer nachdenklicher musterte, oft eine unausgesprochene Frage im Blick hatte, und mir dadurch aufzwang, ihm mehr und mehr auszuweichen, war dieser Eugen Lobau, den ich immer weniger als Mann und Liebhaber an meiner Seite betrachten konnte, den ich gern wieder in seine ausschließliche Funktion als Dozent am Institut für Publizistik zurückversetzt hätte. Wie wir es doch alle schaffen, grausam zu werden, wenn eine Liebe stirbt.

Die Sponsion verlief in gewohntem Rahmen, nehme ich an, und beglückte dein Herz, Oma. Schon den Festsaal der Universität zu betreten, empfandest du sicher als eine persönliche Ehrung. Ich sah dein heftiges Atmen unter dem schwarzen Kleid, deine lederne, mit Schuhcreme aufpolierte Handtasche hast du an dich gedrückt, als sei sie dir Schild und Schwert. Aufrecht bist du dagesessen, reglos und aufmerksam, wir zwei nebeneinander in der Menge, die den Saal langsam füllte. Dann erschien ein Streicher-Ensemble der Musikhochschule, es nahm mit seinen Instrumenten hinter den vorbereiteten Pulten in Nähe des Podiums Platz, was jegliches Geplauder verstummen ließ. Musik erklang, ich glaube mich an ein Schubert-Quartett zu erinnern, sie spielten schön. Dozent Eugen Lobau nickte dir, Oma, zu, aber du hast nur wie abwesend zurückgelächelt und ohne deinen Kopf zu bewegen. Du hast gelauscht.

Dann geschah der feierliche Einzug des Rektors und der Professoren, alle trugen sie kostbar wirkende Talare, Ketten, barettartige Kopfbedeckungen, und nahmen am Podium vor uns Aufstellung. Ein Ritual, das seine Wirkung nie zu verlieren scheint. Als wir uns von unseren Sitzen erhoben, war ich versucht, dich zu stützen, was du jedoch entschieden abwehrtest. Ich fühlte schnell, dass du dich diesem Geschehen nicht als meine Oma hingabst, sondern so, als wäre es eine von dir ersehnte Erfahrung, die dein Leben dir versagt hat, und die du dir auf diese Weise dennoch zu eigen machen wolltest.

Ich bin jetzt froh darüber, dass es so war. Vor allem danach das laute Aufgerufenwerden einer Hedwig Pflüger! Da schienen deine alten Wangen sich jugendlich zu röten.

Du hast mit deiner Schulter ein wenig gegen die meine gestoßen, ein stolzer Blick zu mir her, ich stand auf, ging nach vorne und nahm meine Urkunde, also diese Papierrolle, in möglichst ehrfürchtiger Haltung in Empfang. So, wie es alle taten, die bei diesem Festakt ein Studium erfolgreich beenden konnten. Eine »Magistra phil.« kehrte auf den Sitz neben dir zurück, Oma. Noch eine abschließende Rede des geschwätzigen Professors Lautenburger – nochmals Musik – das Ende der Veranstaltung – und Eugen sah auffordernd zu mir her. Ich fragte dich also: Oma, der Dozent Lobau würde uns beide gern ins Restaurant im Hotel Regina einladen, willst du? Was, so teuer? war deine erste erschrockene Reaktion. Aber ich konnte dich beruhigen, Eugen tat es auch, so teuer sei es dort gar nicht, und wir saßen jedenfalls zur Feier dieses Tages ein einziges Mal zu dritt außerhalb der Schlösselgasse an einem nicht von dir gedeckten Tisch und von Kellnern bedient beisammen. Du warst befangen, in Lokalen zu essen war dir fremd, und hier noch dazu bei diesem Anschein von Vornehmheit, der dich zu umgeben schien. Wir, Eugen und ich, mussten dir schmackhafte Gerichte förmlich aufdrängen, du schieltest ständig nach den kleinsten Preisen auf der Speisekarte, Hauptsache billig und egal was. Auch das Glas Weißwein, um auf meine Sponsion anzustoßen, wurde zu einem Kampf, ehe du es genehmigt hast. Geht doch auch mit Wasser, meintest du. Nein, geht gar nicht, sagte Eugen lächelnd, Einmaliges muss man einmalig feiern!

Er war sehr nett bei diesem Essen, der Dozent Lobau, ich muss es zugeben, auch jetzt, im Zurückerinnern. Hat uns beide liebenswürdig verwöhnt. Vor allem dich, Oma, du wurdest allmählich so locker und heiter, wie ich es bei dir davor selten erlebt hatte. Und danach nie mehr.

Hedwig saß eine Weile still da. Sie spürte aufsteigende Tränen. Nicht weinen, dachte sie, sondern für heute Schluss machen, es ist tiefe Nacht.

Dann speicherte sie das Geschriebene und fuhr den Laptop hinunter. Als das Gerät verstummt vor ihr stand, löschte sie die Schreibtischlampe. Nur das Licht der Straßenbeleuchtung erhellte den Raum.

Anton, dachte Hedwig. Wenn Anton jetzt bei mir wäre, sein warmer Hundekörper neben meinen Füßen, wie er es immer tat, wenn ich schrieb. Dann würde ich jetzt mit ihm hinuntergehen, durch die nächtlichen Straßen zum Rathauspark, dorthin, wo es auch heute noch etwas Wiese gibt und Bäume. Er vorerst an der Leine, dann sich stets nicht weit von mir wegbewegend, sogar, wenn er seinen Hundebedürfnissen folgte, so hätten wir den Tag beendet, ehe wir gemeinsam – er neben mir – zu Bett gegangen wären.

Hedwig weinte jetzt doch. Sie ließ die Tränen über ihre Wangen fließen, ohne sie wegzuwischen. Ihr Verlassen der Großmutter, und dass der Hund Anton sie für immer verlassen hatte. Verlassen. Verlassenwerden. Verlassensein. Auf Erden nur Verlassenheit. Und man selbst verlässt, lässt zurück, meint im Loslassen Erneuerung zu finden, ein Irrtum das alles, wir sind allesamt Verlassene, die eine Heimat suchen, einen Hort, eine Aufgehobenheit, und können uns nur auf den Tod verlassen, er wird kommen, er wird sein, nur er, und verlässlich. Mag ich eigentlich noch leben? dachte Hedwig, als sie, ohne Licht zu machen, zum Schlafzimmer ging und sich in ihr Bett legte.

∼

Die Wellen waren zu hoch, sie kannte zwar die Brandung des Atlantiks, wenn er den Strand anstürmte, aber was da jetzt auf sie zukam, das waren Gebirge aus Wasser, der Hund würde weggespült werden, besser flüchten, in Richtung der Sanddünen, Anton! Komm, Anton! Nicht mehr am Strand entlanglaufen, nein, her zu mir – aber rasch, gehorche mir doch, das tust du doch sonst immer – Bitte! Anton! – Da – da vor uns – diese Woge – Anton!! –

Den letzten Laut ihres Rufes konnte Hedwig selbst noch hören, er war es wohl, ihr eigener Schrei, der sie aufgeweckt hatte. Sie atmete aus, um die panische Aufregung des Traumes loszuwerden, und spürte sofort ihren zur Gänze in Schweiß gebadeten Körper. Immer wieder dieser Traum.

Es war taghell im Zimmer, durch die offenen Fenster drang der Straßenlärm aus der Florianigasse herein, auch die Schritte und das Sprechen einiger Passanten unten in der Schlösselgasse waren zu hören. Heiße Sommerluft wehte über ihr Bett.

Hedwig warf die Decke von sich, stand auf, schlüpfte rasch aus ihrem verschwitzten Hemd und eilte nackt in das Badezimmer. Während sie sich wusch, wurde sie ruhiger. Das Meer und der Hund, immer wieder in ihre Träume einfallend. Und immer wieder alles an Lebensangst aufwühlend und aufzeigend.

Sie beschloss, noch vor dem Frühstück zum Supermarkt zu gehen und einiges für die neue Woche zu besorgen. Vielleicht gibt es dort sogar frisches Gebäck, sicher nicht so köstlich wie das vom Bäcker Pflamitzer damals, Oma, aber etwas ähnlich Knuspriges vielleicht. Los, Hedwig, befahl sie sich, ein neuer Morgen, nimm das Weiterleben auf dich.

Mit weiten Strandhosen und in einer lockeren Bluse fühlte sie sich ähnlich wie am Beginn eines heißen Sommertages in Lissabon. Als sei sie fröhlich, schwenkte Hedwig die noch leere, strohgeflochtene Einkaufstasche, während sie von der Schlösselgasse aus in Richtung Supermarkt dahinschlenderte. Sie beeilte sich nicht. Jedoch die ruhevollere Stimmung Wiens an den Wochenenden war dahin, rundum Lärm und Leben, sommerliches, lebhaftes Großstadtleben. Viele Autos, viele Menschen.

Als Hedwig das Geschäft betrat, stand sie vor Lukas.
Na, so was, sagte er.
Ich kaufe mir etwas ein, sagte sie.

Hab ich auch getan, antwortete er, fürs Frühstücken und die neue Woche, Junggeselle eben.

Wie ich, Junggesellin eben.

Da lächelte Lukas, und Hedwig fand sein Lächeln wieder sehr nett.

Frühstücken wir doch gemeinsam, sagte er.

Ich muss noch was einkaufen, sonst hab ich später nichts daheim, antwortete sie.

Dann warte ich.

Hedwig musterte den Mann.

Gut, sagte sie dann.

Kann ich noch vom Honig haben?

Gern. Kaffee auch noch?

Bisschen, ja.

Hedwig hob die schwere, mit Kornblumen verzierte Kanne und goss nur wenig Kaffee nach.

Danke, sagte Lukas. Schönes Geschirr.

Aus Omas Beständen.

Alles hier von Oma? Die ganze Küche?

Die ganze Wohnung. Stand lange Zeit leer und hat auf mich gewartet. Du bist hier mein erster Gast.

Das ehrt mich, sagte Lukas. Und du hattest recht, Hedwig, bei der Hitze heute ist es hier um vieles besser als im Garten der Volksgarten-Meierei, den ich vorgeschlagen habe.

In Lissabon lernt man sich vor der Hitze zu verkriechen, sagte Hedwig und trank ihren Kaffee aus.

Und jetzt habe ich mich hier mit einem Mann

verkrochen, den ich kaum kenne, dachte sie. Aber er half mir, meine Einkäufe zu tragen, es war mehr geworden als nur Omas vollgefüllte Tasche, ein paar andere Sachen zu besorgen war unumgänglich gewesen, wenn schon, denn schon. Und er hatte wirklich auf mich gewartet, mir den schweren Plastiksack abgenommen, mich begleitet, und vor der Haustür in der Schlösselgasse erschien es mir plötzlich ermüdend weiterzuwandern, und ich habe ihn kurzerhand aufgefordert, mit hinaufzukommen. Tja. Er kam sofort und gern mit.

Hedwig saß also mit Lukas am Tisch in ihrer Küche. Sie hatten ein spätes, aber reichliches Frühstück verzehrt, Rührei anfangs, Schinken, und dann noch Honigbrote, alles zu starkem Filterkaffee in Omas großen Tassen. Während sie das Mahl vorbereitete, hatte er sich – darf ich? – ein wenig in der Wohnung umgesehen. Mein Bett ist ungemacht! hatte sie hinterhergerufen, bitte nicht ins Schlafzimmer. Er kam auch rasch zu ihr zurück, Hedwig fühlte sein Anliegen, nicht indiskret zu wirken. Nur als er das Rührei austeilte und Scheiben vom Brotlaib abschnitt, da war es ihr plötzlich zu viel des Guten geworden.

Lass, Lukas, bitte! hatte sie gerufen, ich mach das schon, es ist ja meine Einladung!

Okay, okay, ich wollte nur bissel helfen, keinen Hausstand gründen, lautete seine Antwort.

Das hatte sie zum Lachen gebracht und auch

beruhigt. Und gefallen hatte ihr, dass er ohne Mühe sofort verstehen konnte, was genau ihr unbehaglich geworden war.

Ob er wohl auch an Zweisamkeiten gelitten hatte, die sich zu sehr in der Enge des Alltäglichen verfingen? fragte sich Hedwig. Gemeinsam kochen? Gemeinsam essen? Gemeinsam und zur selben Zeit zu Bett? Dieses: ich leg mich schon nieder, kommst du dann auch? Gemeinsam und nebeneinander am Sofa fernzusehen, ein Programm auszuwählen, das möglichst auch der andere mag, nicht nur man selbst? Und all dies sich zur Gewohnheit steigernd, und dann im Überdruss, ja Ekel endend? Ich frage es ihn einfach.

Lukas – verzeih – eine Frage.

Ja, gern.

Bist du in deinem Leben auch in einer Beziehung – oder vielleicht Ehe – in diese Routine geraten, den Alltag in falsch verstandener Gemeinsamkeit so lange brav zu wiederholen, bis dir die Zweisamkeit unerträglich wurde?

Ich war nie verheiratet, sagte Lukas, aber höchstwahrscheinlich deswegen. Jeder Versuch eines Zusammenlebens hat mich sehr bald davon abgehalten, mit einer Frau wirklich zusammenzuleben, geschweige denn, sie zu heiraten.

Auch wenn da anfangs Liebe war?

Es ist immer nur anfangs Liebe. Und genau sie! Wenn man sie in die Dauer zwingt, tötet sie dann jede Zuneigung.

Hedwig betrachtete diesen Mann, der das jetzt eben gesagt hatte. Der etwas aussprach, dem sie nach Jahren ganz anderer Annahmen heute vorbehaltlos zustimmen konnte.

Wie gut für dich, Lukas, sagte sie dann, dass du ohne längere Irrfahrten zu dieser Erkenntnis kommen konntest.

Waren lang genug, auch meine Reisen, antwortete er. Die Länge der deinen kann ich aber natürlich nicht ermessen.

Zu lange, sagte Hedwig. Willst du noch eine Scheibe Brot?

Danke, das war's. Prima, wie in Kinderzeiten, so ein richtiges triefendes Honigbrot, aber jetzt bin ich satt wie selten. Allein frühstücke ich ja nie so üppig.

Ich auch nicht, nie, sagte Hedwig.

Sie saßen einander am Küchentisch gegenüber, schweigend plötzlich.

Hast du weitergeschrieben? fragte Lukas.

Ja, die ganze Geschichte an der Grenze zu Ungarn, ich konnte mich nach den Berichten bei dir wieder völlig daran erinnern.

War der Anfang vom Ende des Kalten Krieges, sagte Lukas, hier bei uns, das darf man nicht vergessen. Im November danach fiel ja dann die Mauer in Berlin. Was dich ja irgendwann dorthin getrieben hat, wie du mir unlängst gesagt hast.

Ja. Dass nach 40 Jahren DDR etwas so Unglaubliches geschah, hat mich aufgewühlt. Nur lebte ich damals noch in Wien. Zum Stolz meiner Oma hatte ich es in der Publizistik zu einer »Magistra« gebracht, aber nur kurz konnte sie stolz auf mich sein. Ich hab es gleich nach dem Studium bei einer Wiener Tageszeitung probiert, jedoch als junge Frau damals, unfähig mich durchzusetzen, blieb ich bei Sterbenachrichten im Anzeigenteil hängen, was mich klarerweise anödete und die Oma enttäuschte.

Bist du deshalb vor ihr geflohen, wie du's mir erzählt hast? Aus ihrem enttäuschten Anspruch? Aus der Enge? Aus einem Gefängnis? – So hast du es ja genannt.

Du hörst sehr genau zu, sagte Hedwig.

Wenn jemand wie du mir etwas erzählt, ja, dann höre ich sehr genau zu, antwortete Lukas.

Wieder saßen sie einander schweigend gegenüber.

Möchtest du noch eine Tasse vom kalten Kaffee? fragte Hedwig schließlich. Macht schön.

Nein, danke. Sollte ich schöner werden?

Nicht nötig, du bist schön genug. Ich verstehe deine Frage, Lukas. Aber wie und wann genau ich meine Großmutter verlassen habe, darüber möchte ich jetzt eigentlich nicht sprechen.

Ist klar, verzeih.

Nein, alles okay! Ich möchte es nur erst niederschreiben, mir von der Seele schreiben, wie man so sagt. Erst muss ich es neu durchwandern und ihr, der Oma, erzählt haben, verstehst du? Gerade jetzt bin ich an diesem Punkt angelangt, und es fiel mir gestern Nacht schwer, dranzubleiben.

Ich verstehe dich, Hedwig. Glaub mir, ich verstehe dich besser, als du vielleicht annimmst. Vor allem, seit ich hier in der Küche deiner Großmutter sitze, hier dein erster Gast nach deiner Rückkehr sein darf – und irgendwie –
Lukas schwieg.
Irgendwie? fragte Hedwig.
Irgendwie ist da noch ihr Atem.
Das stimmt, sagte Hedwig.

Ja, du atmest noch in diesen Räumen, Oma. So sehr ich auch gesäubert und aufgeräumt habe, das hat nur den Staub der Vergangenheit entfernt, aber nicht dich. Dieser Lukas Rothmeier hat es gespürt. Ist der seltene Fall eines Mannes mit Gespür. Aber ich sitze jetzt nicht wieder hier am Laptop und schreibe weiter, um dir von ihm zu berichten. Ich muss ins Vergangene zurück, Oma, jetzt mehr denn zuvor.
Und ich fühle, wie ich zögere.
Als Lukas nach unserem Frühstück wieder ging, habe ich ihm vom Fenster aus nachgesehen. Wie er ohne den Kopf zu mir hochzuheben die Schlösselgasse verließ und zur Florianigasse abbog. Ich habe die Küche in Ordnung gebracht, ich habe mich selbst irgendwie in Ordnung gebracht, ich habe herumgetrödelt. Jetzt ist die Datei geöffnet, die Erzählung – ich nenne es so, um mir weiterzuhelfen – endete bei unserem Essen mit Eugen Lobau, im Restaurant des Hotel Regina.
Bald darauf bist du, Oma, zu deinen Freunden am

Bauernhof aufgebrochen, es war die übliche Zeit deiner sommerlichen Besuche bei ihnen. Kann ich dich denn allein lassen? hast du mich gefragt, jetzt, wo du doch sicher zu arbeiten beginnst? Klar, gerade jetzt, sagte ich, ich muss doch bei Zeitungen und im Fernsehen vorstellig werden, das braucht Konzentration, da tut Alleinsein gut. Aber wer kocht für dich? fragtest du noch besorgt. Ich, Oma, ich selbst, ich bin erwachsen! Hab du es schön am Land!

Das Erste, was ich jedoch nach deiner Abreise unternahm, war ein Ausflug an den Attersee, und zwar mit Eugen Lobau.

Ich tat es schweren Herzens. Er war vergnügt. Wir nahmen einen Bus nach Unterach am Attersee, dort bewohnten wir ein Hotelzimmer mit Blick auf den See, das Wetter war schön, das Salzkammergut entfaltete seinen Reiz, wir schwammen, wir aßen, wir besuchten Ischl, die Konditorei, sogar sahen wir in Salzburg eine Aufführung der Zauberflöte, drängten uns durch die Getreidegasse, waren oben auf der Festung, wir taten eine Weile lang alles, was Feriengäste so tun. Mein schweres Herz wurde immer schwerer, es drückte mich völlig zu Boden. Eines Abends, im Gasthausgarten am Seeufer, sagte ich es dann. Endlich. Ich sagte: Eugen, es tut mir furchtbar leid, aber ich liebe dich nicht. Nicht mehr. Ich möchte unsere Beziehung beenden. Nie vergesse ich sein Gesicht. Oder anders: ich musste mich lange Zeit darum bemühen, sein Gesicht, dieses fassungslose Gesicht, wieder zu vergessen.

Wir brachen die Urlaubsreise klarerweise ab. Eine schlaflose Nacht, eine schreckliche, schweigsame Heimfahrt folgten. Nach dem Aussteigen an der Busstation in Wien lehnte ich seine Hilfe ab, das Gepäck zu tragen, und nahm, ja, riss meine Koffer sofort an mich. Noch ein schneller, völlig unnötiger Kuss auf seine Wange, der mich eher beschämte, ein schwächlich gemurmeltes: Mach's gut, und ohne mich umzusehen, ging ich meiner Wege. Besser: rannte ich sie. Ich rannte trotz des schweren Gepäcks wie gejagt durch einige Straßen der Stadt bis hin zur Schlösselgasse, raste die Treppen hinauf, schloss eilig die Wohnungstür auf und fiel keuchend auf Omas Sessel am Hinterhoffenster.

Nach Trennungen jedweder Art, und seien sie noch so herzzerreißend, fühlt man sich befreit. Ja, ich fühlte mich so. Befreit.

Und das, ohne zu wissen, was mir diese Freiheit bedeuten oder an Lebensqualität einbringen würde.

Trotzdem aber war Eugen es gewesen, der in unseren Tagen im Salzkammergut mir einiges an Ratschlägen gegeben hatte, meinen zukünftigen Weg als Journalistin betreffend. Wohin ich mich wenden sollte, bei wem ich um einen Termin ansuchen, mit wem ich sprechen sollte. Eine Liste von Namen und Telefonnummern hatte ich parat, sowohl in der Presselandschaft, als auch bei Radio und Fernsehen. Eugen wollte mir mit seinem Einfluss als Universitätsdozent zur Seite stehen.

Aber das war jetzt klarerweise nicht mehr der Fall. Ich hatte die Verbindung zu ihm abgebrochen und ihn tödlich verletzt.

Also musste ich mich alleine auf den Weg machen. Herumtelefonieren, auf unwillige Stimmen gelangweilter Sekretärinnen stoßen, mühsam den Termin bei ebenso unwilligen und gelangweilten Chefs erlangen, um dann viel zu stockend, viel zu ungeübt, viel zu unsicher, nicht fähig gewesen zu sein, mich ins rechte Licht zu rücken. Ich hatte den Eindruck, als müsse ich mich selbst anpreisen wie eine Ware, und das stieß mich ab. Was an Erfahrung haben Sie, Fräulein? Noch keine. Was außer dem Studium können Sie vorweisen? Meine Diplomarbeit! Worüber? Über die DDR. Bitte hören S' mir auf mit der DDR! Einen Essay über Václav Havel hätte ich! Über wen? Geh bitte! Außerdem - wir brauchen keine Essays, wir brauchen Artikel, die vom Stockerl reißen! Und so ging es dahin. Vielleicht gelang mir ohne Eugens Beistand auch nicht, zu den Klügeren, den Weitsichtigeren in der Presselandschaft zu gelangen, und das Niveau der Boulevard-Tageszeitungen, an die ich geriet, war eben auch damals unter jedem Niveau. Am Österreichischen Rundfunk hingegen befanden sich sowieso alle infrage kommenden Positionen fest in den Klauen Fixangestellter, die keinen Hauch lockerließen und mich, die Anfängerin, rasch wieder aus ihren Büros und Studios schubsten.

Ach Oma, ich will dir auch im Nachhinein diese entwürdigende Reise, einen Platz an der Sonne der Journalistik zu erreichen, nicht im Detail schildern. Meine anfängliche, fast sportive Lust, in Wien qualitätsvoll Arbeit und Einkommen zu finden, auf einem Gebiet, das ich als von mir erfolgreich zu meistern einschätzte, bröckelte langsam in sich zusammen. Schon als du nach dem Sommeraufenthalt in die Schlösselgasse zurückgekehrt bist, konnte ich deine sich überstürzenden Fragen nur halbherzig beantworten.

Es gibt einige Angebote für später, ich muss noch überlegen, sagte ich zum Beispiel. Oder: zurzeit werden neue Sendungen erprobt, da will man mich später – das Wort »später« fiel immer wieder. Bis es dir natürlich auffiel, Oma.

Du wolltest mich nicht drängen. Aber da ich jetzt mehr daheimblieb, an meinem Schreibtisch oder vor dem Fernsehapparat, mich zwischendurch jedoch immer wieder einmal etwas hübscher zurechtmachte, davoneilte, um dann weniger hübsch, verschwitzt und langsam wieder in die Wohnung zurückzukehren, sprachen deine Blicke auf mich Bände. Wie geht es denn dem netten Dozenten Lobau? fragtest du zum Beispiel eines Tages. Gut, sagte ich. Er hält doch so viel von dir, vielleicht – Oma, ich gehe meinen Weg allein, keine Angst! antwortete ich schroff.

Irgendwann bekam ich also eine Anstellung, und zwar bei der billigsten Tageszeitung des Landes, einem fürchterlichen Boulevard-Blatt, aber allseits gelesen, ich muss den Namen hier jetzt nicht nennen, Oma, oder? Er beschämt mich nämlich immer noch. Im Anzeigenteil durfte ich arbeiten, zwischen Werbung und Todesmeldungen, einiges koordinieren, Texte verbessern, am Layout mitwirken. Aber mit meinem Anspruch, mit dem, was mir vorschwebte, als ich mein Studium begann, hatte es nichts zu tun. Es war reiner Broterwerb. Natürlich konnte ich dir diese Tätigkeit nicht lange verheimlichen. Du kanntest das Blatt, wer nicht. Trotzdem wolltest du auf rührende Weise nicht so bestürzt reagieren, wie du es in Wahrheit warst. Vielleicht ein Anfang! hast du ausgerufen, da gibt es sicher Aufstiegsmöglichkeiten, schließlich liegt die Zeitung ja überall herum und viele lesen sie. Du wirst sehen, Hedwig, bald schreibst du für die erste Seite! Wirst sehen!

Ich wollte dir diese kläglich bemühte Sicht nicht zerstören, Oma, obwohl gerade alles, was bei dem Blatt auf der ersten Seite zu lesen war, mich besonders anekelte. Auch war ich zu niedergedrückt, dir zu widersprechen.

In der Zwischenzeit, also schon im November – besser gesagt genau am 9. November 1989 –, noch vor meiner Sponsion, war ja die Mauer gefallen. Ich hatte es bei Eugen noch auf dem Fernseher in seinem Hotelzimmer und in der Schlösselgasse auf unserem erbärmlichen, kleinen Gerät mitverfolgt, wie sie in Berlin von den Menschen jubelnd überwunden wurde. Wie da Tränen, Euphorie, Umarmungen siegten, ganz dem ähnlich, was wir an der ungarischen Grenze als kleinen Vorgeschmack miterlebt hatten. Darüber hätte ich gern geschrieben. Im Umfeld dieses Aufbruchs, dieser Erneuerung der westlichen Welt, da hätte ich mich als Journalistin beheimatet gesehen, und nicht im nach wie vor populistisch geprägten und der Nazi-Zeit noch nicht entronnenen Klima der Zeitung, an der ich mich lustlos abmühen musste.

Es war keine gute Zeit für mich, Oma. Der Sommer verglomm, es wurde Herbst. Ich spielte dir die Journalistin vor, die ich nicht war, ich ging »zur Arbeit«, ich aß, *wenn ich heimkam, was du mir vorsetztest, ich teilte also nach wie vor mein Leben mit dir. Und du plagtest mich nach wie vor mit einer mich quälenden Anteilnahme an allem, was ich tat, ohne zu verstehen, was ich wirklich tun wollte. Unsere Zweisamkeit und daneben die mich ständig demütigende berufliche Tätigkeit – es wurde mir Tag für Tag unerträglicher.*

Hedwig schrak zusammen.

Ihr war nicht aufgefallen, dass der Sommertag über der Stadt sich unter dunklem Gewölk mehr und mehr verdüsterte, sie hatte geschrieben, hatte beschrieben, was lange zurücklag, und im Eintauchen in Vergangenes war sie der Gegenwart völlig entglitten gewesen. Jetzt aber hatte ein plötzlicher, wilder Donnerschlag das Haus erzittern lassen. Und es donnerte weiter, schien die Luft zu zerreißen, in kurzen Abständen Donnerschläge, wie sie den Blitzen zu folgen pflegen, die in größter Nähe irgendwo einschlagen.

Hat das Schlösselgassen-Haus wohl einen anständigen Blitzableiter? fragte sich Hedwig, während sie zu all den geöffneten Fenstern eilte. Gerade begann es auch zu regnen. Oder war das Wort »Regen« für dieses unvermutet einsetzende Herabprasseln von Wassermassen, vermischt mit Hagelkörnern, nicht anwendbar. Was da geschah, glich eher einer Sintflut, einem Weltuntergang. Der Hagel fiel so heftig über die Dächer und Straßen her, als würde er die Stadt zertrümmern wollen.

Da auch Sturmwind eingesetzt hatte, schloss Hedwig, sich gegen ihn stemmend, jedoch in höchster Eile, alle Fenster. Dann blieb sie regungslos hinter dem zuletzt geschlossenen stehen und starrte in das Inferno hinaus. Von den Häusern der anderen Straßenseite war nichts zu sehen, eine unermessliche Woge aus Wasser und Hagelkörnern wurde durch die Gasse gepeitscht. Selten hatte Hedwig ein Gewitter solchen Ausmaßes erlebt, und dessen Entstehen war völlig an ihr vorübergegangen. Es musste doch auf bedrückende Weise düster geworden sein, auch im Zimmer, auch um ihren Schreibtisch herum!

Seit dem verspäteten und recht üppigen Frühstück mit Lukas Rothmeier hatte sie ohne zu pausieren weitergeschrieben. Natürlich nicht ohne immer wieder die Hände von den Tasten zu nehmen und eine Weile vor sich hin zu sehen. Dabei jedoch nur ins Zurückschauen, ins Erinnern geratend, sie war schlicht nicht anwesend gewesen. Und jetzt, ins Gegenwärtige zurückgerissen, wieder vorhanden, wieder zurückgekehrt, betrachtete sie mit Interesse den Aufruhr der Natur, der da vor ihren Augen die Stadt so wütend überkam. Wie spät es jetzt wohl war? Die Dunkelheit in den Räumen entsprach doch sicher nicht der Uhrzeit, sondern nur dem Gewitter.

Hedwig trat an ihren Computer, um die Zeitangabe zu sehen. Darf nicht wahr sein! Sie rief es laut. Es war früher Abend! Die Fenster der hinteren Räume, die von Küche, Kabinett und Vorzimmer waren geschlossen gewesen, aber jetzt sah Hedwig, dass auch dort Regen und Eiskörner in den Schlund des Hinterhofes herabstürzten, sie hörte beides gegen die Scheiben knallen. Hoffentlich zerbricht das Glas nicht, dachte sie. Ich habe also Stunden schreibend verbracht und dabei die Zeit vergessen. Esse ich heute noch etwas?

Als sie nach einigem Erwägen am Küchentisch zwei Brotscheiben mit Wurst und Käse belegt hatte und sich dann eine Flasche Bier aus dem Kühlschrank holte, ließ das Gewitter nach. Fast abrupt geschah es. Das Tosen wich dem sanften Herabrauschen eines Sommerregens. Aber dämmrig war es geblieben. Ohne über dem Tisch Licht zu machen, aß Hedwig die belegten Brote, trank Bier dazu, und überlegte. Zu Bett gehen? Lesen? Oder weiterschreiben? Aber vorerst wieder Fenster öffnen und frische Regenluft hereinlassen.

Ich schreibe weiter, Oma. Das gleichmäßige Geräusch des Regens vor den geöffneten Fenstern, der jetzt völlig dunkel gewordene Abend, nur das Licht deiner Schreibtischlampe über Tastatur und Bildschirm, es ist eine dem Schreiben sehr förderliche Stimmung. Ich möchte weder lesen noch den mickrigen Fernseher einschalten. Und ich muss ja jetzt endlich unsere Trennung beschreiben, also meine Abreise, meine Flucht, wie auch immer ich's benenne. Ich muss das in Angriff nehmen! Denn darum geht es ja schließlich.

Also.

Eines Tages erhielt ich einen Anruf von Lizzi. Wir hatten ein Telefon, obwohl fast nie telefoniert wurde. Es stand auf einer Konsole im Vorzimmer, und dort steht es immer noch. Immer noch besitze ich hier in der Schlösselgasse einen Festnetz-Anschluss, den ich nie benutze. Aber ich mag diesen schwarzen Apparat mit der Nummernscheibe, ich mag, dass es ihn immer noch gibt. Von Handys war damals nicht die Rede, jedenfalls bei uns nicht. Man erfuhr zwar vage von solchen Neuerungen des Telefonierens, jedoch erfuhr man es wie ferne Märchen, nichts daran wurde für uns damals bereits Realität.

Also. Das alte schwarze Telefon läutete, und Lizzi meldete sich. He, Hedwig! rief sie, weißt du, wo ich bin? In Berlin! Ich bin jetzt hier Assistentin im Salon von einem berühmten Modeschöpfer, dir sicher schnurzegal, wie der heißt, und darum geht's auch nicht. Aber ich sag dir, es ist spannend hier in Berlin! Und ich wohne bei einer Freundin, die ist Reporterin bei der Bild-Zeitung! und sie vermietet Zimmer! da habe ich einfach an dich denken müssen! Komm doch her!

Deine Freundin ist bei der Bild-Zeitung? Bei diesem Schmieren-Blatt? antwortete ich. Weißt du, Klatsch und Tratsch und reaktionäre Haltungen, das reicht mir hier! – Ist doch egal, rief Lizzi, musst ja nicht bei BILD arbeiten, aber schau, dass du mal rauskommst aus Wien! Jetzt, wo du echt Journalistin bist, wie ich gehört hab. – Was hast du gehört? – Ein Bekannter von mir hatte auch Sponsion in Publizistik, als du dran warst. – Und du bist mit der Modeschule fertig? – Ja! Glänzend bestanden! Und lebe jetzt hier! Komm doch auch! Die Freundin heißt Evelin, sie ist trotz der Bild-Zeitung sehr nett. Die Zimmer sind's auch. Und billig! – Ich denk drüber nach, sagte ich.

Und ich dachte darüber nach. Meine tägliche, mich demütigende Tätigkeit an dem sich »Zeitung« nennenden Schund-Blatt und dessen widerlich populistisches Niveau waren mir schon längst zur Qual geworden. Ich hatte mich bereits vor Lizzis Anruf mit Erwägungen zu irgendeiner Veränderung befasst. Vielleicht doch noch einmal Eugens Hilfe erbitten? Was bedeuten würde, ihn mir wieder gewogener zu stimmen, also über meinen Schatten zu springen? Davor graute mir aber. Vielleicht meine Fühler nach Graz oder Linz ausstrecken, um dort in einer etwas respektableren Zeitung unterzukommen? Da hatte ich mich bereits um Namen und Telefonnummern bemüht, ich stand knapp davor, das anzugehen. Aber jetzt Lizzis Anruf! Aus Berlin! Und dort die Situation nach dem Mauerfall! Mit der Möglichkeit, jetzt ungehindert in die ehemalige DDR zu gelangen, über die ich ja meiner Diplomarbeit wegen so intensiv recherchiert und geschrieben hatte! Und die Wiedervereinigung Deutschlands war eben erst erfolgt! Wäre doch toll, das journalistisch weiter begleiten zu dürfen.

Sicher nicht bei BILD, aber vielleicht würde ich eine kleine, linksgerichtete Berliner Zeitung finden, der meine politische Haltung entgegenkäme?

Als ich mit Lizzi telefoniert hatte, warst du gerade zum Einkaufen unterwegs, Oma, du konntest also nicht in der Küche oder sonst wo deine Ohren spitzen und mithören.

Was du sicher getan hättest, wärest du daheim gewesen. Weil unser Telefon ja nur so selten schrillte, ich nur so selten telefonierte, und vor allem, weil du von brennender Neugier erfüllt warst bei allem, was mich betraf.

Ich konnte dir also meine ganz neuen, von Lizzi angefachten Überlegungen verschweigen. Du hast nichts mitbekommen. Hast es nicht mitbekommen, dass dieser Ortswechsel nach Berlin für mich mehr und mehr zu einem realen Vorhaben wurde. Lizzi hatte sich nochmals telefonisch gemeldet – Na? Was ist jetzt? – und seltsamerweise wieder während ich mich allein zu Hause befand, es war, als müsste alles so sein.

Ich besaß also die Telefonnummer und Adresse der Berliner Wohnung, sie läge toll, in bester Gegend, nahe dem Kurfürstendamm, sagte Lizzi. Schließlich sprach ich mit der Besitzerin und Vermieterin Evelin Huch. Ihre Stimme klang wirklich nett, und was an Geld sie für ein Untermietzimmer verlangte, blieb in einem Rahmen, den ich mir wohl auch bei geringen Einkünften eine Weile würde leisten können. Ich überlegte nur kurz. Dann gab ich ihr also ein Datum bekannt, an dem ich fix anreisen würde, obwohl mir bei diesem schnellen Entschluss nahezu übel wurde. Über die Bild-Zeitung sprach ich nicht mit ihr, und auch nicht über meine journalistischen Absichten. Ich wolle nur für eine Weile dieses neue Berlin besuchen, sagte ich. Ja! Die Frau lachte auf. Berlin ist zurzeit wirklich einen Besuch wert!

Anfang September ist prima! rief auch Lizzi, als ich ihr mein Kommen ankündigte, da läuft unsere Frühlings-

modeschau, ich arbeite zurzeit daran, tolle Klamotten, sag ich dir! – Lizzi, du weißt – Ja! ich weiß, Mode interessiert dich nicht! Aber komm jetzt erst mal her!

Ich hatte mich also entschlossen, Oma. Hatte mir Bahnverbindungen nach Berlin durchgesehen, einen 2. Klasse-Sitz in einem Eilzug reserviert, preisgünstig. Auch eine große Reisetasche hatte ich heimlich erstanden, weil ich deine alten Koffer nicht ohne dein Erstaunen und Nachfragen hätte benützen können und sie mir auch bereits zu alt und unzeitgemäß erschienen. Ich hatte mir alles, was ich nach Berlin mitnehmen wollte, genau überlegt, es sollte so wenig wie nur möglich sein, und dann mein Gepäck Stück für Stück, um es dir nicht auffällig werden zu lassen, samt der Tasche unter meinem Bett versteckt. Ich handelte richtiggehend heimtückisch, Oma! Ja, ich benahm mich wie eine, die sorgsam ihre Flucht vorbereitet. Hätte ich nicht auch einfach mit dir darüber reden können?

Nein, hätte ich nicht, dachte Hedwig. Vor allem nicht einfach. Es wäre herzzerreißend dramatisch geworden, und dazu fühlte ich mich außerstande. Mit dir, Oma, nochmals über Ambition und Befreiung, über meine Lebensziele, meine Sehnsucht nach wirkungsvollem Ewas-im-Leben-tun-können zu reden, dazu fehlte mir die Kraft. Und ich wusste, wie kraftvoll dein Widerstand sein würde.

Und jetzt fehlt mir selbst auch die Kraft, weiterzuschreiben, dachte Hedwig, sie spürte plötzlich, dass sie müde war. Mehr als müde, irgendwie erschöpft. Mittlerweile musste es ja tiefe Nacht sein, sie hatte lang weitergeschrieben, länger als beabsichtigt. Die Beleuchtung von der Gasse her, der erhellte Schreibtisch, ansonsten Dunkelheit und Stille. Das Gewitter schien keine Abkühlung gebracht zu haben, es war sehr warm.

Hedwig speicherte das Geschriebene, fuhr den Laptop herunter, drehte die Lampe ab, und taumelte durch den dunklen Flur ins Badezimmer. Ich werde rasch einschlafen, dachte sie, läge ich nur schon im Bett.

Das Gewitter hat nix gebracht, sagte Lukas.

Nein, es ist genauso heiß wie gestern, antwortete Hedwig.

Dabei war es gewaltig, hast du dich gefürchtet?

Ich fürchte mich nicht vor Gewittern. Vor allem Möglichen, aber nicht vor Gewittern. Vor dir fürchte ich mich.

Lukas lachte. Vor mir? Warum?

Weil ich dich zu oft treffe.

Blödsinn. Komm, lass uns lieber anstoßen.

Sie hatten diesmal beide Weißwein bestellt, beide aßen sie Fisch.

Na gut. Hedwig hob das Glas. Auf die Furchtlosigkeit!

Guter Trinkspruch, sagte Lukas. Sie stießen an und tranken.

Du meinst mich zu oft zu treffen? fragte er dann. Geh ich dir auf die Nerven? Oder magst du mich?

Weiß ich noch nicht.

Wann glaubst du, dass du es weißt?

Weiß ich auch noch nicht.

Macht nichts, ich kann warten. Wie schmeckt dir übrigens deine – wie sagtest du? – Linguado grelhado?

Wie in Portugal auch. Hab ich dort ständig gegessen. Ich mag Fisch eigentlich nicht, nur gegrillte Seezunge, na ja, Linguado grelhado eben – wenn man sie mir ohne Gräten serviert!

Heute erlebe ich dich aber erstaunlich kapriziös!

Hat er recht? dachte Hedwig. Sie betrachtete den Mann, der zu ihr herlächelte und dann ihr gegenüber in aller Seelenruhe seinen Goldbarsch verzehrte, oder was immer für ein Fisch das sein mochte.

Du hast weitergeschrieben? fragte Lukas.

Ja, bis spät nachts. Deshalb war ich heute auch schon so früh und so hungrig zum Mittagessen hier im Lokal.

Und? Hat es dich auch weitergebracht?

Nun ja – eigentlich beginne ich jetzt erst das zu berichten, was meine Großmutter nicht mehr von mir erfuhr. Oder besser, nicht mehr neben mir ein wenig mitbekam. Von meiner Flucht eben, wie auch du es genannt hast. Meine heimliche Reise nach Berlin. Ich war einfach eines Tages weg. Ich habe sie sang- und klanglos verlassen.

Arme Frau, sagte Lukas.

Nicht! rief Hedwig. Bitte nicht das!

War doch so.

Ja, aber dass es so war, versuche ich ja jetzt –

Wieder gut zu machen? Geht nicht, Hedwig.

Ich weiß! Aber wie soll ich mit diesem Wissen leben, ohne zu versuchen, es ein wenig – nun ja, zu revidieren –

Für dich.

Ja, wenigstens für mich. Warum bist du plötzlich so streng, Lukas?

Weil du anfängst, mich etwas anzugehen.

Anzugehen?

Ja. Du warst eine mir überaus sympathische Bekanntschaft aus meinem Stammlokal, ich fand dich eine gut aussehende kluge Frau, vielleicht habe ich auch gern ein wenig mit dir geflirtet. Seit dem Frühstück bei dir in deiner Schlösselgasse jedoch – geht es mich etwas an, wie du lebst. Und dass du lebst.

Und deshalb bist du streng? Und verstärkst den Druck – den ich mir von der Seele schreiben möchte?

Ja.

Warum?

Weil ich spüre, dass du diesen Druck brauchst. Um nicht auszuweichen.

Auszuweichen?

Ja, die Erzählungen von anderen Städten, von der Journalistik, vom Zeitungswesen, dem politischen Geschehen, all das ist deiner Großmutter nicht abgegangen. Du warst es.

Ja, aber –

Du bist ihr abgegangen. Und dir selbst auch.

Deshalb bin ich ja davongelaufen!

Aber auch vor dir, Hedwig.

Wie kommst du eigentlich dazu, so zu mir zu sprechen? So, als würdest du mich kennen?

Weil ich dich jetzt kenne.

Hedwig starrte Lukas an. Dann schob sie den Teller mit der halb gegessenen Seezunge von sich und stand auf.

Lauf jetzt nicht weg, sagte er. Setz dich bitte wieder.

Was willst du eigentlich von mir? fragte Hedwig.

Was wohl? Dich lieben.

Heftig schob Hedwig ihren Sessel zur Seite und lief aus dem Lokal.

Völlig außer Atem blieb sie erst stehen, als sie daheim vor ihrem Schreibtisch angelangt war. Sie war bis hierher gelaufen, von der Gasse ins Haus, die Stiegen doppelt nehmend aufwärts, das eilige Aufschließen der Wohnung, und jetzt hier ihr atemloses Angekommensein, als hätte sie Zuflucht gefunden.

Sobald ihr Atem wieder ruhiger wurde, setzte sie sich, drückte auf den Schaltknopf und brachte ihren Laptop in Betrieb.

Mich lieben! Was sollte das. Es geht nicht darum, jetzt geliebt zu werden, Oma, es geht darum, mich vor dir zu rechtfertigen, und das ist schwer genug. Da will mir ein

Mann in gewisser Weise noch schwerer Schuld aufladen, als ich ohnehin trage, um meine Selbsterkenntnis zu steigern. Oder? Ist es nicht so? Und brauche ich das?

Nein, ich konnte mit dir von meiner baldigen Abreise, von der uns drohenden Trennung nicht sprechen. Ich musste abhauen, heimlich, wie ein Dieb. Diese Verflechtung von unser beider Leben, mein berufliches Ungenügen, dein unverbrüchlicher Glaube an mich, diese deine Gewissheit, ich würde als junge Frau so leben, wie du nie leben konntest, all das lag schwer und drückend auf mir. Als Verpflichtung. Mehr noch, als Forderung. Und es war eine Forderung, der ich nicht gehorchen wollte. Nicht gehorchen konnte! Warum meint dieser Mann, ich hätte mich selbst gleichzeitig bei dir zurückgelassen? Denn das meinte er doch, Oma, oder?

Das ist Humbug. Ich war dank Eugen zur Frau geworden, war kein scheues Mädchen mehr, ich hatte ein Studium beendet, ich wollte mich auf den Weg machen. Auf meinen Weg!

Bewusst hatte ich einen Frühzug nach Berlin gewählt.

Es war fast noch nachtschlafende Zeit, als ich, nachdem ich vor Aufregung fast die ganze Nacht über wach gelegen war, mein Bett verließ. Möglichst lautlos tappte ich ins Badezimmer, kleidete mich dann an und füllte die Reisetasche mit dem wenigen, das noch fehlte. Alles tat ich auf Zehenspitzen, denn du, Oma, lagst um diese frühe Zeit tief schlafend und ahnungslos in deinem Bett im Kabinett. Ich suchte noch kurz die Küche auf, um mich zu vergewissern, und da hörte ich nebenan deine tiefen Atemzüge. Es tat mir weh, glaube mir. Aber ich befand mich in einem Aufbruch, der nicht mehr aufzuhalten war, und der mir eine Kaltblütigkeit abforderte, die mich jetzt, nachträglich, selbst erstaunt. Auch dass ich es schaffte, dir eine so kurze Nachricht zu hinterlassen: »Ich bin weg, es muss sein. Bitte suche nicht nach mir. Hedwig.«

Den Zettel mit dieser Notiz und den Wohnungsschlüssel legte ich auf das Fensterbrett zum Hinterhof. Und noch einmal fiel mein Blick auf den Sessel davor, von dir, Oma, so oft benutzt. Wie ein Blitz der Gedanke, wie du nach der Erkenntnis meiner Flucht hier sitzen würdest, ratlos, fragend, verzweifelt, aber ich untersagte es mir rasch, weiterzudenken. Mit meinem Reisegepäck beladen trat ich auf den Gang hinaus, zog die Tür geräuschlos hinter mir zu und ging. Noch einmal stieg ich die so vertrauten Treppen hinunter, noch einmal eilte ich die morgenstille Schlösselgasse entlang bis zur Florianigasse, bog dann ab, und lief hinunter zur Straßenbahnhaltestelle.

Ich war pünktlich am Bahnhof, der Zug fuhr pünktlich ab, und die Fahrt nach Berlin verlief ohne Zwischenfälle. Ich hatte einen Fensterplatz, schaute manchmal hinaus in die vorbeifliegende Landschaft, schlummerte, oder las. Ihm zu Ehren las ich immer wieder in den »Briefen an Olga«, denn in der Zwischenzeit war ja dieser von mir bewunderte Václav Havel, mein Vorbild und Hoffnungsträger, in der Tschechoslowakei Staatspräsident geworden, und allein, dass mein Zug nach Berlin über Prag fuhr, schien mich ihm näher zu bringen. In Prag selbst musste man umsteigen, also einen anderen Bahnsteig aufsuchen, um den Zug für die Weiterfahrt zu erreichen. Ich hatte danach das Gefühl, in Prag gewesen zu sein.

Die Reise dauerte etwa acht Stunden, und in Berlin holte Lizzi mich am Bahnhof ab. Sehr schnell sah ich sie, als wir einfuhren und ich Ausschau hielt. Mich erstaunte, wie wenig sie sich verändert hatte, obwohl kühn gekleidet, mit kurz geschnittenem Haar und stark geschminkten Augen. In der Art, wie sie winkte und »Hallo Hedwig!« brüllte, war sie sofort wieder meine Freundin Lizzi von früher. Ich stieg aus, ließ mein Gepäck einfach fallen, und wir umarmten uns.

So prima, dass du da bist! rief Lizzi dann, und ich sah, dass sie feuchte Augen hatte. Mehr als ich schien sie unser Zusammentreffen wirklich sehnsüchtig erwartet zu haben, für mich war ihr Telefonanruf, ihre Aufforderung eher ein Anstoß gewesen, mein Leben tatsächlich und nicht nur in Gedanken zu verändern.

Wir nahmen ein Taxi und fuhren zur Wohnung von Evelin Huch, in der also auch ich mein Untermietzimmer haben würde. Ein für Westberlin typischer Altbau empfing uns, er lag in einer schmalen Seitenstraße, die von Ahornbäumen überschattet war.

Die Wohnung selbst befand sich im obersten, also im vierten Stockwerk des Hauses. Als Lizzi aufgesperrt hatte und wir eintraten, kam rasch eine Frau durch den weiträumigen Korridor auf uns zu gelaufen. Sie war klein, etwas füllig, und, obwohl nicht mehr die Jüngste, umrahmte ein knallrot gefärbter Wuschelkopf ihr sorglos *wild geschminktes Gesicht. Da ist sie ja, unsere Wienerin!* rief sie und reichte mir sehr herzlich beide Hände. Guten Tag, Frau Huch, sagte ich, danke, dass ich – Nichts mit Frau Huch, ich bin die Evelin, ja? unterbrach sie mich gleich. Und du heißt Hedwig, hat Lizzi mir gesagt. Lustig, der Name! Hedwig heißt man doch heute nicht mehr – aber gefällt mir. Also, Hedwig, komm, ich zeige dir dein zukünftiges Zuhause!

Es war ein geräumiges und angenehm einfach eingerichtetes Zimmer. Die zwei großen Fenster führten auf die Straße hinaus, was sicher Verkehrslärm würde heraufdringen lassen. Aber man sah mitten hinein in den Wipfel eines Ahornbaums, und das gefiel mir auf Anhieb. Die Blätter hatten jetzt, Anfang September, bereits den ersten herbstlichen Schimmer, der Nachmittag war sonnig, das goldene Laub durchleuchtete den Raum. Schön! rief ich aus. Fein, dass es dir gefällt, sagte Evelin, die Zimmer nach hinten raus sind stiller, aber da war nichts mehr frei. Ist auch nicht übermäßig laut, unsere Straße, nur manchmal Lärm vom Ku-Damm her, aber du bist jung, da hat man einen guten Schlaf!

Ich richtete mich ein wenig ein, das Badezimmer musste ich mit Lizzi teilen. Die lachte und plauderte und wirkte weiterhin überaus beglückt, mich hier zu wissen.

Abends essen wir in der Paris Bar! verkündete sie.

In einer Bar? fragte ich.

Die Antwort auf meine eher unschuldige Frage stürzte förmlich aus Lizzi hervor, ein vom Thema hingerissener, begeisterter Redestrom, dem ich mit Staunen lauschte.

Heißt nur so, Hedwig, keine Angst! rief sie. Es ist das beste und gefragteste Lokal für Promis und die Szene hier, herrliches Essen und Trinken, übrigens führen es zwei Wiener, der eine Chef heißt Michel und ist so schön, dass man für ihn immer das Beatles-Lied singen könnte »Michelle, ma belle«, weißt eh, der andere ist auch nett, ich kenne beide ein bissel, die haben sich hier in Westberlin einen unglaublichen Status erworben, die Paris Bar nicht zu kennen bedeutet, in Berlin nicht vorhanden zu sein, alle prominenten Gäste und Besucher führt man dorthin, auch nach unseren Modeschauen tun wir das, besser tut das der Chef, Filmpremieren und Society-Treffs sind ohne die Paris Bar undenkbar, aber sie belassen auf wunderbare Weise ihre fast wienerische Eigenart, das macht es aus, weißt du, die Berliner fahren aufs Wienerische irgendwie ab, auch haben sie gute Hintergrund-Musik, Jazz vom Feinsten, sind beide charmant, vor allem dieser Michel, und biedern sich trotzdem niemandem an, du wirst sehen, wenn ich denen sage, dass du aus Wien kommst, werden sie sicher –

Lizzi! rief ich irgendwann dazwischen, es reicht! Du machst mir ja Angst vor diesem Lokal, ich bin weder prominent noch ein wichtiger Gast, erst seit zwei, drei Stunden bin ich hier in Berlin und auch ein bisschen müde, wollen wir nicht irgendwo einfacher essen gehen?

Kurz wirkte Lizzi wie aus der Bahn geworfen. Entschuldige, sagte sie dann, du hast recht, aber wir können auch dort ohne Aufwand essen, die Bar liegt ganz in der

Nähe, wirklich, Hedwig, keine Angst, danach schubse ich dich bald ins Bett!

Als ich mit Lizzi zu dieser Paris Bar schlenderte, dämmerte es bereits. Das alles ist also Westberlin? fragte ich sie. Ja, erwiderte sie eifrig, morgen zeige ich dir die Mauer, es gibt noch viel von ihr zu sehen, aber du kannst ohne Mühe in den Osten hinübergehen. – In den Osten! Ihr sagt das ja immer noch so, als wäre es eine andere Welt! – Ist auch immer noch eine andere Welt, antwortete Lizzi, und der breite Streifen, den die Zeit der Mauer zwischen den Stadtteilen aufgerissen hat, wann und wie der sich wohl schließen wird, weiß keiner.

Hedwig stoppte. Wie lange das her ist, dachte sie. Heute, Oma, wo ich dir von damals erzähle, ist genau dieser Teil Berlins, all das, was ehemals das Mauer-Areal und vieles im Ostteil der Stadt betraf, von Gebäuden neuester Architektur erfüllt, man nennt es »Berlin Mitte«, und es ist ein schicker Stadtteil geworden. Selbst war ich ja auch nicht mehr dort, aber die Medien informieren. Freilichtkonzerte am Gendarmenmarkt, neue Hotels, die diversen Botschaften in hypermodernen Bauten, ich weiß davon. Aber jetzt rasch wieder zurück in das Berlin meiner Ankunft.

Als wir das Lokal betraten, empfing uns der tatsächlich sehr gut aussehende Michel. Ah, aus Wien! sagte er und wies uns einen angenehmen Ecktisch zu. Wirklich, mit den Bildern an der Wand, der Musik, der Theke, der Art, wie die Wirte und Kellner aussahen und sich benahmen, diese Paris Bar besaß eindeutig wienerisches Flair. Obwohl ich mit meiner Kenntnis fast nur des Restaurants im Hotel Regina kaum als Expertin gelten konnte, fiel es sogar mir auf. Wie zu Hause, was? meinte Lizzi fröhlich und bestellte sofort Wein. Danach aßen wir wirklich gut, und zwar ganz simpel Wiener Schnitzel mit Erdäpfelsalat. Lizzi erzählte mir von ihrer Arbeit beim berühmten Modeschöpfer, zwischendurch schäkerte sie mit Michel und dem anderen Lokalbesitzer, ich sprach wenig, es schmeckte mir, ich hatte Hunger gehabt, und zwei Gläser vom Wein belämmerten mich auf angenehme Weise. Beim Nachhausegehen musste ich mich bei Lizzi unterhaken, und in meinem Zimmer war ich, nach kurzem Aufsuchen unseres gemeinsamen Badezimmers, sofort im Bett. Ich schlief so rasch ein, dass ich mir nichts mehr bewusst machen, nichts mehr überdenken konnte.

Ja, Oma, so begann und endete also mein erster Tag fern der Schlösselgasse, fern Wien, fern dir.

Hedwig löste wieder ihre Hände von der Tastatur. Die heiße Stadtluft, die aus der Gasse in die Räume wehte, war von ihr unbeachtet geblieben. Der Sog, endlich ihre Trennung, ihre Abreise, ihren Neubeginn niederzuschreiben, geriet allzu mächtig und hatte sie, ohne dass sie dessen gewahr wurde, stundenlang am Laptop festgehalten. Jetzt aber fiel ihr auf, wie erhitzt sie war. Die Sommerbluse klebte ihr feucht am Körper, das ebenfalls feuchte Haar hatte sie achtlos aus ihrem verschwitzten Gesicht gestrichen, den belästigenden Rock einfach über die nackten Schenkel hochgeschoben, und die abgestreiften Sandalen lagen neben ihren bloßen Füßen unter dem Schreibtisch. Hedwig hob die Arme, streckte sich, atmete aus und schüttelte gleichzeitig ungläubig den Kopf. Wie konnte sie bei dieser Hitze nur so lange beim Schreiben bleiben! Ohne etwas zu trinken, ohne sich zu erfrischen! Aber ich habe es dir erzählt, Oma, dachte sie, ich habe es dir endlich erzählt. Ich werde des Weiteren sicher nicht bei solcher Genauigkeit des Beschreibens bleiben können, jedoch die Abreise, die Hinfahrt, die ersten Stunden und die erste Nacht in Berlin, das musste sein. Musste ohne Unterbrechung, in einem einzigen Erzählschwung heute noch sein.

Auch wegen Lukas.

Auch um ihm und seiner Annahme zu widerstehen, ich hätte mich selbst hier zurückgelassen. Nein, meine Flucht gelang! Ich war ganz und gar, ohne mir Vorwürfe zu machen, ja erstaunlicherweise ohne an meine Großmutter und ihr Ergehen auch nur im Geringsten zurückzudenken, in dieser anderen Stadt angekommen. Es bot sich mir zu viel Neues, mich Erregendes, das ließ keinen Raum für Reue oder Gewissensbisse. Und ich war damals jung genug, an veränderte Gegebenheiten des Lebens auch noch so zu glauben, als wären es Segnungen. Jetzt wird alles anders! An das glaubt man nur, solange man jung ist. Es bedarf – wenn überhaupt – des Älterwerdens, um herauszufinden, dass nur man selber anders werden kann. Dass nur die eigene Sicht darauf das Leben verändert –

Hallo! dachte Hedwig, warum auf einmal so übergescheit! Will ich nicht lieber ins Bad, mich kalt abduschen, und dann an ein Abendessen denken? Ja genau, das will ich.

Hedwig speicherte das Geschriebene, stand dann auf und tappte barfuß in das Badezimmer. Sie streifte ihre Kleidung ab, ließ sie achtlos am Boden liegen, drehte die Dusche auf und erwiderte das Herabprasseln des kalten Wassers auf ihren erhitzten Körper mit einem kurzen Aufschrei, ehe sie es genoss.

Nachdem sie sich abfrottiert hatte, ging sie nackt zum Schrank, wählte ein dünnes Hängekleid, zog es über, und die Kühle ihrer Haut darunter erfüllte sie mit Wohlbehagen. Im Bad zurück, kämmte sie ihre feuchten Haare glatt, warf die hitzefeuchten Kleidungsstücke in den Wäschekorb und sah im Spiegel über dem Waschbecken ihr Gesicht ein paar Sekunden lang genauer an, ehe sie es eincremte. Tja, man wird nicht umsonst fünfzig, dachte sie.

Als ein plötzlicher schriller Klingelton die Stille der Wohnung zerriss, fiel Hedwig vor Schreck fast der Cremetiegel aus der Hand. Seit sie zurückgekehrt war, hatte niemand bei ihr angeläutet, und sie wusste nicht mehr, ob überhaupt und wie das alte Ding über der Eingangstür sich anhörte. Aber die Klingel funktionierte noch und klang schrecklich laut. Wer läutete denn da bei ihr an? Was für einen Grund konnte es geben? Der Briefträger vielleicht? Aber wer wusste von dieser Adresse und würde ihr schreiben? Weder Carlos noch sonst jemandem hatte sie von Wien und der Schlösselgasse Näheres gesagt.

Hedwig verrieb den Rest der Creme auf ihren Wangen und ging auf Zehenspitzen zur Wohnungstür.

Ja? fragte sie.

Hedwig, ich bin's! antwortete eine Männerstimme, mach doch bitte auf.

Es war Lukas.

Hedwig riss die Tür auf. Er stand davor und lächelte sie an.

Sag mal! rief Hedwig, wie kommst du dazu, mich so zu erschrecken!

Ich habe doch nur angeläutet!

Ja, aber bei mir läutet niemand an!

Wieso nicht? Du hast doch eine Klingel!

Aber nicht wirklich, nur aus Zufall noch.

Was für ein guter Zufall! Darf ich reinkommen?

Wozu? Was willst du denn?

Dich zum Essen abholen. Wir haben uns mittags so blöde getrennt, das hat mir nicht gefallen.

Mir auch nicht.

Eben! Lass uns jetzt in guter Stimmung zum Italiener gehen.

Du bist also guter Stimmung? fragte Hedwig.

Ganz und gar! Kein Wort mehr über deine Oma und dich, über dich und mich, keine Psychologie mehr, nichts mehr in der Art, ich schwöre, nur gutes Essen und eine Flasche Primitivo dazu, ja?

Komm rein, sagte Hedwig, und setz dich kurz auf den Sessel da. Ich brauche noch ein bisschen.

Das Fähnchen, das du da anhast, ist hübsch, sagte Lukas.

Setz dich! befahl Hedwig.

Lukas betrat also den Flur und setzte sich wirklich auf Omas abgewetzten Sessel vor dem Fenster zum Hinterhof. Hedwig sah es aus den Augenwinkeln, ehe sie im Badezimmer verschwand, und etwas daran rührte sie. Da sitzt einer, Oma, wo du immer gesessen bist, und es ist ein Mann, der mich zum Essen abholt, wer hätte das je gedacht.

Hedwig wischte sich die überschüssige Creme vom Gesicht, puderte Nase und Wangen, hantierte mit Wimperntusche und Lippenstift, betrachtete sich dann im Spiegel und seufzte unzufrieden auf.

Ich hab noch feuchte Haare! rief sie, hab vorhin geduscht!

Macht nichts! rief Lukas zurück, sieht gut aus!

Als Hedwig ihn schließlich mit einer Umhängetasche über der Schulter im Flur abholte, saß er mit dem Rücken zu ihr auf Omas Sessel, hatte die Arme am Fensterbrett aufgestützt und schaute auf die grauen Wände des Innenhofes hinaus.

Ja, das war ihr Lieblingsplatz, sagte Hedwig.

Hat was, dieser graue Hof, antwortete Lukas.

Was?

Nimmt einem die Angst vor dem Nichts.
Lass uns gehen, sagte Hedwig.

Obwohl es bereits dämmerte, strömten die Hauswände noch die Hitze des Tages aus, dadurch war es im Lokal sogar weniger heiß als auf der Gasse. Und Hedwig war wohl hungriger gewesen, als sie gewusst hatte, ein großer Teller Tortellini war schnell aufgegessen, das erste Glas Rotwein ebenso schnell ausgetrunken, sie lehnte sich mit Wohlbehagen im Sessel zurück.

Das war eine gute Idee, Lukas, danke! sagte sie.

Wusste ich doch, antwortete er, Prost!

Er hob sein Glas und trank.

Und du hast den ganzen Nachmittag lang geschrieben, nicht wahr? fragte er dann.

Wie kommst du darauf?

Weiß nicht. Hab es dir angesehen. Oder besser: ich habe es angenommen, als du mittags aufgesprungen und davongelaufen bist.

Ja, sagte Hedwig, hab ich.

Dann schwieg sie wieder. Ihr war angenehm, dass Lukas dieses Schweigen zuließ. Es gibt Geringfügigkeiten im Verhalten von Menschen, dachte sie, die mehr anrichten können, als man annimmt. Es sind doch meist anfängliche Geringfügigkeiten, die einen beim Anderen irgendwann später großmächtig zu stören beginnen. Dass Lukas jetzt den Mund hält, gefällt mir.

Ich habe es endlich geschafft, sagte Hedwig dann. Habe geschafft, meine heimliche Abreise aus Wien, mein Verlassen der Großmutter aufzuschreiben. Wie ich mit dem Frühzug nach Berlin fuhr, ohne es ihr vorher zu sagen. Wie ich aus ihrem Leben verschwand.

Und das musste so sein?

Ja, Lukas, das musste so sein.

Wann war das denn – wenn ich fragen darf?

September 1991.

Stand da die Mauer noch?

Teilweise, ja, man konnte sie rudimentär noch bestaunen. Aber es war ein Leichtes, nach Ostberlin hinüber zu kommen, ich war da oft und habe noch eine Menge DDR-Flair mitbekommen.

Flair?

Für mich ein bisschen, ja schon. Der Prenzlauer Berg zum Beispiel, jetzt angeblich eine Zeitgeist-Super-Mode-Meile, war damals von herber Schönheit für mich. Keine Auslage, keine Reklame, einfach eine Straße zwischen alten Häusern. Ich weiß, dass man mich für verrückt halten kann, und meine Freunde in Berlin taten das auch, aber mir gefiel einiges da drüben.

Und du hast in Berlin gearbeitet?

Sogar längere Zeit, ja. Ich fand ziemlich bald eine Anstellung bei der taz, falls dir das etwas sagt.

Ja, natürlich, die taz, war eine Westberliner Tageszeitung, eher linkslastig.

Ist sie immer noch. Aber damals war alles noch im Umbruch, deshalb kam ich wohl als junge Journalistin relativ mühelos bei diesem für mich guten Blatt unter.

War also gut für dich, diese Zeitung?

Ja, gerade weil linkslastig! Ich schrieb für den politischen Teil der taz, nicht fürs Feuilleton, schrieb viel über die Folgen des Mauerfalls, der Wiedervereinigung, ich war dadurch oft im Osten Berlins, konnte dort nach all dem Jubel auch die aufkeimende Ablehnung des Westens mitverfolgen. Es vereinte sich ja lange nichts wirklich, ich denke sogar, bis heute ist das so.

Ich war nur wenige Male in Berlin, sagte Lukas, auch früher, vor dem Mauerfall. Bei meinem letzten Besuch jedenfalls fiel mir auf, dass es nach wie vor, wie in einer geteilten Stadt, die Begriffe »Wessis« und »Ossis« gibt, gleich auf der Fahrt vom Flughafen zum Hotel fiel es mir auf, ach nee, Sie wollen wirklich rüber zu den Ossis? sagte der Taxifahrer. Das Hilton liegt –

– am Gendarmenmarkt, ich weiß, früher Ostberlin.

Jetzt ein stereotyp erstklassiges Hotel wie überall, sagte Lukas.

Er nahm die halb volle Rotweinflasche, füllte Hedwigs Glas, sie griff danach und trank sofort. Die Bilder vom damaligen Gendarmenmarkt, als dort noch nicht Luxus herrschte, das Hotel erst in Planung war, stiegen in ihr auf, sie sah sich mit Lizzi durch die Leipziger Straße schlendern, hörte das mitleidvolle Aufstöhnen der Freundin, schrecklich, wie die hier in der DDR leben mussten! So grau alles! Und ihre Antwort: lieber grau als zu bunt!

Lukas trank auch und sah sie dabei über den Tisch hinweg mit einem prüfenden Blick an.

Sei mir nicht gram, Hedwig, sagte er, nachdem er sein Glas abgesetzt hatte, aber ich kann mir dich als Journalistin einfach nicht vorstellen.

Hedwig lachte auf. Ich auch nicht! rief sie.

Nein, lach jetzt nicht! Das ist kein Witz und nicht abwertend gemeint. Aber ich denke dabei völlig undifferenziert sicher nur an die Boulevard-Presse, an diese sogenannte Journaille, an Schlagwörter und Titel-Aufreger.

All das widerstrebte mir ja auch, sagte Hedwig, es war letztlich mit ein Grund, Wien zu verlassen, weil ich da kurz bei unserem Schundblatt gearbeitet habe und diesen Weg nicht weitergehen wollte. Lustigerweise hatte ich dann mein erstes Untermietzimmer in Berlin in der Wohnung einer Journalistin, die für BILD schrieb. Die aber trotzdem recht nett war, eine wilde Nudel mit roten Haaren, und ich muss zugeben, dass sie mir gratulierte, als ich bei der taz unterkam. Halbwegs guten Journalismus machen zu dürfen, vor allem, wenn es ins Politische geht, ist nicht leicht. Die Scheiße überwiegt in den Print-Medien. Eigentlich wie überall.

Jetzt übernimmt und vermehrt die digitale Welt diesen Müll, mit Facebook, Twitter und Postings, dieser Scheißhaufen ist noch gewaltiger, sagte Lukas.

Prost! rief Hedwig, lass uns darauf trinken!

Ihre Gläser klirrten aneinander und beide tranken.

Wie bist du, Hedwig eigentlich auf die Idee gekommen, ausschließlich politischen Journalismus anzusteuern?

Genau kann ich's nicht beantworten. Aber ich wollte die Welt verändern, glaube ich. In meinem Gymnasium war von allem, was das Dritte Reich, den Nationalsozialismus, den Holocaust ausmachte, damals immer noch kaum die Rede. Meine Großmutter besaß quälende Erinnerungen an zwei Weltkriege, sie wollte von Politik nichts hören oder sehen, sie wollte nur die in Österreich halbwegs in Ordnung gebrachte Gegenwart annehmen, den Verlust ihres Sohnes verkraften und meine Anwesenheit als die sie erfüllende Aufgabe ihres verbleibenden Lebens betrachten. Ich fügte mich dem, so gut ich vermochte. Aber außer mit ein paar Schulkollegen und einer einzigen besseren Freundin, wenigen Theaterbesuchen, ab und zu Kinofilmen, immer brav lernen und Vorzugsschülerin sein, blieb ich eben zu dicht in diesem großmütterlichen Milieu hängen. Bis ich begann, Zeitungen zu lesen und Fernsehnachrichten zu verfolgen, und mir dabei aneignete, Schrott von Qualität zu unterscheiden und einen geprüfteren Blick auf die Welt zu werfen. Und bis ich Václav Havels »Briefe an Olga« las.

Ach ja, die Briefe an Olga, sagte Lukas.

Kennst du das Buch?

Natürlich las ich es, als es damals erschien und Havel in aller Munde war.

Mir hat es viel bedeutet. Eigentlich sind er und sein Briefe-Buch mir bis heute Wegweiser – hab mich nur leider nicht immer daran orientiert. Jetzt denkt ja keiner mehr an Václav Havel zurück, er versank im

Vergessen. Er und Mahatma Gandhi, meine irdischen Götter. Von ihnen geleitet, wollte ich Journalistin sein. Und blieb nichts anderes als eine letztlich erfolglose Schreiberin für ein paar Zeitungen, bis ich den Journalismus vor einiger Zeit wieder gänzlich aufgab.

Wo hast du denn zuletzt gearbeitet? Ich meine, für welche Zeitung geschrieben?

Hedwig schwieg.

Entschuldige meine Fragerei, sagte Lukas.

Die letzten Jahre verbrachte ich in Lissabon, sagte Hedwig.

Ach ja, die Linguados grelhados.

Genau. Und anfangs schrieb ich noch für eine Lissabonner Tageszeitung.

Auf Portugiesisch hast du geschrieben?

Halbe-halbe. Man half mir. Aber die Sache ging ohnehin nicht lang. Lassen wir's jetzt gut sein, Lukas.

Gern. Noch Wein?

Nein. Nach Hause und ins Bett. Ich bin müde.

Es war das Handy. Vorerst konnte Hedwig nicht feststellen, was sie da aus den Träumen riss. War sie doch gerade dabei gewesen, an den Rand der Düne zu gelangen, um endlich den Blick frei zu haben und das Meer zu sehen, mit letzter Anstrengung hatte sie sich durch den Sand hochgerobbt – dann dieses Lärmen, statt das Anrauschen der Wogen zu hören.

Ja? fragte sie.

O je, hab ich dich aufgeweckt?

Das war Cousin Bernhards Stimme.

Nein, nein, geht schon. Ich liege nur noch.

Ist aber schon elf!

Egal, Bernhard. Was gibt es denn?

Wir wollten – na ja, wo du doch jetzt schon eine Woche lang hier bist –, wir dachten, ob du uns nicht mal besuchen willst? Meine Familie kennst du ja noch gar nicht, und die Lotte und der Helmut kämen auch gern. Was wär's? Zum Kaffee einmal?

Hedwig setzte sich auf. Es war immer noch heiß draußen, sie spürte die Luft aus der Gasse über ihre nackte Haut streichen. Sie bemühte sich um einen wacheren Klang ihrer Stimme.

Das ist lieb von euch, Bernhard! Aber findest du nicht, dass wir ein wenig zuwarten sollten? Ich meine, bis die Hitze nicht mehr so arg ist?

Wir haben einen Pool, sagte Bernhard, du könntest bei uns schwimmen und dich erfrischen, die Schlösselgasse ist sicher brütend heiß!

Was sage ich nur, dachte Hedwig, ich will jetzt keinen Familienbesuch machen, bin doch grade erst die paar Tage hier, und muss aufräumen. In mir aufräumen.

Bernhard, lass mich erst noch eine Weile hier aufräumen, sagte Hedwig, ich habe noch nicht alles im Griff, weißt du, obwohl ihr ja so toll auf die Wohnung geschaut habt, aber da ist doch noch einiges –

Eben! Ich dachte, du machst mit deiner Räumerei lieber weiter, wenn's kühler geworden ist. Aber wie du meinst –

Ja, meine ich! Lieber schwitze ich jetzt und habe dann meine Ordnung, sei mir nicht bös', aber ich möchte richtig angekommen sein, bevor ich euch besuche.
Okay, sagte Bernhard.
Verstehst du das?
Dann also später mal. Alles Gute.
Und Bernhard legte auf.
Jetzt habe ich ihn beleidigt, dachte Hedwig und ließ sich seufzend auf das Bett zurückfallen. Ging aber nicht anders. Jetzt eine mir fremde Familie besuchen, noch dazu an einem privaten Pool, in dem alle herumplätschern. Bitte nein!
Es schien wirklich schon elf Uhr vormittags zu sein, trotz der Hitze nachts hatte Hedwig gut geschlafen. Und wieder einmal vom Meer geträumt. Immer träume ich vom Meer, dachte sie. Aber jetzt auf. Eine kalte Dusche, Kaffee, irgendein Hemd übergezogen, und dann wieder zu dir, Oma.
Bis zur Haustür hatte Lukas sie gestern noch begleitet, und sein Wunsch, mit ihr hochzukommen, stand fühlbar, greifbar zwischen ihnen. Hedwig musste diese Anziehung mit Gewalt durchbrechen, auch das ging nicht anders. Die Angst, dem, was da plötzlich nach ihnen beiden griff, Folge zu leisten, war beherrschender als die auch in ihr entstandene kleine, weiche Sehnsucht nach körperlicher Annäherung. Nur ein kurzes »Gute Nacht«, und die schwere Haustür fiel vor Lukas' Nase ins Schloss.

Hedwig rappelte sich jetzt auf, verließ das Bett, tat, was sie sich vorgenommen hatte, und saß schließlich wieder vor dem Laptop an ihrem Schreibtisch. Also, Oma, dachte sie. Wir sind jetzt in Berlin, nicht wahr?

Ich lebte recht angenehm neben Lizzi in dem Zimmer bei Evelin Huch, der Baum vor dem Fenster wurde immer goldener, bis die Blätter dem Herbst nachgaben, das Laub abzufallen begann, und das nackte Astwerk seine Linien zog.

Und gleich am Tag nach unserem Abend in der Paris Bar begab ich mich auf die Suche nach einer journalistischen Tätigkeit, die meinen beruflichen Vorstellungen und Lebensabsichten ein wenig näherkommen könnte als die in Wien praktizierte. Vorerst informierte ich mich detailliert, was an Zeitungsverlagen, an Tages- und Wochenzeitungen es in Berlin überhaupt gab. Es war diese Zeit, so knapp nach der Wiedervereinigung, auch eine Umbruchszeit der Print-Medien, vieles veränderte sich oder formte sich neu. Aber ich ließ nicht locker, mich mit den Gegebenheiten, so sehr sie auch einigem Wandel unterworfen waren, vertraut zu machen. Und erstaunlicherweise wurde gerade Evelin Huch mir dabei eine große Hilfe. Obwohl selbst bei BILD tätig, war sie dennoch eine Kennerin der ganzen Branche, eine Art »Zeitungs-Tier«. Ich jedenfalls nannte sie einmal so, und das ließ sie auflachen, die Bezeichnung gefiel ihr. Und noch unermüdlicher stand sie mir danach zur Seite, gab wesentliche Hinweise und Anstöße, ich muss ihr dankbar sein, auch jetzt noch, wenn ich mich nach langen Jahren an sie zurückerinnere.

Aber dir, Oma, will ich meine Bemühungen, meine täglichen Telefonate, Besuchstermine, Vorstellungsgespräche, all das, was schließlich zu meinem Job bei der taz führte, im Detail in dieser meiner Erzählung – wie Lukas mein Aufschreiben ja nennt – nicht erzählen. Es wäre so sehr nicht deine Welt gewesen, auch wenn du damals davon erfahren hättest. Durch Briefe oder Anrufe von mir, durch all das, was ich unterlassen habe. Anfangs, indem ich es vor mir herschob, und im Lauf der Zeit, weil ich mein Gewissen nicht mehr befragen wollte, weil ich dich und die Schlösselgasse, jeden Gedanken zurück, eben auf klassische Weise verdrängte.

Du hättest mir sicher verziehen, wenn ich mich gemeldet hätte, und dich jedes Mal gefreut, von mir zu hören, ich weiß. Mir tut weh, das jetzt aufzuschreiben.

Aber alles, was ich dir vom Beruflichen hätte berichten können, wäre dir unverständlich gewesen. Ob ich gesund bin, welche Freunde ich in Berlin habe, wie ich wohne – nur Themen dieser Art wären für dich wichtig gewesen.

Also Oma, ich blieb gesund in Berlin, ich war viel mit Lizzi zusammen, wenn ich nicht arbeitete, und ich wohnte noch lange im Zimmer mit dem Ahornbaum vor den Fenstern.

Sehr oft war ich im Ostteil Berlins unterwegs, meine Artikel, die ich schreiben durfte und die größtenteils auch veröffentlicht wurden, hatten viel mit der neuen Situation dieser Stadt zu tun. Wie die sogenannte »Einheit«

sich politisch entwickelte, und wie diese Entwicklung für so manchen Menschen, nach einem vom System überzeugten Leben in der ehemaligen DDR, jetzt pure Bedrohung wurde. Sicherheiten, Selbstverständlichkeiten, die der Kommunismus seinen Leuten denn doch hatte bieten können, schwanden – also gleichbleibende Mieten, Beruf, Gehälter –, die Selbstmordrate stieg. Solchem galt der Hauptteil meiner Nachforschungen und Interviews. Oder das rasante Entstehen von Luxushotels und diverser elitärer Möglichkeiten für die, die betucht aus dem Westen kamen, nahm ich aufs Korn, während Bevölkerungsschichten im Ostteil sich schlicht benachteiligt fühlen mussten, wenn sie sich in einem dieser Luxusschuppen nicht einmal einen Kaffee leisten konnten.

Ich merke, Oma, dass ich dabei bin, in das Beschreiben meiner journalistischen Tätigkeit zu geraten, und genau das wollte ich ja nicht. Ich erzähle dir lieber ein wenig von Lizzi – obwohl sie ja nicht gerade deine große Liebe war, diese Freundin, ihr hast du viel in die Schuhe geschoben, was dir an mir nicht so recht gefallen wollte.

Aber wer weiß, vielleicht hätte dir viel mehr imponiert als mir, welchen Status diese Freundin in Berlin erreicht hatte. Denn dir, Oma, gefiel Erfolg. Vor allem, wenn Frauen ihn hatten, wenn sie, ganz anders als du selbst, einen selbstbestimmten, erfolgreichen beruflichen Weg gehen konnten. Und das war Lizzi ohne Zweifel gelungen.

Und es gelang ihr auch, mich bald dazu zu bewegen, sie im Salon, in den Werkstätten des Modeschöpfers, bei *dem sie arbeitete, zu besuchen. Auch den Mann selbst lernte ich kennen, es war ein liebenswürdiger, gut aussehender Schwuler, der wohlhabenden Damen aus der sogenannten guten Gesellschaft gerade mit seinen Kreationen den Kopf verdrehte und das Geld aus der Tasche zog. Und Lizzi war dabei durchaus ebenbürtig an seiner Seite. Ich selbst hatte an Mode kaum Interesse. Es war mir schon recht und lieb, wenn ich selbst oder andere Frauen so aussahen, dass es einem einigermaßen gut gefallen konnte. Aber die modische Optik, das Design des eigenen Aussehens zum Lebensmittelpunkt werden zu lassen, lag mir fern. Ich hatte nichts gegen schöne Kleider. Aber was Lizzi, glühend vor kreativem Eifer, mir an Hüllen für den weiblichen Körper als den letzten Schrei, als ultimativen Höhepunkt modischer Verkleidungskunst zeigte und anpries, ließ mich anfangs meist nur mit Mühe ein Lachen verbeißen. Nur als ich – eigentlich ihr zuliebe – zu begreifen versuchte, dass Mode, wie sie hier stattfand, nichts mit Realität zu tun hatte, konnte ich ein paar von Lizzis Kreationen »schön« finden, und dabei vor allem den Erfindungsreichtum der Freundin loben. Was du, Oma, zu einigen ihrer Modelle gesagt hättest, lässt mich sogar jetzt noch schmunzeln. Aber dass Lizzi hart arbeitete, gutes Geld verdiente, dass das Publikum in den Modeschauen diesen zum Teil abstrusen Gewändern heftigen Applaus zollte, und diese dann auch um Unsummen gekauft wurden, das hätte dir als Erfolg eingeleuchtet und wäre zu guter Letzt in deinem Sinn gewesen. Für mich war es das nicht. Außer ein einziges und* letztes Mal brachte Lizzi mich nicht dazu, nochmals eine Modenschau zu besuchen.

Aber wir verbrachten oft Zeit miteinander, sei es beim Frühstücken, an Abenden in der reichlich besuchten Paris Bar, oder auf Wanderungen zu einem der vielen Seen, die Berlins Umfeld besitzt. Manchmal las ich ihr einen Artikel vor, ehe ich ihn der taz übergab. Sie hörte mein Geklapper auf der Schreibmaschine, kam zu mir ins Zimmer und sah mir neugierig über die Schulter. Das regte mich an, ihr vorzulesen, und Vorlesen ist und bleibt die beste Korrektur am Geschriebenen – wie ja schon bei dir, Oma, in der Schlösselgasse festgestellt. Ich konnte den Text danach neu überprüfen und um einiges klagloser zum Druck freigeben.

Damals gab es noch die Schreibmaschine. Ich besaß eine, die ich mir in Berlin zugelegt hatte. Ein Computer wie der, auf dem ich jetzt schreibe, und der bei vorhandenem Internet-Anschluss, den ich hier noch nicht besitze, mit der raschen Möglichkeit des Text-Versendens auf Knopfdruck verbunden ist, begann sich erst allmählich in den Redaktionen durchzusetzen. Jedenfalls haben sich im Lauf meines journalistischen Arbeitens die technischen Möglichkeiten unaufhörlich weiterentwickelt. Auch in meiner Berliner Zeit schon.

Ich blieb ziemlich lange in Berlin, Oma. Mietete später sogar eine eigene kleine Wohnung im Ostteil der Stadt, nicht weit vom Prenzlauer Berg entfernt. Es gab sie recht preiswert in einem der ehemaligen sogenannten Plattenbauten, wie sie in der DDR üblich waren, und ich mochte *diese Atmosphäre ja irgendwie. Lizzi stöhnte auf. Was soll das, Hedwig! Wieso diese ärmliche Bude, nimm dir doch was Hübsches in Grunewald oder so, mit Garten oder wenigstens einem Balkon ins Grüne hinaus, da gäbe es doch andere Möglichkeiten bei uns im Westen, als hier die paar dürftigen Zimmerchen mit dieser unmöglichen, primitiven Küche! Und das Bad! Wie kannst du das gernhaben?*

Dass sie die Wahl meiner Wohnung später ein wenig einzusehen begann, lag einzig an der Tatsache, dass ich dort eine Zeit lang mit einem Mann zusammenlebte. Ich hatte ihn im Umfeld einer ehemaligen DDR-Zeitung kennengelernt, und er war Ostberliner. Also gut, mit einem Liebhaber, dann meinetwegen! Lizzi war jetzt dafür. Dieser Liebhaber hieß Karsten Lüttow, und sie mochte ihn sogar. Auch weil er gut aussah, ein schlanker, blonder Bursche war, und mit ihr schäkerte. Es dauerte aber nicht lange, Oma, da mochte sie ihn fast mehr als ich. Denn auch diese Verliebtheit, dieses Zusammenleben, mich anfänglich erfüllend, wurde mir bald ebenso unaufhaltsam unangenehm, wie es davor bei Eugen in Wien der Fall gewesen war. Als sei ich schlicht ungeeignet, Zweisamkeit zu ertragen.

Desungeachtet teilte ich mit diesem Karsten ja doch einige Zeit lang mein Leben. Er begleitete mich und Lizzi öfter in die Paris Bar und meinte, dort anfangs wütende Kritik am westlichen Kapitalismus äußern zu müssen, obwohl Speis und Trank ihm ausgezeichnet mundeten. Letztlich war er anpassungsfähig genug, sich nicht nur mit einer Journalistin aus dem ehemaligen Westen, son-

dern mit der gesamten neuen Einheit zu vereinigen. Er hatte im Osten für die »Berliner Zeitung« geschrieben, die sich nach der Wende als eine für Ost und West, also für die gesamte Stadt etablierte, und es war ihm gelungen, diesen Wandel beruflich mitzugehen. Wie er schrieb – also sein Stil – hatte mich nicht begeistert, es waren jedoch seine Erfahrungen aus dem noch geteilten Deutschland, die uns zusammenführten, und von denen ich mich gern belehren ließ. Und natürlich, Oma, war es auch seine unprätentiöse, aber gerade deshalb wirkungsvolle Männlichkeit, die mich anfänglich anzog. Ich schlief eine Weile sehr gern mit ihm – falls ich, es nur niederschreibend, Oma, dir jetzt so schlichte Geständnisse machen darf –

Ich gewann in den Berliner Jahren jedoch auch noch einige andere Freunde. Vorrangig natürlich Kollegen aus der Zeitungsbranche, ich ging zu Presse-Terminen, man traf einander auch privat, es gab Austausch, Konkurrenz, Sympathie, Antipathie, aber eben auch Freundschaft.

Reichlich Kontakt hatte ich zu Fotografen und Fotografinnen, die ich für meine Artikel ja ebenfalls benötigte und heranziehen musste. Sehr lieb wurde mir in diesem Metier die junge Ulla Fritsch. Ich hatte sie durch Lizzi kennengelernt, da sie unter anderem auch für Top-Modezeitschriften fotografierte, meist mit den schönsten Models, jedoch gelangen ihr auch dabei fantasievolle und ungewöhnliche Bild-Kompositionen.

Mir lieferte sie zu meinen Themen und Anliegen meist Bilder in Schwarz-Weiß, sie war in der Welt ungeschönter Foto-Reportage ebenso zu Hause wie in der des Fantastischen. Manchmal wanderten wir gemeinsam durch den Ostteil Berlins, und sie fand meist auf Anhieb optisch genau das, womit ich schreibend umging. Unseren »Entdeckerblick« nannten wir das, dieses Auffinden sich auflösender Spuren.

Und, Oma, es waren die Jahre, nachdem ich dich verlassen hatte, in denen unverrückbar Scheinendes sich mehr und mehr aufzulösen begann. In diesen Jahren meiner Abwesenheit aus Wien veränderte sich die Welt, und in vielem grundlegend. Also auch die Überreste der ehemaligen DDR bedurften eben Ullas und meines Entdeckerblickes, um sie noch wahrnehmen und beschreiben zu können.

Es war eine durchaus spannende Zeit, Oma, die ich während meiner Jahre in Berlin miterlebte. Wie diese jahrzehntelang geteilt gewesene Stadt sich mühsam, aber auch abenteuerlich wieder zusammenzufügen versuchte, das zu beobachten und schreibend zu kommentieren, gefiel mir außerordentlich. Der Fall der Mauer kam ja überraschend. Als ich nach Berlin kam, war die erste Euphorie, das Über-die-Mauer-Klettern, In-den-Westen-Stürmen, die fast kindliche Freude an diesem Aufruhr – waren die Umarmungen und rundum verteilten Bananen –, da war das alles schon vorbei und bereits der Ernüchterung und einer neuen Form von Alltagsleben gewichen. Gebaut wurde, viel gebaut, Baustellen, Kräne, wohin der Blick sich wandte. Der Prenzlauer Berg verlor langsam seine herbe Verhaltenheit, in den Plattenbauten *wurden Wohnungen wie die meine vergeben, während ehemalige DDR-Bürger mit plötzlichen Mieterhöhungen konfrontiert wurden, die sie nicht aufbringen konnten. Viele brachten sich um, Oma.*

Aber in meiner Wohnung lernte ich einen jungen Mann kennen, der dabei war, Berlin, das neue Berlin, gerade wieder zu verlassen. Karsten kannte ihn und lud ihn vor der Abreise noch einmal zu uns zum Abendessen ein. Zu Lammfleisch und Reis. Nicht lieber ein Wiener Schnitzel mit Bratkartoffeln? fragte ich, das haben immer alle gern. Um Gottes willen nein! rief Karsten, Mouloud ist ein Saharaui! – Ein was? – Ein Saharaui! Die Leute aus Westsahara heißen Saharauis, und sind Moslems. Also heute Abend kein Schweinefleisch und nur Wasser, nicht unser übliches Quantum Wein! – Wo ist Westsahara? fragte ich. – In Afrika, aber das soll dir unser Gast alles selber erklären, sagte Karsten.

Ja, und dann läutete es pünktlich zur angesagten Zeit, ich öffnete, und vor mir stand ein dunkelhäutiger, groß gewachsener Mann, der mich ohne Scheu anlächelte und in bestem Deutsch Guten Abend sagte. Sein Name sei Mouloud Bachir, er freue sich über die Einladung und darüber, mich kennenzulernen. Wir saßen dann beim Essen, der Lammbraten war Karsten gut gelungen, ich hatte den Reis zu pappig werden lassen. Jedoch gerieten wir sehr rasch in ein intensives Gespräch. Ich war es, Oma, die zu fragen begann, und Mouloud erzählte. Seither weiß ich Bescheid über diesen afrikanischen Konflikt, der bis heute noch nicht gelöst wurde. Das von Marokko völkerrechtsfeindlich besetzte Land Westsahara entspricht nach wie vor einer letzten Kolonie Afrikas.

Als Kind flüchtete Mouloud mit seiner Familie aus Westsahara in die algerische Wüste, es war, während der Krieg mit Marokko tobte. Er überlebte die Flucht, viele Kinder starben. Mitten in der Sahara, in Wildnis und Unwirtlichkeit, ihre Flüchtlingslager und Zeltstädte zu errichten, forderte den Saharauis alles an Kraft ab, es gab auch immer wieder Menschenleben zu beklagen. Sie schickten viele ihrer Kinder nach Libyen, auch Kleinkinder, die Eltern trennten sich blutenden Herzens, aber taten es, um ihnen eine Zukunft zu ermöglichen. Angeblich war damals Gaddafi sehr hilfreich. Mouloud lebte also vorerst in einem libyschen Internat, 1988 schickte man ihn zur Ausbildung in die DDR. Er wurde Krankenpfleger und hatte als solcher bis zum Mauerfall im damaligen Ostberlin gearbeitet. Jetzt aber sei er dabei, in die algerische Wüste zurückzukehren, um im mittlerweile dort entstandenen saharauischen Exil wieder bei seiner Familie zu leben.

Wirst du denn irgendwann nach Deutschland zurückkehren? fragte Karsten ihn.

Mouloud sah eine Weile vor sich hin.

Keine Ahnung, sagte er dann, ich weiß ja nicht, ob wir absehbar nach Westsahara zurückkehren können, dort also wieder frei zu Hause sein dürfen. In den Camps ist es schwer, ein Visum zu bekommen. Ein Teil meiner Familie lebt im besetzten Land, aber meine Eltern sind in der Wüste, nahe der algerischen Stadt Tindouf, in Smara.

Smara, sagte ich, was für ein schöner Name!
Die Polisario haben die Städtenamen von Westsahara für die Benennung der Lager verwendet. So auch Smara.
Die Polisario? fragte ich.
Frente Polisario hieß die anfängliche Freiheitsbewegung, ehe der Krieg entstand. Und jetzt ist es neben dem Namen unserer Exilregierung, die sich »Dars« nennt – also Demokratische Arabische Republik Sahara – immer noch ein Begriff, der uns meint. Polisario.
Auch ein schönes Wort, sagte ich.
Es gibt ein afrikanisches Sprichwort: Worte sind schön, aber Hühner legen Eier.

Dieser Mouloud. Hedwig sah ihn plötzlich sehr genau vor sich, so, wie er damals in der engen Plattenbauwohnung am kleinen Esstisch ausgesehen hatte. Er hätte mir gefallen, dachte sie. Er hätte mir um vieles besser gefallen als Karsten.

Ich sah Mouloud nach diesem Abend nicht wieder. Es war spät, als er aufbrach, sich verabschiedete und mir die Hand reichte. Da hielten wir beide ein wenig länger, als dieser Abschied es erforderte, unserem suchenden Blick stand. Unter anderen Umständen hätten wir zwei uns wohl finden können, ich und dieser Mann, Oma. So aber sagte er: Vielleicht, Hedwig, besuchst du einmal die Flüchtlingslager? – Würde ich gern, antwortete ich. Aber Karsten fuhr dazwischen. Sie soll lieber nach Kuba reisen, da rede ich ihr schon die ganze Zeit zu! Ans herrliche

Meer dort! Nicht zu euch in die Wüste! – Aber ich werde über euch schreiben, Mouloud, sagte ich, wo immer ich einen Artikel über eure Situation unterbringen kann, werde ich berichten. – Danke Hedwig. – Dieser Dank war das Letzte, was ich von Mouloud hörte. Er wandte sich um und ging.

Tags darauf begleitete Karsten ihn zum Flughafen Tegel, aber ich schloss mich nicht an, ich hätte zu arbeiten, sagte ich. Lieber ließ ich meine Gedanken Mouloud noch eine Weile begleiten. Es gäbe einen Direktflug nach Algier, von dort dann eine Militärmaschine nach Tindouf, da hole ein saharauischer Jeep ihn ab und brächte ihn über Wüstenpisten zu den Zeltstädten, seine Heimreise hatte er mir beim Abendessen geschildert, und ich wäre gern mit ihm gefahren. Weg aus Berlin, weg aus meiner engen Wohnung in die Weite der afrikanischen Wüsten, und auch weg aus der Nähe zu einem Mann, den ich nicht mehr wirklich mochte. Aber ich blieb, Oma. Blieb in meiner kleinen Berliner Wohnung. Nur von Karsten trennte ich mich bald darauf, anfangs sehr zu Lizzis Leidwesen. Aber statt deshalb lange zu leiden, fing sie sich selbst bald danach etwas mit ihm an. Sodom und Gomorrha für dich, nicht wahr, Oma? Aber es tat mir nicht weh, wir zwei, Lizzi und ich, verstanden uns weiterhin und blieben befreundet, so lange ich in Berlin blieb. Und auch mit Karsten konnte ich dadurch ohne Groll eine Verbindung aufrechterhalten. Lizzi und er wirkten glücklich, so, als hätten letztendlich die zwei Richtigen zueinandergefunden. Wie früher, nur in anderer Konstellation, waren wir oft zu dritt unterwegs, ich froh, dabei nicht mehr Teil eines Paares sein zu müssen, Lizzi hingegen beglückt, dass sie genau das war. Ich zählte in diesem Trio ab nun als die Einzelgängerin.

Meine Gedanken weilten jedoch oft bei Mouloud Baschir. Ich fragte mich, ob er gut in der Wüste angekommen sei, und wie er sich, als Kind von dort weggeschickt, nach so langer Zeit in den Flüchtlingslagern und bei seiner Familie wohl zurechtfand. Aber es gab keinerlei Kontakt, weder telefonisch noch brieflich, wir hörten nicht mehr voneinander.

Der Konflikt Westsahara/Marokko jedoch blieb mir Thema. Ich zog Erkundigungen ein, informierte mich so detailliert wie nur möglich. Erkannte deshalb bald, dass die Weltöffentlichkeit kaum bis überhaupt nicht Bescheid wusste. Weil nichts berichtet wurde. Weil die Medien desinteressiert waren, da ihnen Sensationsnachrichten fehlten. Es gab dort in der Wüste keine terroristischen Gräueltaten – wenn, dann Krieg, aber keinen Terrorismus, das sei eine Maxime der Polisario, hatte Mouloud mir gesagt –, es gab keine verhungernden Kinder, keine vergewaltigten Frauen, kein plakatives Elend, die Exilregierung der Saharauis sorgte in den Lagern für Nahrung, Bildung und ein demokratisches Miteinander. Es gab Kindergärten, Schulen, sogar gab es Spitäler, zwar mit einfachster medizinischer Ausstattung, aber es gab sie.

Ich hatte auf meiner Suche Wissende gefunden, die mir wahrheitsgemäß Informationen liefern konnten. Meist waren es Mitglieder kleiner, jedoch ambitionierter Solidaritäts-Gruppierungen. Leute, die die Lager bei Tindouf trotz der Gefährdungen und Strapazen besuchten, sich mit inoffiziellen Vertretern der Polisario trafen und von diesen auch regelmäßig im Hinblick auf kriegerische oder diplomatische Vorgänge informiert wurden. Nachdem ich bei meiner Recherche auf eine in Berlin lebende Frau traf, die aus einer saharauischen Familie stammte und hier einem bescheidenen Westsahara-Komitee vorstand, wurde es mir ein Leichtes, alles zu erfahren, was sich unter anderem in Bremen, Wien, Hamburg für die Polisario und für Westsahara tat.

Jede dieser Organisationen war ebenfalls äußerst bescheiden wirksam und meist vergeblichen Bemühungen unterworfen, ähnlich wie das kleine Unternehmen von Nadjat Weigel. So hieß sie, die Berliner Aktivistin. Es hatte sie, ähnlich wie Mouloud, in jungen Jahren hierher verschlagen, später heiratete sie einen Deutschen, Hubert Weigel, und sie blieb hier. Aber ohne ihre Wurzeln, ihre afrikanische Heimat zu vergessen und nicht von hier aus unermüdlich für die Freiheit Westsaharas zu kämpfen. Sie war eine schöne farbige Frau, trug meist die in der Wüste üblichen Gewänder, und es gab bei ihr immer Tee aus einer blauen Emaillekanne, in kleinen Gläsern serviert. Der Ehemann, dieser Hubert, war Bankkaufmann, sehr offen und nett. Sie hatten zwei Kinder, die wie richtige Berliner Rangen aufwuchsen und sich nicht sehr um die Anliegen ihrer Mutter scherten.

Aber ich begann darüber zu schreiben. Ich begann über die saharauischen Flüchtlingslager, über das von

Marokko besetzte Westsahara, über völkerrechtsfeindliche Vorgänge in diesem Teil Westafrikas zu schreiben. Und die taz druckte ein paar meiner Artikel auch ab.

Ich erzähle dir von dieser journalistischen Arbeit, Oma, weil sie damals ein Thema betraf, das ich als Privatperson bis heute verfolge. Und weil die Begegnung mit diesem Mouloud Baschir mir noch lange zu schaffen machte, als ein kurz aufleuchtendes Versprechen, das sich nicht erfüllte. Mir tat es leid, diesen Mann nur einen Abend, ein Gespräch lang erfahren zu haben. Eine Weile war ich sogar versucht, eine Reise in die algerische Wüste zu planen, seine Einladung dorthin ernst zu nehmen. Bis ich es mir aber selbst wieder ausredete. Ein freundlicher Satz bei einem netten Abendessen ist doch noch lange keine wirkliche Aufforderung, sagte ich mir. Auch als ich Nadjat einmal wie nebenbei mit dieser Idee konfrontierte, riet sie mir ab, ich würde kaum ein Visum nach Algerien erhalten, sagte sie, und ohne eine persönliche Einladung der Polisario schon gar nicht. Ich verwarf den Plan also wieder, und zwar für immer.

Nie mehr aber hörte ich auf, die Vorgänge rund um Westsahara ernst zu nehmen, und das wie gesagt bis heute.

Was sonst ich aber in all der Zeit für die taz schrieb – dass man dort anfangs meine DDR-Reflexionen und Essays mochte und häufig Beiträge von mir veröffentlichte – dass jedoch später, als ich andere politische Ereignisse aufgriff, ähnlich dem Westsahara-Konflikt, diese Artikel bei der taz plötzlich weniger Anklang fanden – dass *plötzlich auch der Chefredakteur und Teile des Teams ausgewechselt wurden – dass ich mich also langsam journalistisch immer mühsamer durchschlug – wie auch immer –, dieses ganze berufliche Hin und Her meiner Berliner Jahre, Oma, erspare ich dir.*

~

Unten in der Schlösselgasse bellte ein Hund, dann schrie ein Kind, eine hektische Frauenstimme mischte sich ein, ein Mann brüllte. Da ihre Fenster nach wie vor geöffnet waren, riss dieses Lärmen Hedwig aus dem Schlaf. Um Gottes willen Anton! was ist denn los? durchfuhr es sie. Aber als ihr Erschrecken sich zu wirklichem Wachsein gewandelt hatte, waren Gebell und Geschrei unten auf der Gasse, so plötzlich wie entstanden, wieder verstummt.

Hedwig rieb ihre Augen und dehnte sich. Sie stellte fest, dass sie immer noch das Hemd trug, das sie gestern tagsüber am Leibe gehabt hatte, und dass nur ein dünnes Leintuch sie zudeckte. Wie bin ich eigentlich in mein Bett gekommen? überlegte sie. Ich habe geschrieben wie eine Verrückte, das weiß ich noch. Weil ich von Mouloud und von der Westsahara erzählt habe, und das irgendwie nicht nur meiner Großmutter, sondern auch mir selbst. Habe ich den Laptop überhaupt abgestellt? Habe ich alles gespeichert? Etwas gegessen? Mich gewaschen oder geduscht?

Hedwig setzte sich auf. Es war nach wie vor heiß. Über den Dächern gegenüber sah sie blauen Himmel. Der schale Geruch von Schlaf umgab sie, das verschwitzte Hemd, die ungewaschene Haut, ein ausgetrockneter Mund. Das musste pure Erschöpfung gewesen sein, die sie gestern ins Bett geworfen hatte, eine kurze Bewusstlosigkeit nahezu, da auch die Erinnerung daran ihr jetzt fehlte.

Um den Ekel vor der eigenen Körperlichkeit loszuwerden, warf Hedwig das Bettlaken von sich und stand eilig auf. Noch am Weg zum Badezimmer streifte sie das Hemd ab, stieg dann in die Wanne und war gleich unter der Dusche. Aufatmend ließ sie lauwarmes Wasser über sich strömen, auch über die Haare und das Gesicht, ihr war, als müsse sie ihre eigene Verlorenheit hinwegspülen. Ja, Oma, ich habe mich ins Schreiben verloren, dachte sie. Dass ich dir erzähle, dir berichte, darf nicht dazu führen, dass ich mich vergesse. Mich verliere. Ich weiß noch, dass Cousin Bernhard mich gestern anrief und dass dieser Anruf mich aufweckte. Und dass ich am Abend davor gerade noch vermieden hatte, mich von Lukas küssen zu lassen. War ich deshalb so bereit, mich nach dem verspäteten Frühstück derart intensiv in das Schreiben zu stürzen, als wäre es eine Flucht? Fühlte ich mich bedroht? Wäre denn ein Kuss von Lukas bedrohlich für mich gewesen? Bin ich immer noch keine erwachsene Frau, die gelassen mit so etwas umgehen kann?

Als Hedwig die Dusche abgedreht hatte, aus der Wanne stieg und sich abfrottierte, hörte sie das Läuten ihres Handys. Es lag auf dem großen Tisch, wie immer in Reichweite, wenn sie schrieb, also hatte sie es dort liegen lassen, als sie irgendwann ins Bett getaumelt war. Sie wickelte das Frottiertuch um sich, ging ins Wohnzimmer, brachte das Handy in Betrieb und hob es an ihr Ohr.

Ja?

Hallo, schöne Frau, hier ist Lukas.

Du mit diesem schöne Frau! Lass das!

Also dann hallo Hedwig.

Klingt schon besser.

Ich habe einen ganzen Tag lang nichts von dir gehört.

Na und?

Es ist Mittag. Ich sitze beim Italiener. Wie wäre es?

Hedwig antwortete nicht gleich. Also hatte sie wieder lange geschlafen, und das ohne ein Abendessen gestern und ohne Frühstück heute. Sie spürte plötzlich Hunger, er überfiel sie wie eine Welle, die zurückgedrängt gewesen war.

Es dauert zwar ein bisschen, aber ich komme, wenn du noch warten kannst.

Ich kann endlos warten.

Also gut. Dann bis dann.

Als Hedwig den leeren Teller von sich schob und sich ausatmend im Sessel zurücklehnte, lachte Lukas auf.

Das war vielleicht eine Portion! Und weggeputzt wie nichts!

Waren prima, die Spaghetti, antwortete Hedwig. Oder haben sie mir so geschmeckt, weil ich hungrig war.

Hast du gestern nichts gegessen? fragte Lukas.

Hedwig schwieg.

Oh entschuldige! Ich will dich nicht ausfragen – weiß ja, dass eine Frau wie du das nicht mag.

Eine Frau wie ich, sagte Hedwig, was soll das.

Lukas Rothmeier musterte sie. Dann schüttelte er leicht den Kopf.

Verhalte dich bitte nicht komplizierter als du eigentlich bist, Hedwig. Gestern hätte ich dich gern angerufen, und habe es mir verkniffen. Aber ich hatte auch ein wenig Sorge, etwas könnte dir zugestoßen sein. Ich empfand uns einander näher als wir es wohl sind. Mein Fehler. Tut mir leid.

Tut mir auch leid, wenn ich mich pampig gebärde, sagte Hedwig. Aber ich habe mich gestern einfach in das Erinnern und Erzählen verloren, so total, dass ich heute nicht mehr weiß, wie ich schließlich doch ins Bett kam. Ich habe von meiner Berliner Zeit erzählt. Und bin dabei zu meiner ersten Erfahrung des Konflikts Marokko/Westsahara gelangt. Von dem ja bis heute fast niemand weiß, du sicher auch nicht.

Irrtum! Ich kenne mich da recht gut aus. Bin sogar Mitglied der ÖSG.

ÖSG?

Österreichisch-Saharauische-Gesellschaft.

Toll! – Und wieso das?

Ein Musiker, den ich in meiner tätigen Zeit steuerlich beraten habe, war da sehr involviert und hat mich sogar einmal bewogen, mit ihm in die Lager in Algerien zu reisen. Da hat es mich erwischt.

Hedwig starrte ihr Gegenüber an. Da saß also dieser Mann, und er war dort, wo sie immer hinwollte und nie war. Wohin sie mit Mouloud Baschir gern gefahren wäre und es nicht tat.

Sieht leider traurig aussichtslos aus, fuhr Lukas fort, Marokko ist zu sehr an den Bodenschätzen Westsaharas interessiert, wird nie einlenken. Und die jüngeren Männer im Exil wollen wieder Krieg, statt noch länger in der Wüste zu verkommen.

Dass gerade du so Bescheid weißt, Lukas!

Da staunst du, was?

Ja. Wirklich.

Du siehst, Hedwig, wir sind einander nicht so fern wie du meinst. Wir sind uns nah. Auch wenn dir das Angst macht.

Es macht mir keine Angst! rief Hedwig.

Doch, macht es. Aber das macht nichts.

Dieses Lächeln wieder, dachte Hedwig, dieses immer wieder so einnehmende Lächeln. Sie griff nach ihrem Glas – beide hatten sie Primitivo bestellt – und nahm einen kräftigen Schluck. Sie wusste, dass sie das tat, um nicht zu antworten. Sie fühlte sich verwirrt und unsicher. Also das Thema wechseln.

Bist du, Lukas, eigentlich ein politisch interessierter Mensch? fragte Hedwig. Ihr fiel im Moment nichts Besseres ein. Lukas' Lächeln vertiefte sich.

Du meinst, weil Westsahara und die Saharauis mich interessieren?

War eine blöde Frage, verzeih, sagte Hedwig.

Nicht blöd, aber unnötig. Da wir uns mittlerweile ja ein bisschen kennengelernt haben. Oder sogar mehr als ein bisschen.

Ich kenne dich gar nicht, Lukas, sagte Hedwig.

Sie konnte nicht anders, sie musste das sagen, obwohl es nicht stimmte. Es gab so schnell diese Abwehrhaltung in ihr, eine Art Trotz gegen aufkeimendes Gefühl, gegen die Furcht vor neuerlichem Verletztwerden, sie selbst konnte es in etwa analysieren und war dennoch unfähig, sich anders zu verhalten.

Lüge nicht, sagte Lukas.

Statt zu antworten, trank Hedwig wieder vom Wein. Natürlich lüge ich, dachte sie, dieser Mann und sein Lächeln beschäftigen mich mehr, als mir lieb ist, und klarerweise haben wir zwei uns mittlerweile irgendwie kennengelernt.

Lukas Rothmeier beugte sich über den Tisch zu ihr her.

Hedwig?

Ja?

Wollen wir vielleicht einen kleinen Spaziergang machen?

Lieber nicht, Lukas, es ist immer noch so heiß draußen.

Hier drinnen im Lokal ja auch.

Eben! Lass uns lieber zahlen und nach Hause gehen.

Gut, sagte Lukas, aber ich zahle.

Nein – warum? – Ich –

Bitte, Hedwig, mach jetzt kein Theater.

Lukas winkte den Kellner herbei, zahlte, und Hedwig ließ es schweigend geschehen. Ich bin einfach zu erschöpft, ein Theater zu machen, dachte sie, diese Hitze, mein verworrener Tagesablauf, und dann dieser Mann, der sich mir nähert.

Meine Wohnung ist ausnehmend kühl, sagte Lukas.

Aha, dachte Hedwig.

Sie ist sicher kühler als die deine über der engen Schlösselgasse, fuhr Lukas fort. Meine Fenster gehen in einen dieser schattigen Hinterhofgärten hinaus, die es in Wien ab und zu gibt – ich weiß nicht, ob dir das bei deinem Besuch unlängst aufgefallen ist – ?

Ich glaube schon – jedenfalls weiß ich, dass ich mich kurz gewundert habe, wieso man in der Florianigasse dichtes Grün vor den Fenstern haben kann – aber dann wurde ich von dir mit anderem abgelenkt –

Und das würde ich gern wiederholen, Hedwig. Dich ablenken. Darf ich so frei sein und dir in meiner kühlen, schattigen Wohnung einen saharauischen Wüsten-Tee servieren? Ich kann ihn perfekt zubereiten, glaub mir! Besitze auch die entsprechenden Utensilien, man hat mir in den Zeltstädten alles dafür

Nötige mitgegeben, die dort gebräuchlichen Emaille-Kännchen und kleinen Teegläser. Wie wäre das jetzt, Hedwig?

Jetzt zu dir? In deine Wohnung?

Ja.

Hedwig schwieg.

Hedwig! rief Lukas. Schau mich bitte nicht so entgeistert an! Das war kein unsittliches Angebot, ich will mit dir nur Tee trinken! Und ich dachte, du könntest ein wenig Kühle gut gebrauchen!

Ja, mir ist sehr heiß, sagte Hedwig. Sie zwang sich zu dieser Antwort, nur um irgendetwas zu sagen.

Also! Dann los, gehen wir!

Zu ihrem eigenen Erstaunen stand Hedwig auf und verließ, Lukas folgend, das Lokal.

Mein Erzählen all des Vergangenen ist erstaunlich rasch mit Gegenwart konfrontiert worden. Mit einem von mir in keiner Weise erwarteten Überfall von Hier und Heute. Ein bisschen über eine Woche nur bin ich in der Schlösselgasse zurück, kam hierher mit dem Wunsch, aus der Welt zu fallen, nichts mehr zu wollen, Trauer und seelische Verletzungen mit mir schleppend, hier in dieser Wohnung Zuflucht suchend. Und bin jetzt bereits unaufhaltsam in die Nähe zu einem anderen Menschen geraten. Dir deutlicher gesagt, Oma: in die Nähe zu einem Mann. Mit dem ich heute Tee getrunken habe, so zubereitet, wie man Tee in der Wüste trinkt. Und der mir dann am Klavier, auf meine Bitte hin, etwas vorgespielt hat. Ein Stück von Erik

Satie. Und zwar so, dass ich mir nicht, wie leise befürchtet, das Spiel eines ambitionierten Dilettanten anhören musste, nein, er spielte erstaunlich schön. Und sehr gut. Ich weiß, was mich musikalisch anrührt und was nicht. Und das Spiel von Lukas Rothmeier rührte mich an. Mehr noch, es geriet mir in die Seele. Und eroberte meinen Körper. Ich habe heute mit diesem Mann geschlafen, Oma, und es war auch erstaunlich schön und sehr gut.

Aber ich wollte noch nicht die Nacht über bei ihm bleiben. Ich schlenderte langsam durch den warmen Sommerabend hierher in die Schlösselgasse und stieg zur Wohnung hoch. Mit einem ihn durchdringenden Wohlgefühl bewegte sich mein Körper, trug mich wie schwebend hierher, ich fühle ihn jetzt, während ich schreibe, fühle seinen neuen Atem, diesen Atem einer Erfüllung, nach der er gehungert hat.

Ob ich dir solches – auch nachträglich – überhaupt berichten soll, Oma? Eher nicht. Ich sehe dein abwehrendes Gesicht vor mir, über körperliche Intimität hast du nie gern gesprochen. Ich denke, weil du selbst Sexualität dein Leben lang nie erfüllend erfahren hast, sondern eher als Plage. Ich behaupte das, ohne dieses Thema je in einem Gespräch mit dir berührt zu haben. Leider, denke ich jetzt. Aber jetzt ist es zu spät.

Jetzt lieber zurück in meine Erzählung.

Aber ich bin noch viel zu sehr hier im Jetzt, dachte Hedwig. Sie hörte auf zu schreiben und legte die Hände in ihren Schoß, in diese immer noch weiche Wärme, die von ihm ausging. Seit den Anfängen ihrer Liebesbeziehung mit Carlos hatte sie nicht mehr so einhellig, so tief davon erfasst, mit einem Mann geschlafen. Es hatte sich ohne jeden Zwang, in einer plötzlichen und doch fast ruhigen Gleichzeitigkeit ergeben. Sie waren mit unvermittelt entstandenem Begehren ohne Scheu aufeinander zugegangen, wortlos, und es geschah.

Deshalb lieber morgen, dachte Hedwig. Lieber erst morgen weiterschreiben. Diese Köstlichkeit jetzt lieber bewahren.

Als sie nach dem Löschen aller Lampen und bei allen zur warmen Nacht hin offen gelassenen Fenstern in ihr Bett stieg, nur ein Laken über ihren nackten Körper breitete, sank sie ohne Aufenthalt und wie gewiegt in den Schlaf.

~

Jetzt, Oma, geht es also weiter. Ich habe ausgeschlafen, gefrühstückt, und möchte jetzt weitererzählen.

Ich fand plötzlich, dass ich ohnehin zu lange Jahre in Berlin verbracht hatte. Die Tätigkeit bei der taz wurde immer unerfreulicher für mich, man schien mich dort als Journalistin nicht mehr zu schätzen. Lizzi und Karsten bauten an ihrer Zweisamkeit herum, stritten sich, versöhnten sich, und wollten immer wieder mich zum Schiedsrichter haben, was mich anödete. Meine kleine Plattenbau-Wohnung wurde mehr und mehr auch für mich zu klein und beengend. Und außerdem kündigten sich ohnehin Bestrebungen des Hausbesitzers an, alle Mieter auszuquartieren und etwas Schickeres, dem jetzt schick aufblühenden neuen Berlin Gemäßeres aus dem Gebäude werden zu lassen. Ich begann mich dort heimatlos zu fühlen.

Aber ich war noch in Berlin, als es in New York den 9/11-Anschlag gab, dort die berühmten Twin-Towers und unzählige Menschen der Katastrophe zum Opfer fielen, und dieses Ereignis, mit all seinen Schreckensbildern, um die Welt ging und sie erschütterte.

Da überlegte ich kurz, mich bei dir zu melden, Oma.

Sicher hast du dieses Geschehen auch mitbekommen, dachte ich, und ich wollte plötzlich irgendwie stärkend an deine Seite gelangen. Nur – die Erkenntnis, nicht zu wissen, ob du überhaupt noch am Leben warst, durchfuhr mich eiskalt. Aus Angst, dich vielleicht telefonisch nicht mehr zu erreichen und dann deinen Tod von irgendwelchen Verwandten erfahren zu müssen, wagte ich nicht, bei dir anzurufen. Ich war zu feig, so etwas auf mich zu nehmen. Da ich mich derart brutal aus deinem Leben ausgeklinkt hatte, fehlte mir mittlerweile die Kraft, wieder eine Verbindung aufzunehmen. Hatte ich mich doch auch aus meinem eigenen Leben, den Jahren bei dir, ausgeklinkt. Also segelte ich weiter einsam und von allem losgelöst dahin, aber immer noch fest im Glauben, ich müsse es so tun. So sei eben mein Weg.

Als der 9/11-Aufruhr sich wieder einigermaßen gelegt hatte, die Medien wieder anderen Themen gegenüber aufgeschlossener wurden, traf ich eines Tages, anlässlich eines vom Kanzleramt anberaumten Pressetermins, bei dem anwesend zu sein ich mich aufgerafft hatte, einen befreundeten Kollegen namens Helge Berthold. Mit ihm hatte ich zeitweise, wohl aus Langeweile, ein wenig geflirtet. Und der erzählte mir von Hamburg. Von seinen Beziehungen zur ZEIT, der Zeitung überhaupt, er würde demnächst dort arbeiten, man hätte ihm für das kommende Jahr einen tollen Job angeboten. Ressort Innenpolitik! Prima bezahlt!

Ob er eventuell auch mich dorthin vermitteln könnte? Obwohl mit meiner Scham kämpfend, getraute ich mich das zu fragen. Nun ja, meinte er, wenn du mal nach Hamburg kommst, könnten wir vielleicht drüber reden und etwas in diese Richtung anleiern.

Er sagte es so, dass mir klar war, was er unter »drüber reden« verstand. Dass es für ihn eine Form des mit mir Anbandelns war und nicht mehr. Aber ich brach meine Zelte in Berlin ab, Oma. Ich tat es spontan und abrupt. Ich kündigte bei der taz, gab die Berliner Wohnung auf und mietete mich per Internet in einer bescheidenen Hamburger Pension ein. Von Lizzi und Karsten verabschiedete ich mich nur flüchtig, die beiden staunten zwar kurz, waren aber im Übrigen sofort wieder heftig mit sich selbst beschäftigt. Evelin Huch hingegen verstand meinen Aufbruch in keiner Weise, sie wirkte ehrlich entsetzt und schrie mich an. DIE ZEIT, Hedwig! Um Gottes willen! Da kommst du doch nie unter!

Aber ich ließ mich von ihren Warnungen nicht abhalten, auch nicht von den Stimmen, die sich in mir selbst *warnend erheben wollten. Und als dann auf einmal dieser Helge mir anbot, mit ihm, in seinem geräumigen Auto, nach Hamburg zu fahren, verstummte jeder Einwand, es schien wieder einmal mein Schicksal zu mir zu sprechen.*

Erfreut sagte ich zu.

Aus meiner Wohnung nahm ich nur das Nötigste mit, zwei Koffer reichten. Mein bisschen Mobiliar und was sich im Lauf der Jahre angestaut hatte, versprach Lizzi zu entsorgen. Sie kam, als ich abreiste, wir umarmten uns, beide mit feuchten Augen. Dann aber stieg ich mit Sack und Pack zu Helge in seinen BMW, Lizzi und ich winkten einander noch zu, bis das Auto abbog. Die Freundin, mitsamt meiner ganzen Berliner Zeit, blieb für immer hinter mir zurück.

Es war Mai und ein frühlingshaft sonniger Tag. Die Fahrt währte auch nicht allzu lange, der gute Helge war gut gelaunt und redete ununterbrochen auf mich ein, ich war erstaunt, wie bald wir uns Hamburg näherten. Nur ab und zu warf ich Blicke auf die uns begleitende nördliche Landschaft, obwohl ich gern eingehender aus dem Fenster geschaut hätte. Aber ich wollte mir die Gunst von Helge Berthold nicht verscherzen, indem ich seinen Ausführungen etwa nicht genügend Aufmerksamkeit schenkte. Sein typischer Journalisten-Jargon, mit dem er überlegen und witzig wirken wollte, gefiel mir zwar überhaupt nicht. Aber ich nickte und lachte, und gab mich interessiert, obwohl ich mich dabei verachtete. Nur – er war es eben, der mir den Weg zur geheiligten ZEIT eröffnen sollte, zu diesem Olymp des guten Journalismus.

Ich habe mich da wirklich eine Weile so benommen, Oma, wie man sich in unseren Tagen auf Erden als karrieregeiler, opportunistischer Allerweltsbürger eben zu benehmen pflegt, ich gebe es zu. Ja, ich wollte eine Weile lang tatsächlich doch noch Karriere machen.

Es war ein Wochentag, als wir in Hamburg einfuhren, und die belebte Stadt gefiel mir auf Anhieb. Helge brachte mich zu meiner Pension, die nicht weit entfernt von der Binnen-Alster lag, aber nichts mit der Gegend der vornehmen Villen zu tun hatte. Als er die unspektakuläre Nebenstraße und das schlichte Haus sah, in dem ich mich einquartieren wollte, schüttelte er den Kopf. Da willst du bleiben? Das ist doch deprimierend! Selbst hätte er sich bis zum Beziehen einer eigenen Wohnung im »Atlantik« ein Zimmer genommen, dem luxuriösesten und teuersten Hotel Hamburgs, es sei ein Doppelzimmer, was wär's? Ob ich es nicht anfangs mit ihm teilen wolle? Wir könnten es uns sofort recht gemütlich machen miteinander.

Da wurde mir klar, Oma, dass ich mich auf einen schwierigen Balanceakt eingelassen hatte. Als Journalistin in der begehrten ZEIT mithilfe eines Mannes unterzukommen – und gleichzeitig dessen Avancen abzuwehren, ohne ihn zu beleidigen – wie sollte mir das gelingen, ohne mich – ja, um es hart zu sagen – zu prostituieren?

Vorerst jedoch tat ich bei seinem Doppelzimmer-Vorschlag, als wäre ich nicht gänzlich abgeneigt, und benahm mich auf verlogene Weise kokettierend. Aber dann: nein, nein, jetzt, heute nicht. Ich sei wirklich müde, müsse mich erst mal allein hier zurechtfinden, und gar so übel sähe die Pension doch nicht aus, vielen Dank fürs Herbringen, wir telefonieren, ja?

Also stolperte ich dann mit meinen Koffern in ein winziges Apartement mit schmalem Bett, Bad und Kochgelegenheit. Diese Unterkunft – mehr war es nicht –, die ich mir gerade noch leisten konnte, war tatsächlich ziemlich unschön. Aber ich hatte zur Verfügung, was ich brauchte, und mit meinem Computer, den Schreibutensilien, einigen Büchern, und mit ein paar bunten Tüchern über die hässlichen Möbel gebreitet, gestaltete ich mir die Bude trotzdem einigermaßen wohnlich.

Dann, nach getaner Arbeit und ein paar Lebensmittel-Einkäufen im nahen Supermarkt, spazierte ich gegen Abend noch an die Alster. Die späte Sonne schimmerte auf dem Wasser, es gab Schwäne und Enten, es gab Rasenflächen, Bäume, Restaurants und den Blick über die Stadt, so weit sie das Gewässer einkreiste. Und – wie mir schien – waren nur luftgebräunte, jugendfrische, sportiv passend gekleidete und sehr schöne Menschen mit wunderschönen und gehorsamen Hunden flanierend unterwegs, fuhren geruhsam Rad, oder joggten auf den Pfaden dahin. Und alles geschah in gelassener Ruhe, nie dieser hektisch-laute Menschenaufruhr, den andere Städte zu jeder Gelegenheit rasch entwickeln können. Es war die Kühle, Weite und Klarheit des Nordens, die auch das Menschliche zu erfassen schien. Und auch mich. Es gefiel mir hier.

Hamburg hätte auch dir gefallen, Oma. Und wie leicht wäre mir möglich gewesen, dich einzuladen, mit einem Direktflug dorthin kommen zu lassen, dir diese Stadt und den Norden Deutschlands zu zeigen – jetzt, zu spät, viel zu spät, bedenke ich das mit Trauer und schlechtem Gewissen. Damals verdrängte ich jeden Gedanken an dich, nach wie vor. Weder bedachte ich dein Leben noch deinen möglichen Tod.

Hedwig stoppte den Fluss des Dahinschreibens und sah vor sich hin. Ja, sie hätte das Leben ihrer Großmutter auch aus der Ferne noch begleiten und erfreuen können. Jedoch dieses »hätte« – »würde« – »wäre« – sinnlos! Möglichkeiten, die vertan wurden, bleiben vertan.

Es muss mittlerweile ja schon Mittag sein, dachte Hedwig und blickte zur Zeitangabe auf dem Laptop. Ja, bereits früher Nachmittag. Bei dieser Wahrnehmung meldete sich plötzlich leiser Hunger. Sollte sie Lukas kontaktieren? Treffen? Oder lieber hier in der Wohnung und allein mit einem Butterbrot vorliebnehmen?

Hedwig seufzte auf. Diese überaus beglückende körperliche Begegnung gestern verwirrte sie heute. So, als sollte man nicht mehr daran rühren. Es lieber als das belassen, was es gestern gewesen war. Ein sehr schön gelungenes, einmaliges Experiment, dem besser keine Forderung nach Fortsetzung oder Wiederholung folgen sollte. Wie wohl Lukas das heute empfand?

Als würde ihre Frage beantwortet, meldete sich Hedwigs Handy.

Ja?

Wie sieht heute dein Tag aus, Liebste?

Es war Lukas Rothmeiers Stimme, sie klang ruhig und selbstverständlich wie stets. Aber »Liebste« hatte er gesagt.

Ich schreibe, antwortete Hedwig.
Hunger?
Vielleicht später?
Gegen acht Uhr beim Italiener?
Okay.
Also bis dann. Ich denke an dich und freue mich auf dich.
Hedwig zögerte. Und dann sagte sie es:
Ich auch.
Wie schön, das zu hören, antwortete Lukas.
Nach Ende des Telefonats behielt Hedwig das Handy noch eine Weile in der Hand, so, als wäre dieses Gerät Beweisstück ihrer eigenen Antwort, der sie selbst ungläubig hinterhergelauscht hatte. Bis sie es schließlich beiseitelegte, aufstand und zur Küche ging. Lieber gleich weiterschreiben, dachte sie, ich möchte meinen erzählenden Rückblick ins Vergangene jetzt ohne viel Aufenthalt durchwandern. Vielleicht, weil ich mich von Gegenwart so intensiv überkommen fühle. Verzeih, Oma. Aber es ist wohl so.

Mit einer Tasse schwarzem Tee begab sich Hedwig dann an den Schreibtisch zurück. Immer noch strömte warme Sommerluft ins Zimmer, die Nachmittagssonne glühte auf den Hausdächern gegenüber. Sie jedoch, in einem losen Hemd, das Haar zurückgebunden, tat, was man laut Lukas in der Wüste tut:

der Hitze begegnen, indem man heißen Tee trinkt. Und sie begann wieder zu schreiben.

Schon am nächsten Tag, also sehr rasch, erfuhr ich von Helge die Demütigung einer kühlen Abfuhr. Ich erreichte ihn sehr lange nicht, obwohl ich immer wieder anrief, erst gegen Abend meldete er sich. Hedwig, bitte! Er klang ungehalten. Sei du jetzt bitte nicht derart ungeduldig, ich muss ja selbst mein Terrain bei der ZEIT erst mal genauer abstecken, mich dort mit allem, auch mit den Leuten vertraut machen, und zu arbeiten beginnen. Schau du dir die Stadt an, die Alster, fahr an die Elbe, was auch immer, ich rühre mich schon bei dir, wenn mir die Zeit für dich reif zu sein scheint!

Also nichts mehr von einer gemeinsamen Gemütlichkeit im Atlantik-Doppelzimmer, diese Laune nach Autofahrt und Ankunft war dahin, jetzt regierten die neuen Berufsbedingungen und Erfolgsaussichten. Dass ich mich nicht mehr gegen ein Anbandeln, gegen sexuelle Wünsche verwehren musste, war mir mehr als angenehm. Aber ich begann daran zu zweifeln, dass er sich bei der Zeitung je wirklich für mich einsetzen würde.

Jedoch tat ich, was Helge mir geraten hatte. Besorgte einen Plan von Hamburg, schlenderte durch die Stadt, besah mir natürlich St. Pauli, mit öffentlichen Verkehrsmitteln besuchte ich Hamburgs Umgebung, an der Elbe war ich, sah Schiffe und Werften, einmal wagte ich sogar eine Autobusfahrt nach St. Peter-Ording, an die Nordsee. Da gefiel es mir besonders gut. Ich erwischte einen wolkenlosen Tag und die fast menschenleere Weite des Strandes mit Ebbe und Flut. Eine schlichte Hütte auf Holzstreben gab es, eine kleine Terrasse, da saß ich bei gebackenem Fisch und Bier und blickte über das Meer.

Ach Oma, das Meer.

Von Berlin aus war ich zwar einmal nach Hiddensee mitgereist, und ich genoss es, diese besondere Insel und die Ostsee zu erfahren. Jedoch umgab mich dabei Lizzis laute Freundesrunde und ein ständiges Hallo.

Jetzt aber, weit im Norden, als einsame Besucherin auf einer kleinen Holzterrasse, erlebte ich das Meer zum ersten Mal alleine, nur mir selbst überlassen. Meine Seele empfand es, das Meer. Meer ist für mich Seele. Weltenseele. Wenn schon ein Gott-Empfinden, dann am Meer. Nicht als Urlaubsort, zum Schwimmen, Surfen, in der Sonne braten. Nein, frei von Menschen muss es vor mir liegen.

Aber weiter in meinem Bericht, Oma, der nichts mit obigem Seelenglück und Gott-Empfinden zu tun hat, sondern mit dem exakten Gegenteil, mit harter Lebensrealität nämlich. Ich darbte. Hatte kaum noch Geld. Mit meinen geringfügigen Ersparnissen war ich aus Berlin abgereist, in der festen Annahme, ich würde in Hamburg ja bald dazuverdienen. Was mich das so fest annehmen ließ, lässt mich jetzt noch den Kopf schütteln, denn mich auf diesen Freund Helge beruflich zu verlassen, war ein vorauszusehender Irrtum.

Er meldete sich erst nach über einer Woche bei mir, als ich bereits Hunger litt, weil ich am Essen sparen musste. Was aber dazu führte, dass es mich – bei aller inneren

Scham darüber – nahezu beseligte, von ihm in ein Restaurant eingeladen zu werden. Noch dazu war es ein feines, direkt an der Alster gelegenes Lokal. Ich futterte, was man mir an Köstlichkeiten anbot, gerade noch halbwegs bemüht, nicht allzu gefräßig zu wirken. Auch dem Weißwein sprach ich freudig zu, die Wasserfläche vor uns schimmerte, ich fühlte mich wohl.

Na? Hast du dich schon bei irgendwelchen Zeitungen umgetan? fragte Helge mich.

Nein! antwortete ich überrascht, es geht doch um die ZEIT! Deshalb bin ich hier!

Helge hüstelte.

Nicht so leicht, weißt du, dich dort vorzustellen. Deshalb habe ich mich auch so lang nicht bei dir gemeldet.

Aha, sagte ich, auf dunkle Weise sofort ahnungsvoll. Aber es kam doch anders.

Morgen habe ich einen Termin für dich beim Chefredakteur, sagte er.

Morgen?

Ja. Später Vormittag, um elf. Bring mit, was du vorweisen kannst, mach dich hübsch und sei selbstbewusst. Ich hab gesagt, du seist eine entfernte Cousine aus Wien.

Ich deine Cousine?

Na ja, als Geliebte kann ich dich nicht gut vorstellen, oder?

Ich lachte verkrampft.

Also machte ich mich so hübsch ich konnte, ich hatte eine Mappe mit journalistischen Arbeiten dabei, ich saß ab elf Uhr wartend im Vorzimmer des Redaktionsbüros, ehe endlich ein schlecht gelaunter Mann mich empfing. Ich rang um jeden Funken Selbstbewusstsein, der noch in mir war, bis der gute Chefredakteur nach einem kurzen Dialog die Mappe bei sich behielt, und mich keine Spur freundlicher und eilig wieder entließ. Es wurde nichts Gescheites mit der ZEIT, die Vorwarnungen von Evelin Huch bestätigten sich. Zwar erhielt ich kurz eine Anstellung, wieder im Anzeigen-Bereich, vielleicht weil sie Helge Bertholds Cousine – er war erstaunlich erfolgreich dort beschäftigt –, weil sie also dessen arme Cousine nicht verkommen lassen wollten. Irgendwann aber forderte der Cousin, sich diesen meinen Weg zu ein bisschen Einkommen auch bezahlen zu lassen. Helge kam jetzt wieder, und sehr anmaßend, mit der Doppelzimmer-Einladung auf mich zu. Und als ich diese anzunehmen einfach nicht schaffte, sie ganz offen verwehrte, waren er und mein geringfügiger Job recht bald Geschichte.

Aber nach Ablauf dieser kurzen Zeit bei der ZEIT hatte ich nicht die geringste Lust, mich bei irgendeinem anderen Blatt journalistisch zu bewerben. Ehe die Ablehnung von Helges sexuellen Wünschen meine Tätigkeit dort abrupt beendet hatte, versuchte ich den mickrigen Verdienst dieser wenigen Wochen möglichst lange zu horten. Ich sparte, wo ich konnte, um eine Weile durchzuhalten, hing im kleinen, engen Apartement herum, auf dem schmalen Bett liegend las ich möglichst viel gute Literatur, um mein Gefühl für Sprache und Schreiben nicht gänzlich zu verlieren, und zwischendurch durchstreifte ich Hamburg, vor allem meine nähere Umgebung.

Und diese Wanderungen führten mich oft in Alster-Nähe auf den Harvestehuder Weg, und dort kam ich immer wieder am Areal eines bekannten Buchverlages vorbei. Mir gefiel das Gebäude, von Grün umgeben, mir gefielen auch die Menschen, welche ich dort aus und ein gehen sah. Sie schienen eine unaufgeregte Kompetenz auszustrahlen, ich beneidete sie alle um ihr Beheimatetsein in der Literatur, obwohl ich dabei mit Sicherheit auch Angestellte beobachtete, die fern der Literatur nur in den Büros tätig waren. Aber wie auch immer – vor allem wusste ich ja um die Qualität dieses Verlages selbst, hatte ich doch immer schon dort erschienene Bücher gelesen und geschätzt.

Eines Tages, Oma, wagte ich es, das Verlagshaus zu betreten. Ich hatte es eigentlich gar nicht vorgehabt, aber als ich mich am offenen Tor zum Vorgarten befand, schwenkte mein Schritt plötzlich in Richtung des Gebäudes ab, er tat es mit seltsamer Eigenwilligkeit, und ich setzte dem nichts entgegen, ging weiter. Im Inneren des Hauses gelangte ich an eine Art Rezeption, und eine dahinter befindliche Dame blickte mich freundlich an. Ich hörte mir selbst mit Erstaunen zu, als ich erklärte, eine an der ZEIT tätig gewesene Journalistin zu sein – ja, ich prahlte sogar mit diesem Fehlschlag! –, außerdem wäre ich an Literatur interessiert und auf diesem Gebiet sehr bewandert. Es läge mir überaus daran, gerade für diesen herausragenden Verlag Pressearbeit zu leisten, sollte man etwa durch Zufall gerade auf der Suche nach vermehrter oder zu erneuernder Öffentlichkeitsarbeit sein. Oma, ich war grandios. Ich war es selten in meinem Leben, aber an diesem Nachmittag, in der Empfangshalle des Verlagshauses war ich es. Grandios.

Und auch der Zufall war mir hold. Die freundliche Dame telefonierte, dann führte sie mich ein paar Treppen aufwärts zum Verlagsleiter, der sich ebenfalls höflich, ja zuvorkommend benahm. Ach, aus Wien sind Sie? Und wie lange waren Sie Journalistin bei der ZEIT? Ach so! Davor in Berlin bei der taz! Gutes Blatt! Ja, sie seien eigentlich gerade auf der Suche nach qualitätsvoller Pressearbeit, ein für sie auf diesem Gebiet wesentlich gewesener Mann sei kürzlich erkrankt und in Pension gegangen, ob ich ihnen also Materialien meiner Arbeiten zukommen und bitte möglichst bald diesbezüglich von mir hören lassen könne?

Und das tat ich, ich ließ diesbezüglich bald von mir hören, schon tags darauf. Als Belegmaterialien wählte ich nur Essays und Artikel aus meinen DDR-Reminiszenzen für die taz, übergab ihnen das meiner Meinung nach literarisch Anspruchsvollste all meiner Schreibereien, keinerlei journalistischen Alltagsmüll, den ich ja auch produziert hatte, produzieren musste. Und es haute hin, Oma! Dem Verleger schien genau das zu gefallen, er hätte es gern gelesen, und niemand fragte nach etwaigen anderen Arbeiten von mir, etwa für die ominöse ZEIT. Ich, Hedwig Pflüger, erhielt also tatsächlich einen Vertrag als Pressedame in einem Buchverlag! Noch dazu mit einem Honorar, über das aufzujubeln ich mir untersagen musste, weil es vielleicht nicht einmal der gehobenen Norm entsprach, mich armen Wurm jedoch mit Reichtum zu überschütten schien.

Und ich hatte ein paar gute Jahre in Hamburg, Oma.

Die ärmliche Unterkunft in der billigen Pension konnte ich aufgeben und mir eine kleine, aber hübsche Wohnung in der Nähe des Verlages mieten. Sie befand sich in einem dieser schneeweißen, villenartigen Häuser, die in der »guten Gegend«, also dort, wo die Hamburger wohlhabend sind, für diese Stadt typisch sind. Die baumbestandene Gasse lief parallel zum Alsterufer, ich konnte also jederzeit dorthin wandern und die Rasenflächen, die besonnten Stege verschiedener Restaurants, eben all die Wohltaten dieses Gewässers genießen. Aus den Fenstern meiner Wohnung blickte ich in Gärten, die mir im Frühling ein Meer von blühendem Rhododendron boten. Das Mobiliar in den zwei Räumen war formschön, nichts daran musste mühsam verschleiert werden, ich besaß ein breites und bequemes Bett, das Badezimmer und die kleine Küche waren hell gehalten, und alles befand sich technisch auf dem letzten Stand.

Zum Verlagshaus hatte ich nur wenige Minuten zu gehen, und die Arbeit dort machte mir nach anfänglichen Unsicherheiten mehr und mehr Freude. Vor allem auch, weil die Leute dort durchwegs sehr nett waren.

Der Chef, die Mitarbeiter aus den Büros, die Hauslektoren, sie alle respektierten mich. Im Verlagswesen sicher nicht üblich, sondern eher erstaunlich: einer frisch ins

Haus geschneiten, unbekannten Journalistin mit Höflichkeit und Respekt zu begegnen und ihr zuzutrauen, dass sie ihre Arbeit auch kann.

Und ich bemühte mich von Anfang an, das nicht infrage zu stellen, ich wollte mit allem Ehrgeiz sehr wohl eine sein, die ihre Arbeit auch kann. Ohnehin war es mir Segen und Wohltat, mich nicht mehr schreibend im Tagesgeschehen des Zeitungswesens herumtreiben zu müssen, sondern den Medien – also Presse und TV – Bücher zu empfehlen, sie für diese zu begeistern, und für die Schriftsteller Lesungen und öffentliche Auftritte zu organisieren.

Und was für ein Geschenk war es, qualitätsvollen Schriftstellerinnen und Schriftstellern hautnah zu begegnen! Mit ihnen Gespräche zu führen, sie zu ihren Auftritten zu begleiten, Teil ihres Wirkens zu werden – das erfüllte mein Leben mit einem Reichtum, den es zuvor entbehrt hatte.

Du hast nie viel gelesen, Oma. Dir jetzt also von all den Begegnungen, die ich erleben durfte, zu berichten, wäre vertane Mühe, alle Namen, die ich dir aufzählen könnte, hast du nie auf einem Buchtitel erspäht, geschweige denn wüsstest du, was diese Bücher enthielten. Literatur war nie das Deine gewesen, vor allem nicht die zeitgenössische. Du hast den »Schimmelreiter« von Theodor Storm, einen Band mit Adalbert Stifters Erzählungen und ein kleines, mit Veilchen verziertes Büchlein ausgewählter Rilke-Gedichte irgendwann einmal gelesen, denn diese drei Werke befinden sich auf dem schmalen Bücherbord nahe deinem Bett. Schon als Zwölfjährige, als ich zu dir in die Schlösselgasse kam, hatte ich sie dort als deinen spärlichen Lesestoff entdeckt. Hinzugefügt hast du nur noch ein paar zerlesene Bände irgendwelcher kitschiger Liebesromane, einen Weltatlas, mehrere Kochbücher und einige billig illustrierte Broschüren »Für die Frau«. Das blieb deine Bibliothek, Oma. Und sie existiert unverändert heute noch. Ich habe das Bord nämlich, so wie es beladen war und ist, im Kabinett belassen – einfach – wie sagt Karl Valentin? – »zum Andenken an die Erinnerung«. Aber, um jetzt zu meiner Hamburger Tätigkeit zurückzukommen – vielleicht, Oma, hätte dich interessiert, von Siegfried Lenz zu erfahren, weil er einer der bekanntesten deutschsprachigen Erzähler der Nachkriegs-Literatur war, also ein Autor deiner Zeit. Als ich ihn kennenlernte und auch betreuen durfte, war er bereits ein würdiger, hochgeehrter alter Mann, mit dem Friedenspreis des deutschen Buchhandels ausgezeichnet. Er starb 2014, als ich den Verlag bereits wieder verlassen hatte. Und war ja letztendlich auch nur einer von den vielen Schriftstellern und Schriftstellerinnen, denen ich begegnen und die ich ganz persönlich wahrnehmen durfte, die mich beeindruckten oder mir einiges an Einfühlungsvermögen abforderten, und von denen ich dir, Oma, jetzt nicht im Einzelnen erzählen werde.

Alles in allem war die Zeit in Hamburg eine mir gewogene. Ich begann die Stadt zu lieben, vor allem in der Nähe von Alster, Elbe, von Wasser, Schifffahrt und Weite.

Und auch der Mentalität ihrer Bewohner wegen mochte ich Hamburg. Mag sein, dass sich das - wie alles - in den weiteren Jahren stark verändert hat, dass auch hier durch Armut und Ausgrenzung, durch neue Einflüsse und Bedingungen die mich so berührende Noblesse und Gelassenheit der Menschen in dieser Stadt sich wandeln mussten. Mir jedenfalls tat es unglaublich wohl, dass die Leute dort eben nicht bei jedem Anlass sofort aufeinander zustürzten, dass da eine gewisse höfliche Distanz zueinander bestand, und als Selbstverständnis beibehalten wurde. Dass aber auch stets Humor und gutes Benehmen Brücken schlagen konnten, die man gern beschritt. Die oft zitierte steife Zurückhaltung und Abschottung der Hamburger - Touristen pflegte man solches zu unterbreiten -, ich erlebte sie nie. Alles entsprach präzise meinen damaligen Wünschen, wie ich mit und unter Menschen sein wollte.

Im Verlag wirkte sich dies auf das Erfreulichste aus. Ich hatte zwar kaum dicke Freunde, aber auch keine Feinde, Höflichkeit und Kompetenz bestimmten das Klima. Mit den Autoren und Autorinnen ließ die Arbeit, der persönliche Umgang sich je nachdem besser oder etwas mühsamer an, jedoch kam es nie zu Szenen oder Eklats, jegliches blieb im Rahmen dessen, wie zivilisierte und gebildete Menschen miteinander umzugehen pflegen.

Außerdem: kein mich sexuell anmachender Helge, kein lieblos mit mir das Bett teilender Karsten, kein die nicht mehr vorhandene Liebe abverlangender Eugen - kein Mann also!

Kein Mann erschwerte mir in dieser Zeit das Leben, Oma. Und ich hatte auch nicht das geringste Bedürfnis, ja keinerlei Sehnsucht nach Gegenteiligem, also nach einer erfüllenden Liebesbeziehung oder Zweisamkeit. Meine Erfüllung und Freude fand ich in guter Literatur. Meist war sie das auch: gut. Oder zumindest qualitätsvoll. Ich liebte das Lesen, Kennenlernen und mediale Verwalten von Büchern und, damit verbunden, auch die Begegnungen mit all denen, die diese Bücher erschaffen hatten. Es schenkte mir für einige Jahre einen Lebens-Reichtum, der jedes private Glück in den Schatten zu stellen schien.

Mein größter Triumph war – ich gebe es zu –, als ich auf einem der Gänge im Verlagshaus der ZEIT zufällig Helge Berthold begegnete. An meiner Seite befand sich eine junge Autorin, um die man sich zurzeit gerade riss, sie schrieb perfekte Krimis und war sehr hübsch. Wir beide waren auf dem Weg zum Chefredakteur. Hallo Helge, sagte ich, wie geht's? Und ohne eine Antwort abzuwarten, ohne ihm die junge Autorin vorzustellen, gingen wir weiter. Nie vergesse ich seinen Blick. Wie gut der mir tat, Oma. So gut.

Hedwig hörte ihren eigenen befriedigten Atemzug, nachdem sie den Punkt hinter dieses »So gut« gesetzt hatte, und musste leise auflachen. Sogar jetzt noch schien sie also diesen so viele Jahre zurückliegenden Sieg über einen unwichtigen, nur eben typischen Mann zu genießen!

Da meldete sich das Handy. Hedwig erschrak. Die Zeit! Sie hatte die Zeit vergessen! Gegen acht beim Italiener, hatte man vereinbart. Es dämmerte draußen und war sicher schon später. Ja! Genau! Es war Lukas, der sie anrief.

Bitte verzeih, sagte Hedwig.

Tu ich, antwortete Lukas. Noch bin ich nicht betrunken, trotz meiner paar einsamen Gläser Primitivo.

Ich hab mich so ins Schreiben verloren, tut mir leid.

Hab ich mir gedacht. Kommst du jetzt?

Nur zehn Minuten, dann bin ich da.

Schön. Bis gleich.

Das Lokal war halb leer, als Hedwig kam, die meisten Stammgäste hatten sich schon heimwärts begeben, denn es ging bereits auf Mitternacht zu.

Du meine Güte, sagte sie, so lange sitzt du hier, warum hast du mich nicht früher angerufen?

Ich habe gegessen, es mir wie immer schmecken lassen, und ich wusste dich irgendwie in deinen Erinnerungen befangen. Früher saß ich ja auch alleine da.

Ich habe gar nicht bemerkt, dass es dunkel wurde. Auch fällt die Straßenbeleuchtung direkt in meine Zimmer, das wirkt, als wäre draußen erst Dämmerung, und ich –

Lass es sein, Hedwig, ist doch egal. Was bestellst du? Du musst schnell machen, die Küche schließt bald.

Einfach Spaghetti al burro. Und Wein.

Okay.

Lukas winkte dem Kellner, sagte ihm Hedwigs Bestellung und lehnte sich dann über den Tisch ein wenig zu ihr her.

Wo warst du denn schreibend unterwegs? Wenn ich fragen darf.

Kennst du Hamburg, Lukas?

Nicht sehr gut, gefällt mir aber, die Stadt. Vor ein paar Wochen hatte ich Karten für die Elb-Philharmonie, da bin ich hin, weil der Barenboim dirigiert hat. Und bei der Gelegenheit war ich zwei Tage lang in Hamburg.

Zu meiner Zeit – also in der, von der ich der Oma grade erzähle –, da gab es die Elb-Philharmonie noch nicht. Nur ein fernes Rumoren, dass es sie vielleicht einmal geben könnte. Ich war aber seither nicht mehr dort – ist ein seltsam schönes Gebäude, oder?

Nun ja, wurde mittlerweile eine Art Wahrzeichen der Stadt. Und ist architektonisch recht gelungen. Wir könnten vielleicht einmal gemeinsam nach Hamburg fahren, was meinst du?

Hedwig erhielt den Teller dampfender Spaghetti und das Glas Rotwein mit Schwung vor die Nase gestellt, fühlbar wollte der Kellner keine Zeit mehr verlieren. Also ließ sie Lukas' Frage unbeantwortet und begann schweigend zu essen.

Salute! sagte Lukas und hob sein Glas.

Hedwig stieß mit ihm an und aß weiter. Plötzlich hatte sie auf elementare Weise Hunger, einer, der vom Schreiben verdrängt gewesen war. Sie schaufelte die

Spaghetti in sich hinein und leerte in Schnelligkeit den Teller.

Lukas lachte. Na bravo, sagte er dann.

Hedwig lehnte sich aufatmend zurück. Wie gut, dass du mich hergerufen hast, stieß sie hervor, anscheinend war ich schon am Verhungern, ohne es zu merken.

Warst du damals länger in Hamburg? fragte Lukas.

Ein paar Jahre, ja. Und gern. Ich war bei einem Verlag für die Presse- und Öffentlichkeitsarbeit tätig, hatte viel mit Autoren und Literatur zu tun, es war eine gute Zeit.

Und warum bist du nicht geblieben?

Hedwig hob ihr Glas, trank, stellte es dann wieder ab und sah vor sich hin. Ja, warum nur bin ich nicht geblieben.

Das ist eine neue Geschichte, sagte sie dann.

~

Mit dem Regenschirm, den Lukas ihr aufgedrängt hatte, lief Hedwig den kurzen Weg von der Florianigasse heimwärts. Es regnete jetzt sanft und geradewegs vom Himmel herab, nachdem das nächtliche Gewitter verklungen war. Ich habe alle meine Fenster offen gelassen, dachte Hedwig, obwohl es zurzeit immer wieder gewittert. Jetzt ist später Vormittag, sicher hat die Wohnung etwas vom Sturm und den Regengüssen mitbekommen. Aber egal. Sie lächelte.

Als sie die Schlösselgasse erreichte und die Treppen aufwärtsstieg, fühlte sie immer noch dieses Lächeln, das im Zurückdenken an die vergangene Nacht ihr Gesicht erobert hatte und nicht weichen wollte. War sie Lukas doch gestern ohne Widerspruch gefolgt, als er sie aufforderte, ihn in seine Wohnung zu begleiten. Es geschah wohl auch, weil die Kellner müde waren und das Lokal schließen wollten, während sie beide noch in seltsamer Wachheit einander gegenübersaßen. Also gingen sie.

Er hatte bei sich daheim die Langspielplatte einer Aufnahme von Vladimir Horowitz aufgelegt, das Rachmaninoff-Konzert Nr. 2, und sie hatten beide ein Glas Portwein dazu getrunken. Bis zum Schlussakkord zuzuhören, war ihnen gerade noch gelungen, ehe sie wieder in dieser Gleichzeitigkeit zueinanderfanden. Hedwig wusste selbst nicht, wieso diese Leidenschaft sie plötzlich erfasst hatte, ebenso wild und ungefragt, wie sie ihr bei Lukas entgegenschlug. War es die Erschöpfung nach einem ganzen Tag erinnernden Schreibens gewesen – war es das Verlangen einer nicht mehr jungen, aber weiblich genau deshalb voll empfindenden Frau in Gegenwart eines Mannes, der ihr gefiel –

Ach was! dachte Hedwig, als sie die Wohnungstür aufschloss. Egal, es war wunderbar. Und diesmal blieb ich auch bei ihm. Ich schlief an seiner Seite einen herrlichen Schlaf, der vom Dröhnen und Stürmen eines losbrechenden Gewitters noch herrlicher untermalt wurde. Sogar war es mir völlig unwichtig, was dabei mit meiner eigenen, sommerlich geöffneten Wohnung geschehen könnte, ein Verhalten, das ich bei meiner meist allzu schnellen Besorgtheit auch bei unwichtigen Fragen sonst nicht kenne. Jetzt werde ich's ja sehen.

Als Hedwig die Wohnung betrat, durch die Räume eilte und sich dann gleich zu den zur Gasse hin geöffneten Fenstern begab, lachte sie auf. Nichts war passiert! Ein wenig Feuchtigkeit auf den alten Parkettböden, zwei Fensterflügel zugeschlagen, jedoch ohne dass Glas zerbrochen war.

Sie holte einen Lappen aus der Küche, wischte den Holzboden trocken, öffnete die Fenster wieder zur Gänze und sah in den still strömenden Regen hinaus. Er entsprach der Stille und Sättigung ihres Befindens.

Ja, sie war nicht nur vom Frühstück, das Lukas ihnen beiden zubereitet hatte, gesättigt. Es waren ihr Körper und vielleicht auch ihre Seele, die jeden Hunger, jedes Darben abgelegt zu haben schienen. Sie, Hedwig, strömte. Wie der Regen draußen.

Ich sitze also wieder am Schreibtisch, Oma. Es ist mitten am Tag, es regnet, und ich will in meiner Erzählung für dich fortfahren. Von der ich Lukas gestern schon ein wenig berichtet habe, weil er neugierig wurde und nachfragte. Von meinen mir guten Jahren in Hamburg habe ich ihm also erzählt. Auch, dass ich es eben lange Zeit so entspannt, so fein hatte, weil kein Mann, keine Beziehungsquälerei mich auf meinem erfolgreichen beruflichen Weg, oder in meiner hübschen Wohnung, die nur mir untertan war, störte oder ablenkte. Er lauschte mit einem feinen Lächeln, so, als wolle er seine Einwände zurückhalten. Und hatte damit ja leider auch nicht ganz unrecht.

Wieder war es eine der Fotografinnen, die der Verlag immer wieder heranzog, seine Autorinnen und Autoren auf unverwechselbare Weise zu fotografieren, mit der ich mich befreundet hatte. Sie besaß eine große Wohnung mit angeschlossenem Foto-Studio. Beides befand sich in einem mehrstöckigen, alten Hamburger Haus, das an einem der Kanäle lag, die diese an Gewässern so reiche Stadt durchziehen. Wir saßen oft auf ihrem Balkon, der sich direkt über dem Wasserlauf befand, blickten in das sanfte Strömen hinunter, aßen Bratkartoffeln und sprachen über das Leben.

Oma! – diese Bratkartoffeln in der Oderfelderstraße waren einmalig! Ganz anders, als du sie je zubereitet hast. Es gibt sie auf diese so unglaublich knusprige Weise meiner Meinung nach nur im Norden Deutschlands. Oft isst man sie dort zu gebackenem Fisch. – Und wieder fängt es mir an leidzutun, dass ich dich nie kontaktierte und nach Hamburg einlud, Oma. Dich nie dieses Wunder an Bratkartoffeln genießen ließ. – Aber Schluss jetzt. Was nicht war, bleibt ungeschehen. Hart, aber wahr.

Die erwähnte Fotografin also war etwas älter als ich und hieß Alisa. Alisa Brown, da sie irgendwann mit einem Engländer verheiratet gewesen war. Und sie sollte es sein, die als verbindende Komponente mitverantwortlich wurde, dass Lukas mit seinem feinen Lächeln gestern, als ich ihm von den Jahren meiner weiblichen Liebes-Unabhängigkeit erzählte, mehr als recht hatte. Dass nämlich wieder nichts anderes als eine Liebesbeziehung es sein sollte, die auch meine langjährige Hamburger Idylle eines weiblichen Single-Daseins eines Tages beenden würde.

Also. Es gab einen berühmten portugiesischen Schriftsteller, er hieß José Saramago. Dessen bekanntestes auf Deutsch erschienenes Buch, »Das Memorial«, kannte ich längst, hatte es vor Jahren schon gelesen, und mehr noch, es begeistert verschlungen. Noch um einiges begeisterter war ich natürlich, als ich eines schönen Tages erfuhr, dass Bücher dieses José Saramago in unserem Verlag erscheinen würden. Es ging um den Roman »Die Reise des Elefanten« und um einen Gedicht-Band »Über die Liebe und das Meer«. Mich auf das Erscheinen dieser seiner Werke vorbereitend, las und erforschte ich alles, was den mittlerweile recht alten Mann schriftstellerisch und politisch ausmachte. Ich erfuhr dabei eine Menge über das mir bislang weitgehend unbekannt gewesene Land Portugal. Und mir wurde auch klar, dass mir bei den Begegnungen mit José Saramago eine bis ins hohe Alter unerschütterlich aufmüpfige und unangepasste Persönlichkeit über den Weg laufen würde. Und darauf freute ich mich.

Aber ich traf José Saramago nur ein einziges Mal. Und zwar im Foto-Studio von Alisa Brown. Er wirkte sehr alt und war ziemlich wortkarg. Unwillig ließ er sich noch einmal herbei, die verlagsüblichen Fotos von sich machen zu lassen. Er sprach nur Portugiesisch und richtete kein einziges Wort an mich. Begleitet wurde er von seinem literarischen Agenten namens Carlos Ferreira, und der beherrschte ein fehlerloses Deutsch.

Während also fotografiert wurde, saßen wir zwei, der Agent und ich, in angeregtem Gespräch beisammen. Alisa hatte uns davor eine große Kanne Tee serviert, wir aßen Butterkekse dazu, hörten sie nebenan höflich und mit leiser Stimme ihre Foto-Session betreiben, während wir beide uns kaum darum kümmerten. Vor allem dieser Carlos scherte sich herzlich wenig um seinen Schützling und das Gelingen der für den Verlag nötigen Porträts.

Kennen Sie Herrn Saramago schon lange? fragte ich ihn irgendwann.

Ich arbeite schon sehr lange für ihn, antwortete er, und wer kennt in Portugal José Saramago nicht! Vor allem, weil er sich ja politisch schon immer und nach wie vor in alles einmischt – hat sogar für die Kommunistische Partei kandidiert –

Und?

Wurde aber nicht gewählt. Den Portugiesen hat nicht sehr gefallen, dass er die Iberische Halbinsel gern zu einer Einheit gemacht hätte, also Portugal mit Spanien zusammengeführt. Das ging nicht auf, denn die meisten Portugiesen können die Spanier absolut nicht leiden. Sie lieben ihr Land als stolze Einmaligkeit.

Ich kenne es ja überhaupt nicht, Ihr Portugal, sagte ich.

Dann wird es aber Zeit, liebe Eeedwig, dass Sie es kennenlernen, antwortete er.

Eeedwig? lachte ich.

Ja, Eeedwig. So ist Ihr Name doch, oder?

Er hatte mich überraschenderweise so genannt, Oma. Eeedwig. Er schien vor diesem Namen, obwohl er als Portugiese das H nicht aussprechen konnte, in keiner Weise zurückzuschrecken. Und das gefiel mir leider, Oma.

Nachdem Alisa meinte, genügend passende Fotos von ihm erobert zu haben, wollte José Saramago nichts anderes, als möglichst schnell in sein Hotel zurückgebracht werden, er sei müde. Alisa flüsterte mir noch zu, dass es nicht leicht gewesen sei, den schlecht gelaunten, bartverhangenen alten Mann zu fotografieren, verabschiedete sich dann jedoch liebenswürdigst dankend von ihm. Da fragte mich Carlos Ferreira, ob ich nicht mitkommen wolle, er brächte Saramago ins Hotel Atlantik, und wir zwei könnten in der Nähe, irgendwo an der Alster, den schönen Abend noch mit einem Drink verabschieden. Er fragte nur mich, was ich nicht verstand, und was mir überaus peinlich war. Aber als ich deshalb ablehnen wollte, schubste Alisa mich lächelnd in seine Richtung. Fahr du nur mit den beiden, sagte sie, ich muss sowieso das Fotomaterial erst einmal ordnen, einen schönen Abend noch. Jetzt wurde diesem Carlos sein Fauxpas bewusst, er schrie auf, ein endloses temperamentvolles Sich-Entschuldigen folgte, der alte Mann Saramago stand ungeduldig daneben – aber wie auch immer. Dass sich mir bei Carlos zum ersten Mal eine der nie böse gemeinten, aber aus Egozentrik resultierenden Achtlosigkeiten, der Mangel an Einfühlung, wenn es um andere Menschen ging, zeigen sollte, das konnte ich damals nicht ahnen. Sein südländischer Charme siegte. Als ich Alisa zum Abschied umarmte, murmelte sie mir noch ins Ohr, dass der Kerl ja wirklich sehr gut aussähe, worauf ich ihr leicht gegen die Schulter schlug – sie lachte, ich ging, und stieg mit den beiden Herren in ein Taxi.

Carlos und ich setzten Saramago vor dem Hotel Atlantik ab, gingen zu Fuß weiter und saßen bald darauf in einem meiner Lieblingslokale am Ufer der Alster. Carlos bestellte Fisch und Weißwein, mit einem »Drink« war es nicht getan. Bald war ich beschwipst, und wir beide gerieten in dieses Beglücktsein, welches gutes Essen und Trinken und eine glitzernde Sonnenbahn über wiegendem Gewässer einem kurzfristig schenken kann. Und wenn sich noch anregende Gespräche hinzugesellen, kann so ein gemeinsamer Abend, wenn auch nur eine Zeit lang, durchaus Vollkommenheit erreichen.

Carlos meinte, dass er wohl einige Tage mit dem Übersetzer und den Lektoren zu tun hätte, gerade beim Gedichtband müsse man das Portugiesische überaus achtsam verwalten – Lyrik so zu übersetzen, dass sie in den anderen Sprachen nicht an Wert und Schönheit verlöre, sei mit das Schwerste.

Hedwig pausierte. Sie ließ den Blick über die letzte Seite des Geschriebenen gleiten. Ja, damals war es ihr als eine ihrem Leben wohlgesonnene Fügung erschienen, dass dieser Portugiese an der Seite eines Autors in Hamburg erscheinen musste. Denn der euphorisch gestimmte Restaurantbesuch an der Alster hatte diesen ersten Abend nicht enden lassen, sie war erstaunlich rasch dazu bereit gewesen, Carlos hinterher mit in ihre Wohnung zu nehmen und sich ihm hinzugeben. Und auch das hatte sie beglückt. Oder sie immerhin annehmen lassen, beglückt worden zu sein, weil sie wollte, dass es so sei. Er blieb die Nacht über bei ihr, und sie frühstückten sogar am Morgen gemeinsam. Etwas, das sie sonst eigentlich nie sonderlich angestrebt hatte, die Zeit des frühen Kaffeetrinkens war für sie stets mit dem Wunsch eines ungestörten Für-sich-Seins verbunden gewesen. Aber an diesem Morgen fühlte sie sich davon erfüllt, frisch verliebt zu sein – und frühstückten frisch Verliebte denn nach der ersten Nacht nicht meist gemeinsam? Außerdem – bei Carlos schien es sich irgendwie so zu gehören.

Hedwig seufzte auf. Ich bin so bereitwillig wieder in die Falle gegangen, dachte sie. Weil ein Mann, umgeben vom Atem eines fremden Landes und eines anderen Lebensgefühls, mich lockte. Mich aus meinem Leben in einer Stadt, die ich zu lieben begonnen hatte, aus der qualitätsvollen Arbeit an einem der ersten Buchverlage Deutschlands, aus einer gemütlichen Wohnung, die ich überaus schätzte, aus sporadischen Besuchen der Nordsee, die meiner Seele wohltaten, ja, mich aus einer für mich menschlich in jeder Hinsicht perfekten Zeit wieder ins Ungewisse hinweglockte.

Wie wir doch unseren eigenen seltsamen Sehnsüchten und Wunschvorstellungen ausgeliefert sind, und dabei stets glauben, irgendein Schicksal rufe nach uns. Ich, Oma, glaubte es jedenfalls wieder einmal.

In den folgenden Tagen wurde am Verlag konzentriert an der Herausgabe von Saramagos Büchern gearbeitet, sie sollten zur nächsten Buchmesse erscheinen. Carlos traf ich jeden Tag im Verlagshaus, und jede Nacht verbrachte er bei mir, in meiner Wohnung. Er hatte sein Hotelzimmer abbestellen lassen, was vor allem die Frauen in den Büros schmunzeln ließ, wenn sie mich erblickten, und was mich nicht störte. Eher gefiel es mir.

José Saramago sah ich nicht mehr. Carlos Ferreira arbeitete mit den Hauslektoren, in den Grundzügen waren Optik und Text der Bücher ja schon festgelegt gewesen, es wurde gefeilt und ein wenig herumgestritten, ich hatte damit nichts zu tun und es kümmerte mich auch wenig. Schön war es, Carlos im Verlag immer einmal wieder über den Weg laufen zu können, einander zuzulächeln und das Wissen in sich zu tragen, dass man einander am Abend ja wieder in die Arme nehmen könne.

Ich sah Carlos in Büchersendungen des Fernsehens auftreten, über Saramagos Leben und dessen Bücher sprechen, sah ihn mir vorerst nicht als Liebende an, sondern mit dem kritischen Blick meiner beruflichen Erfahrung – und mochte ihn auch dabei. Das bestätigte mir unsere Gleichgestimmtheit. Den tiefen, uns geschenkten Sinn, einander begegnet zu sein.

Als ein Wochenende die Arbeitstage unterbrach, regte ich Carlos dazu an, mit mir nach St. Peter-Ording zu fahren, um auch einmal die Nordsee zu erleben. Wir saßen auf »meiner« einfachen hölzernen Terrasse, wie ich es so gern und oft getan hatte in den letzten Jahren, aßen Fisch mit Bratkartoffeln, tranken Bier und schauten über das Meer ins Weite.

Wo ist es, liebe Eeedwig? hatte Carlos anfangs lachend gefragt, da Ebbe herrschte und der Sand des Wattenmeers weit hinausreichte. *Also bei uns, sagte er, bei uns hörst und siehst du es gleich, und wie! Unser Atlantik ist immer da!*

Jedoch sein Spott legte sich rasch, Meerwind und Sonne umhüllten uns, satt und still saßen wir einander schließlich gegenüber.

Kommst du mit mir nach Lissabon? fragte er da zum ersten Mal.

Mir war ja klar gewesen, dass seine Zeit in Hamburg sich neigte, es nur noch Tage waren, ehe sein vom Verlag gebuchter Flug ihn davontragen würde.

Oh ja. Ich komme gern einmal zu dir nach Lissabon, sagte ich.

Nein – ich meine jetzt. Kommst du nächste Woche, wenn ich fliegen muss, mit mir nach Lissabon?

Ich habe keinen Urlaub!

Ich rede nicht von Urlaub. Willst du zu mir kommen? Zu mir in mein Lissabon? Bei mir bleiben? Für immer?

Da waren sie, diese Worte. Die von »zu mir kommen«, von »bleiben«, von »für immer« – all diese Worte, die Menschen einander immer wieder sagen, und immer wieder sagen werden, und vielleicht auch fast immer daran glauben, und daran glauben werden, wenn sie sie sagen – aber es sind Worte, denen irgendwann Ent-

täuschung, Schmerz, Verlust, ja sogar Hass und Verbitterung zu folgen pflegen. Früher oder später.

Ich aber war in der absolut gläubigen Phase. Mir stiegen Tränen hoch, weil ich ihm alles so sehr glaubte.

Sofort käme ich mit dir, sagte ich, nichts täte ich lieber, Carlos, als gleich mit dir abzureisen. Und ich werde auch ganz bald zu dir in dein Lissabon kommen! Aber in ein paar Tagen – das geht leider nicht – ich muss beim Verlag kündigen – ich muss meine Wohnung auflösen – es gibt nach Jahren hier in Hamburg einiges –

Carlos unterbrach, indem er mich in seine Arme schloss und küsste.

Ich verstehe, sagte er dann, natürlich geht es nicht von heute auf morgen – aber ich möchte dich keinen Tag mehr vermissen, meine Eeedwig – komm, sobald du kannst.

Ja, antwortete ich, ich komme, sobald ich kann.

Und nochmals umarmten wir uns, der kühle Atem der Nordsee und die Weite eines hellen Himmels schienen unsere Umarmung zu besiegeln. Für mich gab es nur dieses Jetzt, dieses –

Das Handy rief. Hedwig unterbrach.

Wieder war es später Nachmittag geworden!

Hallo! sagte Lukas, als sie sich meldete.

Ich weiß, Lieber, es ist wieder so spät, verzeih!

Bis wohin hat es dich denn geschrieben? fragte Lukas.

Hedwig lachte auf. Ihr gefiel, dass es einen irgendwohin nicht treiben, sondern schreiben kann.

Ich bin knapp davor, Hamburg zu verlassen und nach Lissabon zu ziehen.

Diese Entscheidung, über die du dich bei mir schon einmal in Andeutungen beklagt hast?

Ja, war unverständlich, aber vielleicht auch unerlässlich. Musste wohl sein.

Tja, wenn wir etwas nicht lassen können – auch ohne zu verstehen, warum wir's nicht lassen konnten – haben wir immer noch dieses »müssen« in petto. Dass wir es mussten.

Als Ausrede, meinst du?

Als Rechtfertigung. Und das wollen wir doch. Unser Tun und Lassen rechtfertigen. Hast du denn nicht Hunger?

Wieder lachte Hedwig.

Meine Rechtfertigung, bald mit dem Schreiben aufzuhören?

Der Italiener hat heute zu. Soll ich was kochen?

Du kannst kochen?

Spiegelei und Bratkartoffeln.

Hedwig kicherte.

Ha! Die schau ich mir gern an, deine Bratkartoffeln!

Die kann ich gut.

Wollen sehen! Wann?

Zieh du ruhig noch von Hamburg nach Lissabon – gegen acht?

Prima. Bis dann.

Hedwig legte das Handy beiseite. Immer noch rauschte der Regen in die Schlösselgasse, ich darf später den Schirm nicht vergessen, dachte sie. Dann der Blick auf den letzten Satz am Bildschirm: Für mich gab es nur dieses Jetzt – dieses –

– Aufgehobensein in einem Liebes-Empfinden, das mich über alles zu erheben schien. Als wir von der Nordsee nach Hamburg zurückfuhren, überlegte ich an Carlos' Seite bereits meine nächsten Schritte – die Kündigung, hoffentlich fristlos möglich – was mit der Wohnung zu tun sei – und um nichts tat es mir leid.

Und vor allem machte ich mir keinen einzigen Gedanken darüber, wie meine berufliche Zukunft aussehen würde, Oma. Das verstehe ich nachträglich am wenigsten. Da war ich wie vernagelt. Wie geblendet. Wie von Sinnen. Sprach ich doch kein Wort Portugiesisch, ich, die bislang doch ausschließlich vom Wort gelebt hatte. Was hatte ich vor, als wortloser Fremdling in dieser fremden Stadt? Nur lieben? Nur geliebt werden?

Als wir am letzten Abend vor Carlos' Abreise nochmals im Lokal an der Alster saßen, das uns an unserem Abend des Kennenlernens so unvermittelt und beglückend zueinander geführt hatte, fragte ich ihn zum ersten Mal – stell dir das vor, Oma! Zum ersten Mal! Oder stell es dir besser nicht vor –

Werde ich bei dir wohnen, Carlos?

Er lachte.

Natürlich wirst du bei mir wohnen, wo denn sonst? Bei mir, in meiner Wohnung, sie ist groß genug, liegt in der Innenstadt, nahe dem Praça de Figueira. Ich arbeite als Literaturagent in Lissabon, es geht mir gut in Portugal, ich kann mir meine Frau unbesorgt leisten!

Und wieder lachte er auf.

Und ich widersprach nicht. Im Gegenteil, dass er mich als »meine Frau« bezeichnete, stärkte mein Gefühl der Verbundenheit, ich meinte einer liebevoll gesicherten Zukunft entgegenzugehen. Ich war so töricht, wie man nur sein kann, Oma. Hatte ich mich doch mein erwachsenes Leben lang auch mit dem Thema Frau befasst, mich selbst letztlich als emanzipierte und ab und zu sogar kämpferische Frau empfunden. Am Verlag hatte ich gern mit schreibenden Frauen, mit Frauenliteratur zu tun gehabt, mit allem, was auch auf dem Buch-Sektor dem Frau-Sein neue und menschenwürdige Impulse zu geben schien. Ich war mir in keiner Weise bewusst gewesen, je so sehr in den Zustand eines liebesabhängigen Weibchens abgleiten zu können. Aber es geschah so. Es geschah so, ohne mich zu bestürzen oder an mir selbst zweifeln zu lassen, und das war das Erstaunlichste. Ich dachte, auf dem absolut richtigen Weg zu sein.

Dass man im Verlag meine abrupte Kündigung der vorherigen guten Zusammenarbeit wegen mit Unverständnis, teilweise sogar einigermaßen brüskiert entgegennahm, schien an meiner Überzeugung nicht zu rütteln.

Auch das Entsetzen – ja, sie war schlicht entsetzt! – meiner Freundin Alisa warf ich in den Wind. Ich gab mir recht. Immer wieder mir recht.

Aber Alisa half mir dennoch, die Wohnung aufzulösen. Besser gesagt: mich von ihr zu lösen, denn ich mochte sie sehr. Ein mit ihr befreundetes junges Paar, gerade auf der Suche nach einer Bleibe, übernahm die Wohnung hocherfreut, gleich nach der ersten kurzen Besichtigung, und sogar mit jedem von mir hinzugekauften Möbelstück, mit allen Kleinigkeiten, mit all dem eben, was durch Jahre mein Behagen, meine Wohnlichkeit ausgemacht hatte, und was ich jetzt radikal hinter mir zurückließ.

Alisa verstand diesen Entschluss kein bisschen, er schien sie viel mehr zu schmerzen als mich, aber bald hörte sie auf, ihr Unverständnis mit mir zu erörtern. Im Gegenteil, sie eroberte von den jungen Mietern eine anständige Summe für meinen ihnen überlassenen Hausrat - sie beriet mich bei der Auswahl von Kleidung und Gepäck - nicht zu viel, nicht zu wenig - all das eben, was mein neues Leben denn doch begleiten sollte. Sie blieb mir bis zuletzt eine gute Freundin, Oma. Aber so wie dich habe ich sie in der weiteren, in der portugiesischen Zeit, nie mehr kontaktiert. Was wohl hat dieses schonungslose Zurücklassen mit meinem Charakter zu tun? Noch dazu, wenn ich es jetzt mit meiner anhänglichen Selbstaufgabe bei Carlos Ferreira vergleiche.

Ich buchte also meinen Flug, gab Tag und Ankunftszeit bekannt, und hörte meinen Liebsten am Telefon aufjubeln. Endlich! rief er, ich bin pünktlich am Flughafen - kann meine Eedwig kaum noch erwarten!

Es war ein schöner Septembermorgen, als ich die Tür dieser ehemals so geliebten Wohnung rasch hinter mir zuwarf, mein Gepäck zum Taxi hinunterschleppte, durch das morgendliche Hamburg zum Flughafen fuhr, und auch diese geliebte Stadt ohne viel Wehmut noch ein letztes Mal an mir vorbeigleiten ließ. Aus einer Luke des Flugzeugs sah ich dann noch auf ihr gänzliches Verschwinden hinunter, ihr Sich-Auflösen am Horizont, während meine Sehnsucht mir vorausflog.

So, dachte Hedwig. Schluss für heute. Sicher ist es bald acht Uhr. Und ich bin aus Hamburg abgereist, sitze ja in der TAP-Maschine nach Lissabon. Bin fast dort, wohin ich laut Lukas noch vor dem Essen gelangen würde. Jetzt aber auf zu seinen Bratkartoffeln! Die wohl dem Vergleich mit denen in Hamburg, Oma, nicht standhalten werden.

~

Hedwig stand vor dem Badezimmerspiegel und band ihr Haar zurück, denn sie konnte nicht ausstehen, wenn es ihr beim Schreiben ins Gesicht fiel. Dann ließ sie die Hände sinken und lächelte. Selbst sah sie im Spiegel dieses Lächeln ihr Gesicht erfassen. Der kleine morgendliche Disput mit Lukas war ihr in den Sinn gekommen. Sie hatte auch heute Morgen in seinem Badezimmer wieder die Zahnbürste benutzt, die er ihr, noch frisch verpackt, nach der ersten Nächtigung in seiner Wohnung angeboten hatte. Und nebenbei, ihr Mund noch vom Schaum der Zahnpasta erfüllt, hatte sie gemurmelt: Zu weich ist die –

Wie wär's mit einer eigenen, härteren? hatte Lukas gefragt. Auch nebenbei.

Aber da hatte sie abrupt mit dem Zähneputzen aufgehört und ihn angestarrt. Eine eigene Zahnbürste bei ihm! War denn nicht immer so etwas scheinbar Nichtiges der Anfang vom Ende?

Lukas sah ihren Blick und lachte auf.

Hedwig! Was ist?

Sie spülte ihren Mund aus, heftig, als fülle ihn Gift statt Zahnpasta.

Ich wohne nicht bei dir! rief sie dann aus. Nur weil ich jetzt zwei Nächte hintereinander bei dir geblieben bin, statt nach Hause zu gehen – glaub ja nicht, ich ziehe bei dir ein!

Lukas blieb ruhig und sah sie nur eine Weile an.

Wie viel Angst, sagte er dann. Wie viel Angst schon vor einer Zahnbürste in meinem Badezimmer. Glaube mir, Liebste, ich werde deine Nähe nie erzwingen. Und ich lebe schon viel zu lang und viel zu gern allein. So wie du jetzt wohl auch. Wir bleiben nur beisammen, wenn es unsere Lust ist, die das gern von uns beiden so hätte. Du ziehst nicht zu mir und ich ziehe nicht zu dir. Ja?

Sie sah ihn an und schwieg vorerst, weil sie sich plötzlich schämte wie ein kleines Kind. Trotzdem fand sie so schön, was er gesagt hatte.

Verzeih, ich bin ein Trottel, bitte lass uns die Zahnbürste vergessen, sagte sie dann.

Du bist ein Angsthase, antwortete er und nahm sie

in die Arme. Aber ich vergesse die Zahnbürste nicht. Wenn du wieder einmal panisch vor zu viel Nähe wirst, werde ich drohend zu dir sagen: denke ja an die Zahnbürste zurück!

Da hatte sie gelacht. Und noch von diesem Lachen, von dieser erleichterten Heiterkeit erfüllt, war sie später aufgebrochen, durch einen sonnigen, aber vom Regen erfrischten Vormittag in die Schlösselgasse geschlendert, hatte hier in Omas Küche nochmals Kaffee getrunken und nachgedacht, und stand jetzt, die Erinnerung an den Morgen in der Florianigasse belächelnd, in ihrem Badezimmer.

Hedwig nickte sich im Spiegel aufmunternd zu, ging dann ohne Umschweife in das große Zimmer hinüber und setzte sich an ihren Schreibtisch. Jetzt wird weitergeschrieben, Oma!

Übrigens – die Bratkartoffeln von Lukas schmeckten zwar anders als die bei Alisa oder an der Nordsee, aber auch recht gut. Wir hatten gestern viel über mein Verlassen Hamburgs gesprochen, und er zeigte mir Bücher von José Saramago, besitzt fast alle.

Aber als ich gestern das Weitererzählen stoppte, Oma, entschwand Hamburg ja bereits, lag es hinter mir, da saß ich ja bereits in der Maschine, die in etwa vier Stunden Lissabon erreichen sollte. Es war ein Direktflug, ich musste nicht umsteigen.

Über Deutschland und Frankreich lagerte eine wild bewegte Wolkendecke. Erst als wir über die in Nebel-

schwaden gehüllten Gebirgszüge der Pyrenäen hinweg Spanien erreichten, flogen wir plötzlich durch einen wolkenlosen Himmel. Ich sah rötlich heißes Land unter mir, dazwischen das tiefe Blau einiger gestauter Flüsse, die sich aus der Höhe wie große blaue Farne in die Kargheit und flimmernde Hitze der welligen Landschaft hineinschnitten. Der kühle, nördliche Septembertag, aus dem ich kam, lag wie vergessen hinter mir, ich fühlte den Atem dieser südlichen Halbinsel, dieses ganz anderen Teils Europas, fühlte ihn sogar im gekühlten Bauch dieses Flugzeugs. Und es war mir auch, als sei das, was ich jetzt erblickte, erfühlte, ein erster Gruß, den ich von Carlos erhielt. Ein Gruß der so anderen Gegebenheit, aus der er stammte, die ihn prägte, und die mein Herz erobert hatte.

Zwar wurden die Hügel begrünter, als die TAP Portugal überflog. Dann aber eine Schleife, das Flugzeug nahezu das Meer berührend, bis die Maschine sich vom Atlantik her in einem weiten Bogen Lissabon näherte.

Dieser Anflug geschah mir wie ein Wunder, Oma, denn es war eine schneeweiße, eine in später Sonne aufleuchtende Stadt, die näher rückte, eine Stadt, die sich an die tiefblaue, dem Meer zu geöffnete Mündung des Flusses Tejo schmiegte, als sei sie nicht von dieser Welt. Obwohl Carlos mir später versicherte, dass diverse Neubauten, die Ausweitung der Randbezirke, all das, was ja weltweit Schönheiten verstört oder raubt, auch Lissabon seine früheren Reize teilweise verlieren ließ, dass die Stadt seiner Kindheit und Jugend ehemals noch viel zau-

berhafter gewesen sei – an diesem Septembernachmittag, unter einem wolkenlosen Himmel von hellerem Blau, vom ungetrübten Horizont des Atlantiks her bestrahlt, war Lissabon für mich eine weiße Stadt, eine überirdisch schöne Stadt, eine, wie ich noch nie eine gesehen oder je zu sehen angenommen hatte, und ich liebte sie auf Anhieb. Nicht nur der Anflug, auch die Stadt selbst war für mich ein Wunder, mir so unverhofft geschenkt, wie eben nur Wunder einem geschenkt werden. Als das sinkende Flugzeug sich langsam der Rollbahn näherte, und bis zur Landung hin, war ich ein einziges Staunen.

Der Flughafen selbst, die lautstarken Horden von Passagieren, das gehäuft auf Laufbändern heranrollende Gepäck, die Hektik, den eigenen Koffer in diesem Wirrwarr zu finden, der Lärm, das Getümmel, meine eigene Unbeholfenheit, mit den Anforderungen massentouristischen Reisens umzugehen, glich ein wenig dem Erwachen aus einem Traum. Sicher hatte Carlos mein entgeistertes Gesicht enttäuscht, als ich ihn endlich erblickte. Das war nicht »seine Eedwig«. War nicht die Frau, die er angeblich so sehnsüchtig erwartet hatte. War ein blasses, verschrecktes, mit Mühe seinen Koffer schleppendes Geschöpf, das in keiner Weise, von aufgestautem Verlangen getrieben, auf ihn zustürzen wollte.

Ich spürte das sofort, als ich ihm eben nicht entgegenstürzte, sondern quasi entgegenhumpelte, todmüde und mit beiden Händen die Griffe des schweren Gepäcks umklammernd. Mein Gesicht war von der mich verwirrenden Airport-Atmosphäre gezeichnet und mit Sicherheit nicht *vom Glanz liebender Vorfreude. Erst als ich dicht vor ihm stand, die Gepäckstücke fallen ließ und sein Gesicht als das Gesicht meines Geliebten wahrnahm, konnte ich entspannen. Und da spürte ich sofort die Enttäuschung hinter seinem Lächeln. Denn wir lächelten. Lächelten beide, wie zwei, die einander hier am Flughafen von Lissabon zufällig über den Weg gelaufen waren.*

Aber jetzt ergriff es mich. Er war es doch! Es war Carlos, der vor mir stand! Der Mann, nach dem ich mich sehnte, nach dem mich verlangte! Ich schlang meine Arme um ihn, mit dem Aufseufzen einer das rettende Ufer erreichenden Schiffbrüchigen, und er erwiderte die Umarmung mit bereitwillig erwachter Leidenschaft. Wir küssten uns, und es war der Kuss, den wir als den unseren erkannten. Jedenfalls erging es mir so.

Carlos brachte mich also in seine Wohnung.

Nachdem mein Gepäck in seinem Auto, einem VW-Cabriolet, verstaut war, fuhren wir vom Flughafen aus direkt in Lissabons Innenstadt. Zuletzt die »Avenida de Liberdade« entlang, eine mehrspurige, von großen alten Bäumen bestandene Prachtstraße, an den Denkmälern des zentralen Platzes »Rossio« vorbei und zum »Praça de Figueira« hinüber, wo Carlos in einer Garage parkte. Wir schleppten von hier aus mein Gepäck zu Carlos' Wohnhaus hin. Es waren meine ersten Schritte durch die Straßen Lissabons, um uns dahineilende Menschen und lärmender Autoverkehr. Das sogenannte »Castello«, eine weitläufige Burganlage, blickte von der späten Sonne erleuchtet auf uns herab. Und Carlos, obwohl als Gepäck-

träger ein wenig außer Atem, berichtete mir, dass die Stadt »Lisboa« sich über einige Hügel ausdehne, und dass vor allem auch der Teil, durch den wir uns gerade mühten, im 18. Jahrhundert nach einem verheerenden Erdbeben völlig zerstört und danach zur Gänze neu erbaut worden sei. Und zwar nach den Plänen eines Marquês de Pombal, an dessen riesigem Denkmal wir zuvor, auf einem nach ihm benannten Platz, auch schon vorbeigefahren waren.

Die Wohnung von Carlos befand sich in der sogenannten »Baixa«, einem Stadtteil mit parallellaufenden Straßen, die von mehrstöckigen Häusern gesäumt werden, die dem Stil der Jahrhundertwende entsprechen. Also typische, meist weiße, mit schmiedeeisernen Balkons bewehrte herrschaftliche Bauten. Es gab in seinem Haus keinen Aufzug. Wir mussten, mein Gepäck schleppend, durch ein schönes, altes, recht dunkles Stiegenhaus zum letzten Stockwerk hochklimmen, bis Carlos seine Wohnung aufsperrte und mich eintreten hieß. Dann gleich sein erwartungsvoll prüfender Blick auf mich – und mein Aufjubeln, das ihn zufriedenstellte. Man sah über andere Dächer hinweg, die hoch gelegenen Räume waren vom Licht durchflutet, und ich durchschritt sie beglückt. Weil sie so aussahen, wie ich mir gewünscht hatte, dass sie aussehen sollten. In einer Weise geschmackvoll, die auch meinem Geschmack entsprechen würde. Und so war es. Carlos' Wohnung gefiel mir so gut wie er selbst. Außerdem war sie geräumig, es würde kein Gedränge geben, er hatte sogar schon ein eigenes Arbeitszimmer für mich vorbereitet. Wir schliefen sofort miteinander auf seinem großen Doppelbett, das ich ab nun mit ihm teilen würde. Kein Widerspruch erhob sich in mir, obwohl ich in meinem früheren Leben dieses nächtliche Nebeneinander doch nie wirklich gemocht, und in den letzten Hamburger Jahren, bis Carlos in mein Leben trat, mein mit keinem Mann geteiltes Bett überaus geschätzt hatte. Hier und jetzt sprach nur meine sexuelle Vernarrtheit. In Zukunft die Nächte neben Carlos, meinem Geliebten, zu verbringen, ganz dicht neben ihm, der Gedanke beseligte mich.

Nach dem leidenschaftlichen Einander-Wiederfinden unserer sehnsuchtsvollen Körper und anschließend einem gemeinsamen Bad in der hübschen altmodischen Badewanne, packte ich meine Koffer aus, richtete mich nach Carlos' Angaben in der Wohnung ein, und fühlte mich schnell bei ihm zu Hause.

Zu Hause und geborgen, dachte ich.

An diesem ersten Abend speisten wir in einem der Lokale in der Baixa, die schlicht wirkten, ohne jeden touristischen Firlefanz auskamen, aber ausgezeichnetes Essen boten. Dienten sie ja vor allem den Geschäftsleuten, Notaren und Bankiers, die in diesem Viertel vermehrt ihre Büros hatten, als Restaurants für zwischendurch. Und die Portugiesen nehmen das Speisen überaus ernst und sich auch mitten in einem Arbeitstag stets genügend Zeit dazu.

Wir saßen uns also bei Neonbeleuchtung gegenüber. Es gab nur quadratische Tische, die mit weißen Papiertüchern bedeckt waren, die man nach dem Abräumen der

Essensreste wegwerfen konnte. Aber zu Beginn standen gleich Brot, Wurst und Käse bereit. Dazu dann schnell eine Flasche Wein. Und was man als Hauptgang vorgesetzt bekam, sei es Fisch, Fleisch – auch die diversen Beilagen –, alles schmeckte wirklich vorzüglich.

Ich esse meist nur hier in der Baixa, sagte Carlos, weil Küche und Wein hier eben immer Qualität haben. Aber, Eeedwig, ich führe dich später auch in andere Lokale! Keine Angst! Auch in solche, die bei uns als vornehm oder hip gelten! Oder wir fahren nach Guincho, essen auf der Terrasse eines Restaurants an der Küste, direkt über dem Meer!

Das Meer, sagte ich, ich freue mich auf das Meer!

Zu dieser Freude wirst du reichlich Gelegenheit haben, antwortete Carlos, wir in Portugal haben endlos Meer zur Verfügung, eine endlose Küste lang. Aber jetzt sind wir hier, mitten in Lissabon, jetzt freu dich doch lieber auf deine erste Nacht bei mir – erste Nächte sind selten!

Sein letzter Satz – besser der Nachsatz – erste Nächte seien selten – verwirrte mich ein wenig. Auch weil er ihn mit einer seltsamen Ironie gesagt hatte, wenn nicht gar ein wenig spöttisch.

Aber diese erste Nacht bei ihm verlief dann so, dass meine vage Irritation sich wieder gänzlich auflöste, ich sie vergessen konnte. Diese Nacht war vollkommen. Nachdem wir vollgegessen und leicht betrunken in seine Wohnung hochgestiegen waren, einander immer wieder mit Zärtlichkeit umarmend und küssend, war dort unser Zueinanderfinden auf der Weite seines ausladenden

Bettes innig, leidenschaftlich und schön. Einfach wunderschön. Auch das Einschlafen danach, eng umschlungen. Und die ganze Nacht über erfüllte mich das Glück seiner atmenden Nähe, nie zuvor hatte ich eine körperliche Nähe so genossen. Am Morgen dann das Erwachen – und als ich die meinen öffnete, waren auch seine Augen gleich auf mich gerichtet, mit einem Blick voll der zärtlichsten Liebe.

Oma, ich fühlte mich am Ziel. An einem Ziel, das ich nie erwartet oder erhofft hatte.

Und anfänglich fügte sich auch eins zum andern, ohne Hürden und wie selbstverständlich, in einer so absolut glaubhaften Weise, dass ich diese Zweisamkeit, Carlos und Hedwig ein Paar für immer und ewig, nicht im Geringsten mehr bezweifelte. Eine Weile, Oma, war ich wohl das, was man »glücklich« nennt.

Carlos zeigte mir sein Lissabon, sein Portugal, wir waren immer wieder unterwegs, und ich erlebte das Meer, den Atlantik, auf das Herrlichste. Aber auch die Landschaft südlich des Flusses Tejo, und deshalb Alentejo genannt, liebte ich sehr bald so, als sei sie meiner Seele gemäß. Weiche Hügel, grasige Weiden und lockerer Baumbestand, die berühmten Korkeichen, Pinien und Oliven, ich fand, wenn es das gäbe, sei diese Landschaft eine »biblische«. Carlos lachte mich aus, jedoch gefiel es ihm, wenn mir sein Land, seine Stadt gefielen, er liebte meine Begeisterung.

Natürlich arbeitete er in seiner Agentur, ich war oftmals mir selbst überlassen. Meist blieb ich dann in der

Wohnung und befasste mich mit dem Portugiesischen. Ich hatte mir Lehrbücher besorgt und versuchte diese sehr komplizierte Sprache möglichst schnell wenigstens halbwegs zu erlernen. Am meisten Schwierigkeit machte mir der Unterschied zwischen Schreibweise und Aussprache, Portugiesisch zu lesen gelang mir viel schneller, als mich auf Portugiesisch zu äußern. Manchmal durchstreifte ich allein Lissabon, lernte die Stadt näher kennen, und versuchte mich gleichzeitig bei den Menschen, denen man während solcher Ausflüge Fragen stellt oder Auskünfte gibt, mit meinem anfängerhaften Portugiesisch verständlich zu machen. Dabei lernte ich eine Menge, sicher mehr als aus den Büchern.

Carlos schien mit meinem Lerneifer überaus zufrieden zu sein, er lobte mich, und ich war stolz. Demnächst würde er sich für mich auf die Suche nach einem Job machen, meinte er. Sobald ich der Sprache mächtig geworden sei, zumindest so weit, dass ich damit beruflich durchkäme, würde er mir diesbezüglich weiterhelfen. Ich war ihm dafür unendlich dankbar, auch weil es mich mehr und mehr danach drängte, wieder zu arbeiten. Und ich bezweifelte keinen Augenblick seinen Einfluss, sein berufliches Renommee, um mir problemlos hilfreich sein zu können.

Ich erlebte also einen Winter in Portugal, Tage, an denen es unentwegt regnete, manchmal wahre Fluten, die vom Himmel stürzten. Auch wurde es oftmals bitterkalt. Die Wohnung von Carlos besaß eine klaglos funktionierende Heizung, was aber hierzulande nicht selbstverständlich zu sein schien. Die Portugiesen hielten sich eisern für Südländer, erklärte mir Carlos, und sie frören lieber, als sich Kälte einzugestehen, die gehöre in den Norden! Viele würden deshalb eine Heizung verweigern. Sogar Taxis blieben meist kalt. Ich lachte. Wir beide, in unser nach wie vor leidenschaftliches Liebesleben verwoben, hatten kaum Zeit, ans Frieren zu denken. Uns wärmten nicht nur seine angenehm warm beheizten Wohnräume.

Und es gab in Lissabon auch immer wieder strahlend schöne und sogar laue Wintertage, immer wieder wölbte sich dieses unvergleichliche Blau des portugiesischen Himmels über die Stadt. Er verlockte uns oft, sie zu verlassen und hinauszufahren, stets irgendwohin an den Atlantik. Ich genoss dessen wilde Schönheit, vom Rand einer hohen Klippe her, oder in Buchten zwischen Felswänden, oder am Ufer eines endlos scheinenden und von Dünen begleiteten Sandstrandes dahinwandernd. Wie sehr ich dieses Meer zu lieben begann, Oma, noch intensiver als die Nordsee sprach es zu mir.

Für Carlos hingegen war es eine Selbstverständlichkeit. Seit seiner Kindheit hatte er die atlantische Küste als Teil seines Lebens erfahren. Mein Hingerissensein erfreute ihn zwar, gleichzeitig aber belächelte er es als Übertriebenheit. Worauf er selbst bei unseren Ausflügen bestand, das waren gute Restaurants, nicht zu viel Sonne, und keinerlei Sport. Er lehnte das immer beliebter werdende »Surfen« in den hohen, äußerst dafür geeigneten atlantischen Wogen kategorisch ab. Lauter

Verrückte! kommentierte er es nur kurz, wenn wir diese verwegenen, in Gummianzüge gehüllten Gestalten auf ihren Surfbrettern uns entgegensausen sahen.

Carlos ließ den Winter vorbeigehen, ohne sich merkbar um eine berufliche Möglichkeit für mich zu bemühen. Ich mahnte ihn auch in keiner Weise, da ich meine Sprachkenntnisse als noch nicht ausreichend betrachtete und lieber weiterhin fleißig meine Studien betrieb. Er ging seiner beruflichen Tätigkeit nach, ich hütete das Heim, lernte brav und freute mich, wenn wir Freizeit miteinander verbrachten. Eine Zeit lang war ich für Carlos eine bereitwillige, seinen Lebensumständen angepasste Gefährtin. Jedenfalls verhielt ich mich so und war es zufrieden. Eine Weile, Oma, blieb ich diese »Hedwig im Glück«, die nichts bezweifelte, sich in Portugal und Lissabon wie in einer Heimat angekommen fühlte, alles liebte, was dieses Land, diese Stadt betraf.

Und vor allem eben die Weite des Atlantiks liebte. Ich nahm mir manchmal allein ein Taxi und ließ mich etwa ein Stündchen, über Estoril und Cascais, nach »Cabo da Roca« fahren. Cabo heißt Kap, und es ist dies der angeblich westlichste Zipfel Europas. Es sind weit ins Meer hinausstürzende hohe Felswände, einen Leuchtturm gibt es dort, und auf einem Denkmal sind Worte des berühmtesten klassischen Dichters Portugals, Luis de Camões, eingraviert. Sie bedeuten auf Deutsch in etwa: »Hier, wo das Land endet, und das Meer beginnt.«

Es wurde dies zu einer Art Wallfahrtsort für mich, Oma. Noch als ich mich rundum glücklich fühlte, schenkte der Blick vom »Cabo« in die Unendlichkeit des Meeres hinaus mir eine ganz andere, eine seelische Beglückung.

Irgendwann – es war, glaube ich, bereits Frühsommer – forderte Carlos mich endlich auf, ihn in die Redaktion einer Tageszeitung zu begleiten, er wolle mich dort als Journalistin unterbringen. Sie hieße »Correio da Manhã« und besäße einen eigenen Fernsehsender. Ich hatte die Zeitung nie gelesen, den Sender nie gesehen, war aber anfangs arglos und erfreut bereit, mich dort zu bewerben, lautete »Correio da Manhã« ja übersetzt »Morgenkurier«, das erinnerte mich an den halbwegs anständigen Wiener »Kurier«, den auch du, Oma, manchmal gelesen hast. Aber Carlos machte mir auf der Hinfahrt sofort anderes schonungslos klar. »Correio da Manhã« sei ein ziemliches Schundblatt, hauptsächlich an dem interessiert, was mit Sensation und Indiskretion zu tun hätte, würde aber von allen gelesen, auch von denen, die abstreiten, es zu tun, also auch von sogenannten Intellektuellen oder linken Politikern. Offensichtlich ein Niveau, das dem der Boulevard-Zeitung entsprach, bei der ich in Wien ja noch kurze Zeit gearbeitet hatte.

Das desillusionierte mich auf Anhieb, aber ich wagte nicht, Carlos darum zu bitten, diesen Besuch bleiben zu lassen. Er meinte, im Auto gut gelaunt, dass man mich als Expertin für den deutschsprachigen Raum in dem Blatt möglicherweise recht gut brauchen könnte, sie hätten dafür ohnehin niemand Gescheiten, außerdem wäre ich sicher fähig, in ihrem TV-Sender Kommentare zu sprechen, dafür sähe ich gut genug aus, und mein Akzent wäre dabei auf exotische Weise reizvoll. Seine neben mir hervorgesprudelte Beschreibung meiner Möglichkeiten beim »Correio da Manhã« drückte mich noch mehr nieder. Als wir beim Verlagsgebäude ankamen und zur Redaktion hochstiegen, wäre ich – hätte ich den Mut dazu gehabt – liebend gern umgekehrt.

Und dann kam wahrlich nicht die von Carlos angekündigte »tolle«, in Deutschland erstklassig und erfolgreich tätig gewesene, jetzt in Portugal lebende Journalistin auf den Chefredakteur zu, sondern eine unsichere, mit ihrer inneren Abwehr ringende Frau, der das Lächeln schwerfiel und die mühsam portugiesisch sprach. Ich merkte sofort, dass Carlos unzufrieden war, sich sogar ein wenig für mich schämte. Dabei war der Chefredakteur eigentlich ein äußerst netter Mann, er bot uns »bica cheia« an – das entsprach einem sogenannten »kurzen« Espresso bei uns –, eine hübsche Sekretärin, die viel besser lächeln konnte als ich, brachte uns die dickwandigen, kleinen Tassen herein, und ich begann mich zu schämen, dass Carlos sich für mich schämte.

Also zwang ich mich hoch und holte alles an Charme hervor, was mir möglich war. Ich begann so gut es ging auf Portugiesisch zu parlieren, möglichst hell auflachend, wenn es ungeschickt klang, und ich übertrieb und log schamlos im Betonen meiner beruflichen Laufbahn. Ließ mich selbst zu einer überaus erfolgreichen »ersten« Journalistin werden, zur Lektorin und Beraterin von Schriftstellern, deren Bücher ich häufig in einer Weise mitbestimmt hätte, dass sie zu Bestsellern wurden. Ich lobte mich selbst über den grünen Klee, aber doch gelang mir, dieses Selbstlob wie nebenbei ins Gespräch zu bringen, scheinbar ohne jede Absicht und so selbstverständlich, dass meine Schamlosigkeit als Aufrichtigkeit durchging. Carlos glänzte jetzt vor Zufriedenheit, und das beflügelte mich.

Und es gelang.

Ich wurde also im »Correio da Manhã« angestellt, außerdem sollte ich ab und zu meine Themen auch vor der Kamera des Privatsenders kommentieren. Der nette Chefredakteur gab mir lächelnd zu verstehen, dass ich mich nicht überarbeiten würde, seine Zeitung wäre ehrlich gesagt nicht sonderlich international ausgerichtet, das inländische Geschehen bestimme ihre Inhalte. Trotzdem – dafür sorgte Carlos – sagte er mir ein ordentliches Gehalt zu, ich würde nicht schlecht verdienen.

Als wir wieder im VW-Cabriolet saßen und heimfuhren, war Carlos eine einzige strahlende Bewunderung, wie unglaublich rasant ich mich in der Redaktion vom armen Hascherl zur Diva entwickelt hätte! Er sagte es nicht mit diesen Worten, weder sagte er Hascherl noch Diva, aber sein lautes fröhliches Portugiesisch enthielt in etwa diese Begriffe. Er war von unserem Erfolg beim »Correio da Manhã«, von diesem »Sieg«, wie er es nannte, höchst angetan.

Aber ich war es nicht, Oma. In mir kam ein Gefühl hoch, als hätte ich mich verirrt. Wäre auf meinem Weg falsch abgebogen. Was Carlos an mir bestaunte und lobte, beschämte mich rückblickend. Ich hatte geschwindelt, etwas vorgespielt, das ganz und gar nicht stimmte. Im Grunde hasste ich es, wenn Menschen sich so benahmen, also hasste ich auch mich.

Klarerweise ließ ich Carlos unbehelligt, meine Zweifel, meine Scham, meine Furcht, all das – ich behielt es für mich. Eher tat ich so, als sei ich ebenso zufrieden wie er. Wir aßen abends auswärts, zu meiner Freude im Restaurant über der »Praia da Guincho«, diesem weiten Strand zwischen den Klippen der Felsküste, nicht allzu weit von Lissabon entfernt. Mir zuliebe ließ man uns stets im Freien auf der Terrasse speisen. Die Portugiesen tun es ja lieber im geschützten Raum – das Meer – wenn schon – bitte nur hinter dicken Glasscheiben! Sogar Carlos war anfangs ein wenig unwillig meinem Wunsch gefolgt, auch essend und trinkend die Nähe und das Rauschen des Atlantiks nicht missen zu wollen. Jetzt hatte er sich daran gewöhnt. Wir sahen an diesem Abend die Sonne in der Unendlichkeit des Meer-Horizontes versinken, mit einer gleißenden Silberbahn auf uns zu –

Hedwig hörte auf zu schreiben. Das Bild, welches sie damals vor Augen gehabt hatte, war ihr unvermittelt in die Seele gedrungen, also tiefer, als nur ins Erinnern. Sie sah es vor sich – und fühlte gleichzeitig, was die

Nähe des portugiesischen Meeres ihr stets bedeutet hatte. Sie seufzte auf.

Dann erst bemerkte sie, dass es bereits zu dämmern begann. Nicht mehr lange, und sie hätte die Lampe andrehen müssen. Darf nicht wahr sein, dachte Hedwig. Habe ich jetzt wirklich vom Vormittag an durchgehend geschrieben? Also einige Stunden lang und ohne anzuhalten? Plötzlich spürte sie auch einen gewaltigen Hunger, den wahrzunehmen sie schlicht vergessen hatte. Wie Lukas sie. Er schien ebenfalls noch nicht an sie gedacht zu haben, seltsam. Aber warum eigentlich nicht, mahnte sie sich, wir sind einander doch in keiner Weise verpflichtet, so willst du es doch haben! Hedwig schaute vor sich hin. Und nach einigem Zögern griff sie widerwillig, aber trotzdem zum Handy und wählte Lukas' Nummer.

Ja, Liebste?

Hedwig fühlte, dass diese ruhige Stimme, sein »Ja, Liebste?« sie irgendwie – ja – nahezu glücklich machte.

Hast du schon zu Abend gegessen? fragte sie.

Nein, es ist ja noch recht früh. Und ich dachte, dass du vielleicht irgendwann hungrig genug wirst, dich bei mir zu melden. Ich saß gerade am Klavier.

Habe ich dich gestört?

Nicht im Geringsten, ich habe für dich gespielt.

Für mich?

Nun ja, laut deiner Hinweise für mich berichtest du deiner Oma doch gerade aus deiner portugiesischen Zeit, nicht wahr?

Stimmt.

Deshalb hab ich mir wieder einmal die Klavierstücke von ein paar mir bekannten portugiesischen Komponisten vorgenommen.

Welche denn?

Kennst du dich denn dabei aus, Hedwig?

Nein, leider.

Also. Da gibt es zum Beispiel den Fernando Lopes-Graça – die Klaviersonaten von António Victorino D'Almeida – dann Luís de Freitas Branco –

Was für schöne Namen –

Machen sie dir Heimweh, Hedwig?

Ja, ein bisschen.

Essen wir beim Italiener und ich spiele dir danach was von ihnen vor?

Eine prima Idee. Bald?

Wenn du willst, in einer halben Stunde?

Will ich. Bis dann.

⁓

Oma, ich habe portugiesische Klaviermusik gehört – einiges kannte ich flüchtig, weil damals in Lissabon im Radio gehört. Ich war jedoch unaufmerksam, habe mich für die portugiesische Klassik nicht interessiert, eher hörte ich bekannte Fados, die man auch in den Restaurants spielte und sang. Aber Lukas hat mich gestern in einen musikalischen Bereich entführt, der mich auf

andere Weise ein Portugal erfühlen und wahrnehmen ließ. Und er hat wunderschön gespielt. Das ist für mich so sehr Teil dessen, diesen Mann zu lieben. Dieses verborgene Können. Das Klavier – die Musik – es ist ganz und gar meines – es gehört mir, sagt er.
Schön, Oma, was?

Hedwig unterbrach.

War sie doch wieder die Nacht über bei Lukas geblieben. Bis in die Morgenstunden hatte sie seinem Klavierspiel gelauscht, nachdem sie beide davor im italienischen Lokal reichlich gegessen und getrunken hatten. Danach war es ganz selbstverständlich gewesen, miteinander und ineinander einzuschlafen.

Jetzt, in der Schlösselgasse zurück, und nachdem sie ein wenig Ordnung geschaffen hatte, saß sie wieder am Laptop. Hedwig überlegte. Mein Bericht des Vergangenen näherte sich ja langsam den letzten Jahren fern von Wien, dachte sie, den Jahren, in denen du, Oma, wohl schon sehr alt warst. Hedwig hatte alle Fenster geöffnet, da die Wohnung nicht zur Sonnenseite hin lag. Der späte Vormittag war immer noch heiß und sommerlich. Sie hörte ab und zu Schritte unten auf der Gasse, und ein leichter warmer Wind wehte manchmal bis zu ihr her.

Ich begann also bei der Zeitung »Correio da Manhã« zu arbeiten. Obwohl »zu arbeiten« vielleicht nicht die richtige Bezeichnung ist. Ich tastete mich kläglich vorwärts.

Man stellte mich einigen Kolleginnen und Kollegen vor. Sogar erhielt ich einen eigenen Schreibtisch. Er befand sich in einem großen Raum, in dem mehrere Schreibtische standen, vor denen andere journalistische Mitarbeiter saßen und hektisch auf ihren Computern herumklopften. Aber alle erschienen sie mir versiert und kompetent zu sein, nur ich eine Fehlbesetzung.

Vorerst versuchte ich alles an Themen aufzugreifen, die einer Expertin für den deutschsprachigen Raum wohl bewusst sein sollten. Frau Merkel in Berlin, die Situation der Flüchtlinge in Deutschland und in Österreich, die gesamte politische Situation in beiden Ländern, der Rechtsruck überall.

Jedenfalls saß ich vor allen mir irgendwie erreichbaren Nachrichten, die entweder mein Computer im Büro mir lieferte, oder der Fernsehapparat mit politisch orientierten Programmen bei uns daheim. Da saß anfangs auch Carlos manchmal neben mir am Sofa und kommentierte eifrig mit. Leider geschah das jedoch allmählich seltener, er hatte abends oft mit Verlegern oder Autoren zu tun. Jedenfalls entschuldigte er sein Fernbleiben meist aus diesen Gründen.

Irgendwann wurden mir – ohnehin sehr spät, aber doch – vom Chefredakteur größere Artikel abgefordert, denn einiges, wofür ich zuständig war, wurde auch für »Correio da Manhã« brisant: Es ging um das drastische Ansteigen der Flüchtlingszahlen und um das Schließen von Grenzen in Österreich und Deutschland.

Ich litt an meiner mühsamen Beherrschung der mir

fremden Sprache, was ich, angstverzerrt zwischen Computer und Wörterbuch pendelnd, wohl nicht verbergen konnte. Engelsgleich kam mir deshalb plötzlich eine Kollegin zur Hilfe. Ihr Schreibtisch stand gleich neben dem meinen, und sie hatte meine Not klarerweise schnell erkannt. Ihr gelang es mühelos, meine sorgfältig recherchierten Artikel in ein vernünftiges Portugiesisch zu kleiden, und ich war ihr unsagbar dankbar dafür. Sie war jung und hübsch, hieß Amanda, und wurde mir anschließend in der Redaktion zu einer klugen und aufrichtigen Freundin. Eine, die mir immer wieder aushalf und die mich nie verriet. Außer dass wir uns überaus gut verstanden und viel miteinander lachten – ohne Amandas Beistand wäre meine Position in der Redaktion viel schneller geplatzt, als sie es dann später ohnehin tat.

So aber konnte ich einige Zeit lang meine Artikel ohne Zaudern abgeben, sie fanden genügend Gefallen. Und auch bei den Texten meiner eigenen TV-Kommentare beriet mich Amanda und half mir.

Ja, Oma, jetzt geschah sogar das, wovon ich dir ehemals versprochen hatte, es würde nie geschehen. Nie würde ich im Fernsehen erscheinen, ich würde nur Journalismus studieren, um schreibend für Zeitungen zu arbeiten, du würdest mich nie als eine dieser Fernsehsprecherinnen vor Augen haben müssen. Jetzt, in Portugal, geriet ich sogar einige Male auf den Bildschirm!

Die Studios des Privatsenders befanden sich neben dem Verlagsgebäude von »Correio da Manhã«. Sie waren technisch auf dem neuesten Stand und mit allem was gut und teuer ist ausgestattet, bis hin zu den Garderoben und Schminkräumen.

Ich zitterte vor Nervosität, als ich zum ersten Mal zum »Sala de Maquiagem« - also in die »Maske«, wie das bei uns heißt - zitiert wurde. Noch nie hatte mich jemand geschminkt, außer ich mich selbst, und das geschah ohne viel Aufwand, ich ließ mein Gesicht meist mein Gesicht bleiben. Jetzt aber platzierte mich eine Meisterin ihres Faches höflich in einen Lehnstuhl mit Kopfstütze und begann mich vor dem großen Spiegel, in dem ich ihre Hantierungen und mein fassungsloses Gesicht genau beobachten konnte, erbarmungslos zu schminken. Will heißen: zu bemalen. Sie schien Farben zu lieben, und ich war blass vor Aufregung, also sparte sie an nichts.

Ich wehrte mich nicht.

Eine Frau mit blauem Lidschatten, schwarz umrandeten Augen, bonbonrosa Wangen und blutroten Lippen saß später vor der Kamera und bemühte sich, ein paar Sätze ohne zu stocken hintereinander aufzusagen.

Ich weiß noch, es ging dabei um kein spezifisch deutsches oder österreichisches Thema, es ging diesmal zu unserer Überraschung um Obama-Care in USA, eine verpflichtende Krankenversicherung dort. Amanda und ich hatten ambitioniert am Text gefeilt, auch weil dieser Obama uns gefiel. Aber als ich jetzt, nach dem Wink der Assistentin, vor der Kamera loslegen sollte, war ich mir selbst einfach zu bunt, zu bemalt, zu weit weg von meiner optischen Identität, um einen eigenen, einen persönlichen Ton zu finden. Ich blieb nervös, lieferte diesen Beitrag, an dem mir ja sehr lag, so ab, als sei ich unbeteiligt, schnurrte ihn herunter, und schämte mich dabei.

Amanda fand das Ganze nicht so arg wie ich selbst, ihrer Mutter hätte ich gefallen, meinte sie, aber sie meinte auch, ich sollte dieser farbenfrohen Maskenbildnerin mehr Einhalt gebieten.

Carlos hingegen lachte schallend, als er mich sah – was haben denn die aus dir gemacht? brüllte er vergnügt, so vergnügt, dass ich in Tränen ausbrach. Da schloss er mich in die Arme, meinte tröstend: Mein Schatz, du siehst auch als Clown hinreißend aus! und verstand nicht, dass ich noch mehr heulte.

Bei den nächsten Fernsehauftritten, die es von mir noch gab, sah ich weniger überschminkt aus, weil ich mich dagegen verwehrte, und es gelang mir auch, in den Beiträgen etwas überzeugender zu wirken. Die Kameraleute waren freundlich, aber kurz angebunden, da mein Auftritt auch immer in aller Kürze erledigt war. Der Chefredakteur sagte ein einziges Mal, und nur im Vorbeigehen, ich sei ja überraschend telegen.

Nur das.

Keine Silbe zum Inhalt, zur Qualität meiner Texte, die ich trotz ihrer Geringfügigkeit doch stets – wenn auch mit Amandas Hilfe – sehr ernst nahm. Natürlich wurde von übergeordneter Stelle »genehmigt«, was ich anbot, manchmal wurde auch gekürzt oder ein Satz verändert. Einen Beitrag lehnte man sogar knapp vor der Sendung ab, »die Sache hätte sich überholt«, hieß es da.

Wie auch immer – ich war also beruflich »unter Dach und Fach«, fand Carlos. Nicht mehr meist daheim und in einer Art Warteposition, was ihn betraf. Das schien er zu genießen. Er hatte vermehrt Verabredungen ohne mich, von denen er mir zwar sagte, die ihn aber oftmals auch dann fernhielten, wenn ich Zeit und Möglichkeit gehabt hätte, an seiner Seite zu sein. Ja, Oma – wie auch immer – unser Glück wurde brüchig. Es geschah, was die Zeit meist geschehen lässt.

Aber ich wollte das vorerst in keiner Weise wahrhaben. Im Gegenteil. Ich bemühte mich krampfhaft, ebenfalls eigene, von mir bestimmte Wege zu gehen, mich möglichst als selbstbewusste und unabhängige Frau zu präsentieren und vor allem: nicht ständig auf Carlos zu warten oder mich nach ihm zu sehnen. Nur so könne ein liebendes Zusammenleben letztlich bestehen, versuchte ich mir einzureden, wir beide trotz unserer Gemeinsamkeit auch stets frei für anderes, beide auch immer wieder ohne einander und ja nicht im Zustand ewiger Turteltäubchen verharrend.

Was mir ein wenig bei der Realisation dieser Vorhaben half, war die wachsende Freundschaft mit Amanda. Wir waren auch privat viel und gern beisammen. Da sie vor kurzer Zeit ihre eheähnliche Verbindung mit Jorges, einem der Kameramänner des »Correio da Manhã«-Fernsehsenders, beendet hatte, besaß sie jetzt eine Menge Freizeit, die sie ungern alleine verbrachte. Auch besaß Amanda im Gegensatz zu mir ein Auto.

Ich liebe unsere Landschaft, sagte sie eines Tages zu mir, und das, obwohl ich Portugiesin bin. Den meisten hierzulande ist die Schönheit Portugals viel zu selbstverständlich. Weißt du, Eeedwig – auch sie konnte das H am Beginn meines Namens nicht aussprechen –, früher habe ich Jorges öfter begleitet, wenn er mit seiner Kamera losfuhr, er hat gern Dreharbeiten übernommen, für die er in entlegene Dörfer und Gebiete fahren musste. Da habe ich vieles von unserem Land kennen- und schätzen gelernt. Das ist jetzt eben vorbei.

Macht es dich traurig? fragte ich.

Nein. Weil es zwischen uns endlich vorbei ist. Jorges und ich, wir haben uns lange genug miteinander herumgequält. Und ich chauffiere gern selbst, mache also jetzt alleine meine kleinen Ausflüge. Fährst du einmal mit mir?

Den Alentejo habe ich gern, sagte ich sofort.

Prima! Ich auch! Machen wir eine Fahrt dorthin! Und dann ans Meer bei Melides!

Ich wusste nicht, was mein Vorschlag und Amandas begeisterte Zustimmung zur Folge haben würden.

Es war wunderbar, an ihrer Seite auf schmalen Straßen durch den Alentejo zu fahren, zwischen Olivenbäumen und Korkeichen, oft der freie Blick über die Hügel oder auf weidende Viehherden. Amanda kannte sich gut aus. Sie wusste auch, wo wir einkehren und auf einfache Weise gut speisen konnten. Und dass wir die Kleinstadt Grândola passieren und einen bewaldeten Höhenrücken überqueren mussten, um dann unvermutet die endlosen Strände des Atlantiks zu erreichen. Hier gab es keine Felsküste, nur die Dünenlandschaften und, das Meer begleitend, den weißen Küstenstreifen, so weit das Auge reichte. Bei der »Praia« von Melides befand sich außerdem eine »Lagoa«, ein Lagunengewässer in Strandnähe, das, von Sand umgeben, wie ein Wüstensee wirkte, wenn man darin schwamm. Dort lagerten wir. Das Dröhnen der nahen Brandung drang bis hierher, aber die Wasserfläche der Lagoa vor uns schimmerte still in der Sonne, Flamingos und Möwen besuchten sie, außer uns kein Mensch.

Ach Oma.

Wer aber plötzlich auf uns zugetrottet kam, war ein Hund. Ein mittelgroßer, recht verwahrlost wirkender Hund, den man keiner Rasse zurechnen konnte. Sein leicht struppiges Fell war braungrau, er hatte hängende Ohren – und ein wunderschönes Gesicht! Ich kann es nicht anders beschreiben. Dieser Hund, Oma, hatte ein Gesicht. Und große traurige Augen. Er kam langsam und furchtlos auf uns zu, und er sah mich an.

Amanda, in dieser Hinsicht eine typische Portugiesin, erschrak vorerst, sprang auf, und war geneigt, das Tier wieder zu vertreiben. Aber der Hund ließ das nicht zu. Er legte sich neben mich, als wäre hier sein Platz. Seit je.

Was will der Hund? rief Amanda.

Bei mir bleiben, sagte ich.

Aber sicher gehört er jemandem!

Nein, Anton gehört niemandem.

Anton?

Ich nenne ihn Anton, sagte ich.

Anton, dachte Hedwig. Ich nannte ihn von Anfang an, sofort, als er sich zu mir legte, Anton. Er hieß einfach so.

Amanda hielt mich deshalb sicher für verrückt. Auch dass ich ihn mitnahm, war ihr unbegreiflich. Selbst weiß ich auch nicht so genau, was mit mir und diesem Hund geschah. Woher ich diese Sicherheit nahm.

Hedwig musste Tränen von ihren Wangen wischen. Sie hatte sich in den letzten paar Tagen von der Trauer um dieses Tier, um diesen über alles geliebten Hund Anton, ein wenig lösen können. Es geschah durch das Aufschreiben von Vergangenem, es war all das Erinnern, wovon sie erfasst worden war. Und dann Lukas. Zusätzlich und in kürzester Zeit das Kennenlernen eines Mannes, der es fertigbrachte, dass sie nicht davor zurückschreckte, nochmals zu lieben. Aber jetzt, weil das Erinnern an die Lagoa von Melides und das Auftauchen des Hundes, schreibend herbeigerufen, ihr so klar vor Augen und in die Seele geriet, war es wieder da, das Weinen um ihn. Sie würde ihr Leben lang um ihn weinen.

Das Handy rief.

Ja? sagte Hedwig.

Was ist? fragte Lukas.

Wieso?

Weil du weinst.

Nein – ich –

Ich weiß, dass du weinst. Was also ist?

Ich habe mich an meinen Hund erinnert.

An Anton?

Ja. Meine Erzählung ist an den Punkt geraten, an dem ich ihn kennengelernt habe.

Muss deine Oma das so genau erfahren, wenn es dich derart schmerzt? Als du mir von Anton erzählt hast, ist es dir bemitleidenswert schwergefallen, willst du das jetzt nicht ein wenig beiseitelassen?

Nein, Lukas. Es muss sein.

Und muss es heute noch sein?

Jetzt. Wenn ich jetzt weiterschreibe, ja.

Du weißt, Hedwig, dass der Tag sich neigt?

Ich – ich hab' schon sehr lang geschrieben –

Kann man wohl sagen. Soll ich etwas zu essen in die Schlösselgasse bringen? Eine Pizza oder so was?

Das wäre eine grandiose Idee, Lukas!

Gut. Dann also bis später.

Bis dann, ja. Und danke.

Hedwig legte das Handy wieder beiseite.

Dass er es sofort gespürt hat, mein Weinen, dachte sie. Dass Lukas ein Mann ist, der spüren kann. Eine Seltenheit.

Hedwig wandte sich erneut dem Bildschirm zu.

Ich nenne ihn Anton, sagte ich.

Da begann das Weinen. Also weiter, dachte Hedwig, ich mache noch weiter, bis Lukas kommt.

Unsere Heimfahrt, mit dem Hund im Auto, verlief nicht allzu harmonisch. Amanda versuchte mich wiederholt davon abzubringen ihn mitzunehmen, sie flehte mich förmlich an, ihn wieder irgendwo abzusetzen. Oder wenigstens zurückzubringen. Glaubst du nicht, dass den Hund in Melides jetzt jemand vermisst? fragte sie, an mein Mitgefühl appellierend. Nein, antwortete ich, so struppig, wie Anton aussieht, ohne Halsband und ohne jede Pflege, vermisst ihn niemand. Auch wenn er jemandem gehören sollte, vermissen wird ihn niemand. Und er hat mich gefunden, nicht ich ihn. Aber was wird dein Freund Carlos zu einem Hund sagen? beschwor Amanda mich, überlege doch!

Mir egal, gab ich ungerührt zur Antwort.

Und so war es auch. Es war mir egal. Noch nie zuvor war mir etwas, womit ich Carlos konfrontieren musste, je egal gewesen. Es geschah zum ersten Mal.

Denn Carlos war entsetzt. Was soll das denn! schrie er, was soll dieses verlauste, verwahrloste Tier? Bist du verrückt geworden? Denke an unser Zusammenleben, wir sind beide berufstätig, wir brauchen Freiheit! In den Restaurants wollen sie keine Tiere, unsere Freunde werden von uns abrücken, mit dem Hund kann ich dich doch nirgendwohin mehr mitnehmen!

Ich ließ sein Geschrei ungerührt an mir abprallen, während ich Anton in aller Ruhe in unserer Badewanne mit Seifenschaum abschrubbte, danach sein Fell auskämmte und ihm vorläufig aus unseren eigenen Vorräten reichlich zu fressen gab. Schließlich aber hatte auch Carlos sich ausgetobt, er sank erschöpft in einen Lehnstuhl und betrachtete fassungslos mich und den jetzt sauberen und gesättigten Hund. Da erst beantwortete ich seine Anwürfe. Weißt du, Carlos, sagte ich, wie immer du es siehst, dieser Hund heißt Anton und bleibt ab jetzt an meiner Seite. Er wird dir sicher keinerlei Freiheit rauben, und

Restaurants oder Freunde, die keine Hunde mögen, die mag ich auch nicht. In die Redaktion werde ich ihn mitnehmen. Und du bist in letzter Zeit sowieso häufig allein unterwegs, er wird dich also auswärts kaum stören. Ich hoffe nur, dass du uns beide nicht aus deiner Wohnung wirfst, dass wir hier bleiben können?

Der mittlerweile ruhiger gewordene Carlos fuhr bei meiner letzten Frage nochmals hoch, was für eine Blödheit von mir! Wie könne ich annehmen, er würde mich eines Hundes wegen aus der Wohnung werfen! Er fände es nur unnötig und beschwerend, dass ich einen herbeigeschleppt hätte, aber bitte! Wenn mein Glück davon abhinge und nicht mehr nur von unserer Zweisamkeit, dann sei es in Teufels Namen eben so! Das Einzige: ich solle es ja nicht beklagen, wenn er selbst diesen – na ja, Anton – in keiner Weise ins Herz schlösse, Portugiesen hätten's nicht mit Hunden!

Wir aßen an diesem Abend nicht auswärts, sondern daheim. Anton lag zufrieden neben mir und bettelte nicht, während wir gebratene Steaks verzehrten. Das machte auf Carlos einen besänftigenden Eindruck. Außerdem milderte eine Flasche vom besten Alentejo-Rotwein seine Laune, und die Hürde aus Abwehr, dass ab nun ein Hund unser Leben teilen würde, schien nach der ersten wilden Aufwallung einigermaßen erfolgreich genommen worden zu sein.

Und ich lebte ab nun maßgeblich mit und für Anton, meinen Hund. Wir hatten eine Nähe zueinander, die man wohl symbiotisch nennen könnte. So unvermutet und *dennoch unausweichlich wir einander am Strand von Melides begegnet waren, so setzte sich unsere Beziehung fort. Es gab keinen einzigen Augenblick der Uneinigkeit zwischen uns, keinerlei Erziehenmüssen oder allmähliches Vertrautwerden, nein, wir verstanden uns auf Anhieb so gänzlich, wie zwei Wesen sich nur verstehen können. Sicher eine unübliche und erstaunliche Gemeinsamkeit, eine, die sich so zwischen Mensch und Tier selten einstellt, ich gebe es zu. Aber es war so. In der Redaktion lag Anton ruhig und wissend neben meinem Schreibtisch. Amanda hatte sich nicht nur an ihn gewöhnt, sie schloss ihn sogar langsam ins Herz, und wenn wir gemeinsam über einem Text saßen, sah ich sogar ab und zu ihre Hand wie nebenbei Antons Fell kraulen. Bei meinen seltenen Fernseh-Auftritten verblieb der Hund in einer der Garderoben des Senders und wartete dort auf mich. Er schien sich nie unsicher zu fühlen, meine Rückkehr nie zu bezweifeln, blieb stets ruhig, meist schlafend, ohne je irgendwen zu stören.*

Anton war ein Wunder, Oma.

Hedwig fühlte, dass ihre Augen sich wieder mit Tränen füllten. Sie stand abrupt auf, verließ den Schreibtisch und trat an eines der offenen Wohnzimmerfenster. Der Himmel über dem Hausdach gegenüber war rosenfarben, die Sonne schien bereits gesunken zu sein, aber noch war es hell. Als Hedwig unten auf der Gasse Schritte hörte, beugte sie sich ein wenig vor und sah Lukas des Weges kommen. Er trug zwei Pizzaschachteln. Als sie ihn erblickt hatte, hob auch er den Kopf, sah herauf und winkte ihr kurz zu. Dann verschwand er im Haustor.

Hedwig ging rasch noch ins Badezimmer, besah ihr Gesicht im Spiegel, ja, ihre Augen waren immer noch nass, sie zuckte mit den Schultern, was soll's, und lief weiter zur Wohnungstür, um Lukas zu öffnen.

Der nahm gerade die letzten Stufen und stand dann ein wenig atemlos vor ihr. Rasch und zart küsste er Hedwig auf den Mund, ehe er an ihr vorbei den Flur betrat.

In die Küche? fragte er.

Ja, zum Küchentisch, sagte Hedwig, da esse ich immer am liebsten.

Lukas zog eine Weinflasche aus seiner Jackentasche. Schau, was ich noch hab!

Prima! rief Hedwig.

Während sie Teller, Gläser, Besteck und Servietten vorbereitete, löste Lukas die Pizzen aus den Kartons, schnitt sie zu Kuchenstücken und ordnete diese auf einer blau geblümten Porzellanplatte an, die er aus dem Küchenschrank genommen hatte.

Gut so? fragte er.

Passt genau, antwortete Hedwig.

Als sie einander am Küchentisch gegenübersaßen, vor dem Fenster, das ebenfalls in den grauen Lichthof führte, brannte über ihren Köpfen bereits die alte Zuglampe mit dem blauen Glasschirm. Sie beleuchtet dieses Abendessen wie ehemals meine Mahlzeiten mit der Oma, kam es Hedwig in den Sinn.

Nur Pizza gab es bei uns nie, sagte sie.

Bei euch? fragte Lukas.

Bei Oma und mir.

Habt ihr immer hier gegessen?

Meistens.

Lukas hatte zuvor eingeschenkt und hob jetzt das Glas.

Auf das, was war!

Hedwig nickte, sie stießen an und tranken.

Da sind eine Menge Tränen in deinen Augen, sagte Lukas.

Ich weine doch nicht! wehrte Hedwig ab.

Ich sagte ja: in deinen Augen. Dort bewahrst du das Weinen auf.

Hedwig antwortete nicht. Sie nahm ein Stück von der Pizza und begann zu essen. Auch Lukas tat das. Beide kauten. Schweigen herrschte.

Was meine Oma besonders gut zubereitet hat, fuhr Hedwig plötzlich fort, das waren Germknödel, gefüllt mit Powidl. Sie hat das von ihren böhmischen Vorfahren übernommen, aber als ich älter wurde, mochte ich diese Knödel nicht mehr, sie würden mich dick machen, fand ich.

Was fand die Oma?

Sie war gekränkt.

Ach Hedwig, du und deine Oma.

Ja, ich und meine Oma. Die wahre und unverzeihliche Kränkung, die ich ihr zugefügt habe, führt zu diesem Lebensbericht, an dem ich jetzt tagaus, tagein schreibe, und von dem du ja meinst, er gelte vorrangig mir selbst.

Hedwig, ich –

Was ja auch stimmt, Lukas! Ich möchte mir selbst die Jahre meines Fernbleibens erklären. Und das mir jetzt so unbegreiflich gewordene Schweigen. Diese wortlose Abwesenheit. Warum nur?

Fragst du mich?

Wüsstest du eine Antwort?

Ich kenne dich erst seit einigen Tagen, Hedwig, jedoch sehr intensiv. Antwort weiß ich keine – ich bedenke nur mögliche Anstöße für dieses dein Verhalten –

Sagst du sie mir?

Nun ja – es ist nur ein Versuch, nimm mich bitte nicht zu ernst – also – du hast deine Eltern früh verloren – warst zu dicht und einzig an eine alte Frau gebunden – die du liebtest, die dir aber als einzige Bezugsperson trotzdem immer unerträglicher wurde. An ihrer Seite einen eigenständigen Weg zu finden, gelang dir nicht. Du musstest dich lösen, Hedwig. Weg aus Omas Schlösselgasse, die dich einschloss. Und dieses Weggehen hat dich so viel Kraft gekostet, dass du an allem, was du zurücklassen musstest, nicht mehr rühren wolltest. Inklusive an der Oma. Irgendwie – bist du in ein anderes Leben gesprungen – und erst jetzt wieder in deines zurückgekehrt.

Hedwig hatte ohne eine Regung zugehört und Lukas nicht aus den Augen gelassen.

Was ist, Liebste? fragte er, als sie schwieg. Liege ich so falsch?

Nein, sagte Hedwig. Ich danke dir.

Du dankst mir?

Ja, sehr. Weil ich mich selbst jetzt ein wenig verstehe. Und zu Ende schreiben kann.

Bist du schon am Ende deiner Erzählung angekommen?

Noch nicht am Ende, aber es geht dem Ende zu. Wie Anton in mein Leben kam, ist schon beschrieben, und ich –

Hedwig unterbrach. Sie nahm ein weiteres Pizzastück von der Porzellanplatte und biss heftig davon ab. Auch trank sie ihr noch fast volles Glas in einem Zug leer. Lukas beobachtete sie. Aus dem Stockwerk über ihnen drangen Stimmen in den Lichthof, ein Fenster wurde zugeschmettert. Dann herrschte wieder Stille.

Ja, an Anton zurückzudenken, macht mir Mühe, sagte Hedwig jetzt. Und es ist seltsam, wie sehr.

Es ist nicht seltsam, mit Mühe an einen Verlust zurückzudenken.

Er war ein Hund.

Er war eine große Liebe.

Ja.

Hedwig schaute vor sich hin.

Und ich denke, mehr als Carlos es letztlich war, sagte sie dann. Obwohl ich glaubte, bei ihm das Glück meines Lebens gefunden zu haben.

Lukas griff nach Hedwigs Hand und nahm sie in die seine. Erst nach einer Weile fing er an zu sprechen.

Weißt du – das Glück seines Lebens findet man wohl nie bei einem anderen Menschen, auch bei aller Liebe nicht. Und schon gar nicht, wenn man sich ohne diesen Menschen nur verlassen und unglücklich fühlt. Dazu kommt – dass man sich selbst und das eigene Leben aufrichtig gernhaben muss, um einen anderen Menschen und dessen ganz anderes Leben wirklich lieben zu können – aber das sind uralte Hüte, die ich dir da vorpredige, Hedwig.

Ich liebe deine uralten Hüte, sagte Hedwig, nimm mich bitte in den Arm.

~

Sie hatten diese Nacht gemeinsam in Omas altem Doppelbett verbracht, nachdem Hedwig neben ihrem eigenen Schlafplatz mit Leintuch, Kissen und Decken eine weitere behagliche Ruhestätte entstehen ließ. Es war das erste Mal, dass Lukas bei ihr schlief. Und das, nachdem sie vorerst auf das Schönste miteinander geschlafen hatten.

Sie frühstückten am Küchentisch, wieder vor dem Lichthof, in den es jetzt jedoch prasselnd hineinregnete. Also hatte Hedwig das Fenster geschlossen, der Düsternis wegen die blaue Tischlampe wieder angedreht, und einfache Butterbrote zum Filterkaffee hatten ihnen köstlich gemundet. Als Lukas dann ging, gab Hedwig ihm einen alten Regenschirm aus Omas Beständen mit, es war einer, der ihm besonders gut gefiel. Als hätte Arthur Schnitzler ihn ehemals besessen, oder Sigmund Freud! begeisterte Lukas sich. Hedwig sah dann unten in der Gasse den riesengroßen schwarzen Schirm eilig im Regen entschwinden.

Sie ließ die Fenster der Wohnräume geöffnet, das Herabrauschen davor hörte sich schön an, und nach wie vor war es warm.

Als der Laptop wieder in Betrieb war, nahm Hedwig vor dem Schreibtisch Platz. Sie öffnete die Oma-Datei. Aber ihr fehlte plötzlich der Mut, weiterzuschreiben. Sie saß davor, die Hände im Schoß, ihr Blick auf die letzten Zeilen geheftet.

Los jetzt, Hedwig! forderte sie sich dann energisch auf. Einfach weitererzählen! Komm, mach keine Umstände. Einfach weiter. Es geht doch immer nur so.

Carlos und ich lebten vorerst in dieser neuen Konstellation weitgehend unser altes Leben weiter. Er duldete den Hund meist ohne Widerspruch, weil der Hund seinem Komfort nicht im Wege war. Anton war klug und wusste dieses Herrchen an meiner Seite gut zu nehmen. Er störte uns nie.

Wir besuchten ab nun möglichst Lokale, die nicht hundefeindlich waren. Die Bekannten, mit denen uns auch Freundschaft verband, fanden sich schnell mit Antons Anwesenheit ab. Und vermehrt ergab es sich ohne-

hin, dass Carlos die Stadt auf einige Zeit verlassen und allein unterwegs sein musste. Es gab für ihn, wie er mir erklärte, unzählige Autorinnen und Autoren und deren Buchausgaben zu betreuen. Er müsse deshalb öfter reisen, was ihm viel an Einsatz und Kraft abfordere. So jedenfalls erklärte mir Carlos seine sich häufenden Abwesenheiten. Er sei jedoch gerade auch sehr erfolgreich in allem und müsse diese ihm gewogene Zeit nutzen, sagte er.

Da ich ihm alles glauben wollte, mich sogar für ihn zu freuen versuchte, fand ich es vorerst folgerichtig, dass die Zeiten unseres Zusammenseins sich dadurch stark reduzierten.

Und dann hatte ich jetzt ja Anton zur Seite. Oft fuhr ich allein mit ihm zum Strand von Guincho, den er liebte, an dem er unersättlich entlangtobte. Auch in meinem bevorzugten Restaurant dort hatte man sich an meinen Hund als Begleiter gewöhnt. Durch dieses enge und ständige Zusammensein mit Anton fiel mir lange nicht auf, Oma, was mir schon viel früher hätte auffallen müssen: dass Carlos sich von mir entfernte.

Dazu kam die sich steigernde Problematik der Flüchtlingskrise, die auch vom »Correio da Manhã« journalistisch wahrgenommen werden musste, ob dieses Blatt es nun wollte oder nicht. Ich, für den deutschsprachigen Raum zuständig, wurde also zur Pflicht gebeten. Ich sollte darüber schreiben. Sollte darüber auch im Fernsehen sprechen. Ich sollte es tun, ja – aber gleichzeitig so, dass »die Linie« der Zeitung davon nicht verletzt würde. Also bitte nicht allzu viel Lärm und Wirbel um das Ganze!

Die Portugiesen sollten bei Laune bleiben. Sie sollten weiterhin gern diese Tageszeitung kaufen, weil sie eine war, die ihnen den Tag nicht verdarb. Also Elend und Grauen möglichst beiseitelassen. Ein wenig Anteilnahme oder Kritik, je nachdem, dürfe ja aufkommen, aber – zum Beispiel – ja kein näheres Eingehen auf Reaktionen aus der rechten Ecke in Österreich! Auch in Portugal gäbe es schließlich diese politische Ausrichtung, und vor allem die Leser von »Correio da Manhã« seien meist keine linksgerichteten Intellektuellen, also das bitte beachten, Senhora Pflüger!

Ich bemühte mich vorerst um Informationen, indem ich alles an Berichten und Analysen nutzte, die mir zugänglich waren, ich versuchte, mir einen möglichst klaren und unbeeinflussten Überblick zu verschaffen. Saß also daheim und in der Redaktion vor dem Computer, surfte durch das Internet, sah alles auf YouTube, was man sehen konnte, las in deutschen und österreichischen Zeitungen. Vieles, was ich da erfuhr, forderte meine persönliche Abwehr und Kritik heraus.

Jedoch bemühte ich mich. Ich schrieb die von mir geforderten Artikel, indem ich mich selbst zensurierte, die eigene Haltung zum Thema kaum oder nur sanft einfließen ließ, um die Wünsche der Zeitung ja zu erfüllen. Aber vergeblich. Nahezu alles, was ich anbot, erregte Missfallen, wurde abgelehnt oder gröblichst korrigiert. Meine Fernsehauftritte wurden gestrichen.

Als ich Amanda verzweifelt fragte: wieso? schüttelte sie nur traurig den Kopf. Du bist ihnen zu sehr Öster-

reicherin und zu wenig Portugiesin, sie bezweifeln von vornherein deine Beurteilungen, sagte sie. Aber wenn schon, Amanda, müsste ich doch berichten dürfen, was wirklich Sache ist! rief ich.

Sie sah mich ruhig an, es war ein dunkler Blick.

Eeedwig! Wer berichtet in diesem Blatt schon, was wirklich Sache ist! antwortete sie dann. So hatte ich sie über diese Zeitung, die schließlich seit Jahren ihr Arbeitgeber war, noch nie reden gehört.

Immer deutlicher spürte ich das Abrücken der Chef-Etage von mir, der recht unnötigen ausländischen Journalistin, die man Carlos Ferreira zuliebe eingestellt hatte, die ein schlechtes Portugiesisch sprach, nichts Zündendes brachte und einen Schreibtisch besetzt hielt, für den es bessere Anwärter gäbe.

Krampfhaft hielt ich mich noch eine Weile bei »Correio da Manhã«, aber diese Weile wurde mir eine ungute und quälende. Nur noch mit leisem Grauen betrat ich die Redaktionsräume, saß aber täglich – Antons ruhige Anwesenheit als einzigen Trost neben mir – an diesem verflixten Schreibtisch, den ich zu hassen begann, und mühte mich erfolglos ab. Auch Amandas Beistand half nicht mehr weiter, man begann unsere Freundschaft mit scheelen Blicken zu betrachten, und ich konnte verstehen, dass sie ihren Job nicht aufs Spiel setzen wollte. Ich wusste, dass sie darunter litt, aber sie musste sich von mir distanzieren.

Die ganze Situation begann mich mehr und mehr mürbe zu machen, so sehr, dass ich schließlich aufgab.

Lange hatte ich Carlos aus meinen beruflichen Nöten herausgehalten, auch, weil er selbst vom Beruf so belastet zu sein schien. Zwar auf erfolgreichere und ihn belebende Weise, aber doch schien er stets übermüdet und ausgelaugt zu sein, wenn wir endlich zueinandertrafen, um gemeinsame Zeit zu verbringen. Ich war auf typisch weibliche Weise verständnisvoll, Oma – ja, typisch für uns Frauen, wenn wir »aus Liebe« verdrängen, statt genau hinzusehen. Aber das jetzt nur nebenbei.

Wenn wir zusammen waren, Carlos und ich, versuchte ich dieses Zusammensein zu genießen so gut es ging. Ich ließ das Beklagen meiner beruflichen Frustration in unseren Gesprächen beiseite. Bis ich nicht mehr konnte. Bis ich eines Abends, wir zu Tisch in einem teuren Restaurant, nach gutem Speisen und reichlich Wein, bitterlich zu weinen begann. Carlos fragte mich irritiert, was denn sei, und ich schüttete ihm mein Herz aus.

Was stellen die Herren Redakteure dieses läppischen Blattes sich eigentlich vor! reagierte er anfangs aufbrausend, man hätte ihm schließlich zugesagt, seine Freundin dort gut zu behandeln, denen würde er aber ordentlich einheizen!

Das verbat ich mir aber. Nein, ich wolle kündigen, unbedingt. Mein Problem sei nur, ob er, Carlos, mir böse sei, wenn ich den Journalismus hierzulande jetzt einmal bleiben ließe?

Warum er mir denn deshalb böse sein solle! antwortete Carlos ungehalten. Und zu Recht diesmal, Oma, so demütig war meine Frage, eine beschämend freiwillige

Unterordnung, das musste ihn ärgern. Nein – ich meine – fuhr ich fort, wollte klarer und selbstbewusster formulieren, aber Carlos nahm mir jedes weitere Wort aus dem Mund. Er sagte, ich könne natürlich hier in Lissabon und in seiner Wohnung – auch ohne Beruf und ohne Verdienst – unbesorgt mein Leben führen! Es ließe sich später sicher wieder etwas finden, woran ich mit Freude arbeiten würde, aber jetzt mal Ruhe, Eeedwig!

Ich war ihm unsäglich dankbar. Es folgte eine stürmische Liebesnacht, und mein Leben schien wieder im Gleichgewicht zu sein und ich am rechten Weg.

Schon tags darauf kündigte ich bei »Correio da Manhã«, man reagierte höflich erleichtert, und ich wusste, dass außer Amanda mir niemand eine Träne nachweinte, im Gegenteil. Ich räumte meinen Schreibtisch. Und als ich die Freundin umarmte, beschlossen wir sofort, einander nicht aus den Augen zu verlieren.

Danach befolgten wir das auch. Immer wieder nahm Amanda mich an freien Tagen in ihr Auto, und wir bereisten portugiesisches Land, in all seiner Vielfalt. Wir waren viel am Atlantik, an verschiedenen Stränden, und Anton war uns stets ein begeisterter und launiger, aber auch gehorsamer Begleiter. Und für mich war es gut, Amanda zu wissen, jemanden zu wissen, der gern mit mir zusammen war. Denn Carlos sah und traf ich immer weniger. Er schien Gast in seiner eigenen Wohnung geworden zu sein, war nur unterwegs, kaum daheim. Der Beruf fresse ihn auf, er gäbe es zu, ja! beantwortete er meine zaghaften Hinweise, mich alleingelassen zu fühlen. Jedoch könne er *zurzeit leider nichts dagegen tun, ich solle Geduld haben, alles würde sich absehbar sicher so regeln, dass er wieder mehr Freizeit haben würde!*

Aber die Zeit verstrich, ein neuerlicher Sommer verging, genau kann ich im Rückblick nicht mehr sagen, wie lange ich dieses einsame und mich nach Carlos' Nähe sehnende Leben führte. Meist war ich allein in der Wohnung über den Dächern der Baixa, getröstet von Antons Anwesenheit. Wen ich aber weiterhin immer seltener zu Gesicht bekam, geschweige Zeit mit ihm verbringen konnte, war Carlos.

Nach dem Punkt hinter Carlos' Namen stoppte Hedwig. Nun hatte sie ja wieder mehrere Seiten geschrieben, die Stunden waren verflogen. Draußen fiel kein Regen mehr, sie sah spätes Sonnenlicht auf der Hausfront gegenüber. Und sie hatte Hunger. Ob ich Lukas wohl anrufen soll? fragte sich Hedwig.

Sie griff zum Handy und wählte Lukas' Nummer.

Ja, Liebste?

Hedwig schwieg.

Hallo. Was ist?

Wenn du »Liebste« zu mir sagst – meinst du das dann ehrlich?

Hedwig hörte Lukas leise lachen.

Würde ich es sonst sagen? Was für einen Grund bitte hätte ich, es nicht ehrlich zu meinen?

Verzeih, sagte Hedwig.

Was ist also?

Ich glaube, diese dumme Frage geschah mir – weil ich jetzt über Betrug und Verrat schreiben muss, wenn ich weiterschreibe –

Hast du Hunger?

Ja.

Bei dir? Bei mir? Im Lokal?

Vielleicht – schreibe ich noch ein bisschen, um diese befürchtete Hürde zu nehmen – und komme dann zu dir.

Wunderbar. Ich koche uns was Feines.

Bis dann. Danke.

Hedwig legte das Handy beiseite, ging in die Küche, aß ein paar Erdnüsse, die sie dort noch fand, und setzte sich dann wieder vor den Schreibtisch. Nachdem sie Omas Tischlampe angedreht hatte – es begann in den Räumen bereits leicht zu dämmern –, starrte sie am Bildschirm noch kurz den Namen »Carlos« an, ehe sie eine neue Zeile begann und entschlossen weiterschrieb.

Ja, Carlos. Die Entscheidung, das geliebte Hamburg, mein berufliches Wohlergehen dort, für ihn aufgegeben zu haben – weil überzeugt, geliebt zu werden und ihn zu lieben bis ans Ende meiner Tage – all das hinderte mich allzu lange daran, einer Wahrheit ins Auge zu sehen, die ich bereits vage, aber stetig fühlte. Ich wollte dieses Gefühl nicht zulassen, ich redete mir übereifrig alle möglichen Ausreden und Erklärungen ein, an die ich eigentlich nicht mehr schattenlos glauben konnte. Aber vor allem war er es, Carlos selbst! Ich ließ mich von seinen Worten, jedes Mal, wenn wir uns sahen, sofort und bereitwillig eines Besseren belehren, er vermochte dieses »Bessere« gekonnt und facettenreich immer wieder glaubhaft zu erfinden und mich damit in Zuversicht wiegen.

Bis eines Tages an der Wohnungstür geklingelt wurde, als nur Anton und ich zu Hause waren. Ich öffnete. Vor mir stand eine junge, gut aussehende Frau, die lächelnd fragte: Is Carlos at home? Ich verneinte. Ob ich seine Haushälterin sei, die er erwähnt hätte? fuhr sie fort – weiterhin auf Englisch – es freue sie! Sie sei Myra, seine Freundin, er betreue sie auch als Autorin, ihre Maschine aus London sei heute viel zu früh gelandet, und Carlos hier zu überraschen sei ja die Gelegenheit, seine Lissabonner Wohnung einmal kennenzulernen, bisher wären sie nur in Porto beisammen gewesen, ihr hiesiger Verlag befände sich ja in Porto, deshalb! Sie hätte Carlos telefonisch vorhin nicht erreicht – vielleicht hätte er sie abholen wollen und sei jetzt gerade am Weg zurück vom Flughafen – ob sie hier auf ihn warten könne?

Obwohl ich mich nach diesem auf Englisch hervorgesprudelten Redeschwall wie gelähmt und sprachlos fühlte, winkte ich die Frau herein und ließ sie Platz nehmen. Mir war übel, Oma – ich flüchtete ins Schlafzimmer und begann meine Koffer zu packen. Nebenan hörte ich diese Myra telefonieren, sie schien jetzt Carlos erreicht zu haben, und ich erkannte am Lauterwerden ihrer Stimme, wie es Carlos am anderen Ende der Leitung bei ihrem Anruf wohl zumute sein musste.

Carlos, please hurry, I will wait! schrie Myra zuletzt.

Anton saß neben mir und betrachtete unverwandt mein erregtes Hantieren mit Kleidung und Gepäckstücken, sein dunkler Hundeblick verfolgte es besorgt. Ich selbst wusste eigentlich nicht wirklich, was ich tat, aber ich wusste, dass ich von hier wegwollte. Mein Herz hing in Fetzen in mir, so fühlte es sich an, ich hatte keinen Boden mehr unter den Füßen, war ich doch gerade ein wenig gestorben.

Nach einer Weile hörte ich Carlos' Kommen, als er aufschloss. Dann einen erregten Wortwechsel nebenan, dem ich entnahm, dass er der Autorin Vorwürfe machte, hier einfach aufgetaucht zu sein. Als er zu mir ins Schlafzimmer kam, war sein Gesicht hochrot, und er begann stammelnd nach Worten zu suchen. *Lass jetzt das Packen, Eedwig, bitte!* schrie er schließlich, *ich kann dir doch alles erklären!*

Aber etwas überkam mich da, wieso weiß ich nicht, aber ich wurde plötzlich gefühllos und kalt wie ein Stein. Mir gelang, ruhig und sogar mit etwas Sarkasmus zu ihm zu sprechen.

Herr Ferreira, sagte ich, *Ihre Haushälterin kündigt fristlos und zieht heute noch aus, leider müssen Sie sich ab nun eine andere suchen.*

Eeedwig! brüllte Carlos, *das ist doch Blödsinn! Du kannst wunderbar hier wohnen bleiben, ich fühle mich für dich voll verantwortlich, daran ändert doch auch die Sache mit Myra nichts!*

Ach Oma, ich weiß nicht, wie diese Myra nebenan sich fühlte, als sie das anhören musste. Ich weiß auch nicht mehr genau, wie ich mich fühlte – ich mache jetzt schreibend einen Sprung über diese Szene aus Verrat und gebrochenem Herzen, aus all dem, was Untreue und Lüge immer wieder mit Menschen anstellt, und was Menschen – jeder wohl irgendwann – immer wieder überleben müssen.

Jedenfalls rief ich irgendwann Amanda an, und sie war sofort bereit, mich und Anton bei sich aufzunehmen. Noch in der gleichen Nacht verließ ich die Wohnung in der Baixa, nahm all mein Hab und Gut mit mir, und hatte vor allem meinen Hund zur Seite. Carlos Schreierei und eine todtraurig vor sich hinblickende Myra ließ ich hinter mir, es wurde zu einer Flucht ins Freie. Ja, ich musste mich befreien, mich von diesem schon lang auf mir lastenden Argwohn, dieser Unsicherheit befreien. Und das, ohne noch Worte zu wechseln, ich handelte nur noch.

Mit einem Taxi kamen wir, Anton und ich, in den ersten Morgenstunden zu Amandas Wohnung. Die lag auf einem der Hügel Lissabons und war mit einem Balkon ausgestattet, von dem aus man weit über die Stadt blicken konnte, bis hin zur Mündung des Tejo. Amanda erwartete uns. Und nachdem ich mein Gepäck die fünf engen Stockwerke des uralten Hauses hochgeschleppt hatte, war das Erste, was die Freundin mit mir tat, mich auf diesen Balkon zu ziehen. Dort saßen wir schweigsam, rauchten Zigaretten und sahen die Sonne aufgehen. Sahen, wie der glühende Ball vorerst den Horizont rotgolden färbte, dann die Gebäude, Straßen, Plätze mehr und mehr in Gold tauchte, und fern die meerweite Flussmündung tiefblau werden ließ. Ich streichelte Antons Kopf, den er mitfühlend auf meinen Schoß gelegt hatte, und begann endlich zu weinen.

Wir blieben nicht allzu lange bei Amanda, Anton und ich. Obwohl sie nach einer missglückten Zweisamkeit jetzt allein lebte und ihre Wohnung uns genügend Platz bot. Dazu kam, dass sie, die tagsüber in der Redaktion zu arbeiten hatte, sich stets freute, abends nicht allein sein zu müssen, sondern uns beide, den Hund und mich, bei sich zu haben. Wir kochten, aßen gut, tranken viel Wein, ich weinte viel, und sie bemühte sich eifrig, mich zu trösten. Letztlich schien unsere Anwesenheit Amanda zu bereichern.

Jedoch befand sich ihre Wohnung in einem Viertel Lissabons mit engen Straßen und Gassen, kein Grün, die Häuser ihrer Altertümlichkeit wegen zwar pittoresk anzusehen, jedoch renovierungsbedürftig. Amanda hatte ihre Wohnung so gut es ging vor dem Verfall bewahrt, und deren Attraktion war natürlich dieser Balkon, mit diesem Blick über die Stadt. Aber da gab es meinen Hund, und für ihn weit und breit keinen Auslauf. Im einzigen erreichbaren Park durfte ich ihn nicht von der Leine lassen. Die typischen Lissabonner Straßenbahnen, ohnehin mühselig und langsam in der auf Hügeln gelegenen Stadt auf und ab dahinrumpelnd, wollten auch keinen Hund aufnehmen. Und ständig Geld für Taxis, das konnte ich nicht aufbringen. Wenn also nicht Amanda uns mit ihrem

Auto ausführte, fühlte ich mich in den engen Gassen und in ihrer Wohnung oftmals wie gefangen.

Anfangs, als Carlos sich wiederholt bei mir meldete, wehrte ich ihn rau ab. Jedes Telefonat, seine Stimme, es tat mir zu weh. Ihm jedoch schien daran zu liegen, wohl seines schlechten Gewissens wegen, mir weiterhin zumindest finanziell unter die Arme zu greifen. Er bestand so lange und immer wieder darauf, mir eine monatliche Summe zukommen zu lassen, bis ich dieses Anerbieten schließlich annahm. Verdiente ich selbst ja kaum noch etwas. Mir gelang nur noch gelegentlich, und meist mithilfe von Amandas Flehen bei ihr bekannten Journalisten, für andere Lissabonner Zeitungen zu arbeiten. Doch dieses Einkommen reichte nicht aus, ich geriet allmählich in bedrohliche Geldnot und musste schließlich zulassen, dass Carlos mein Leben finanziert. Und das bis heute, Oma! Ich lebe heute noch von dieser mir von ihm lebenslang zugesicherten und auch rechtlich verbrieften Leibrente. Dass er das tat, ohne mit mir verheiratet gewesen zu sein, spricht natürlich für ihn – obwohl ich es anfangs zutiefst hasste, seine Unterstützung annehmen zu müssen.

Später aber sank ich in meinen Augen noch tiefer.

Ich widersprach schließlich nicht mehr, dass Carlos mir eine Wohnung mietete! Auf seine Kosten! Nachdem er mich einmal, gegen meinen Willen, kurz bei Amanda besucht hatte, befand er die Unterkunft bei ihr meiner nicht würdig, in »seinem Lissabon« sollte ich, seine »Ehemalige«, so nicht wohnen müssen. Und ich ließ mich, vor allem Antons wegen, überreden. Zog zu Amandas Be-

dauern mit Sack und Pack wieder bei ihr aus und in diese mir von meinem ehemaligen Lebensgefährten spendierte Garçonnière ein.

Sie bestand aus einem möblierten Zimmer mit Kochecke und Bad, war aber neu adaptiert worden und hübsch ausgestattet. Ihr großes Fenster ging zur Rua Garrett hinaus, ich befand mich also wieder in der Stadtmitte, nahe dem Rossio, und nicht weit entfernt vom Praça do Comércio und dem Tejo.

Da lebte ich nun die nächste Zeit, und anfänglich gar nicht schlecht. Carlos' monatliche Zuwendungen ersparten mir finanzielle Sorgen. Ich streifte mit Anton durch die Straßen und Plätze, die Avenidas und Praças, die unsere neue Wohnstätte umgaben, wir wanderten stundenlang am Tejo-Ufer entlang, oder nahmen ab und zu ein Taxi nach Guincho, an die Atlantikküste. Ich aß in einfachen Restaurants, die den Hund nicht ablehnten, und fand dadurch auch Menschen, mit denen ich mich nahezu befreundete.

Immer wieder meldete sich auch Amanda. Wir speisten öfter gemeinsam in einem »meiner« Lokale. Oder sie chauffierte uns in ihrem Auto durch das umliegende portugiesische Land. Manchmal rauchte ich auf ihrem wundersamen Balkon ein paar Zigaretten und verliebte mich, Lissabon überblickend, neuerlich in diese geliebte Stadt.

Und stets war Anton an meiner Seite.

Das Handy meldete sich. Hedwig hob ab.

Die Zeit vergessen? fragte Lukas.

Oh – entschuldige – ich –
Schon okay, aber jetzt würd ich gern servieren –
Bin schon am Weg! rief Hedwig.

Sie speicherte das Geschriebene, schloss die Fenster, zog in Eile ein frisches T-Shirt über, kurz ein Besuch des Badezimmers, der Griff nach Umhängetasche und Schlüsseln, und sie schlug die Wohnungstür hinter sich zu.

~

Als Hedwig erwachte, drehte sie sich zu Lukas hin. Er schlief nicht mehr, lag ihr zugewandt und sah sie an. Sein ruhiger Blick umfing sie, sie rückte ihm näher, und er holte sie mit beiden Armen dicht an seinen Körper, der warm und nackt war wie der ihre.

Ich liebe es, wie du schaust, sagte Hedwig.

Und ich liebe es, dich anzuschauen, antwortete er, aber nicht nur das.

Ich auch nicht nur das – ich glaube, ich –

Hedwig verstummte.

Ja? fragte Lukas.

Sie schwieg.

Wolltest du vielleicht gerade sagen, dass du glaubst, mich zu lieben? Wenn ja, könnte nur ein köstliches Frühstück das gebührend feiern!

Ich liebe dich, sagte Hedwig.

Es war gegen Mittag, als Lukas und Hedwig den Rathauspark betraten. Der Sommertag war heiß und wolkenlos. Sie nahmen auf einer von dichtem Laub überschatteten Bank Platz.

Ein bisschen Grün atmen schadet dir nicht, sagte Lukas.

Mit meiner Oma war ich oft hier, antwortete Hedwig, sie hat auch immer gesagt, ich soll wenigstens hier im Park ein bissel frische Luft schnappen.

Sie blickte in die Baumkrone hoch, es war ein breitstämmiger alter Ahornbaum, unter dem sie saßen.

Von wegen Oma, sagte Lukas, du willst also wirklich dann gleich wieder in deiner Schlösselgasse verschwinden und ans Schreiben gehen?

Weil ich zum Ende kommen will! Und leider muss ich –

Lukas unterbrach sie.

Willst du nicht wirklich überspringen, was dich zu sehr schmerzt? Die Oma wird es dir verzeihen!

Ach Lukas, spotte nicht. Obwohl ich's verstehen kann.

Ich spotte nicht! Ich weiß, was dieses Aufschreiben dir bedeutet. Nur zur Qual sollte es nicht werden.

Ich werde versuchen, das zu vermeiden, sagte Hedwig.

Sie saß Schulter an Schulter mit Lukas.

Eine Amsel flog vorbei.

Ach Oma, dachte Hedwig, zu unserer Zeit war das hier nahezu ausschließlich Parkgelände, mit Baumwipfeln, Wiesen, Sträuchern, Springbrunnen und einem ungestörten Blick zum Burgtheater hin. Dass es da doch noch einige alte Bäume gibt, einige Pfade, einige Blumenbeete, einige Bänke, das erfahre ich heute durch Lukas. Durch ihn, dem ich heute gesagt habe, dass ich ihn liebe. Ich habe es gesagt, Oma. Ausgesprochen.

Du! sagte sie zu Lukas.

Er wandte sich ihr zu.

Ja?

Ich geh jetzt schreiben. Oma ruft.

Soll ich dich – ?

Nein, bitte bleib du noch sitzen, ich geh jetzt, wir sehen uns abends, ja?

Lukas nickte.

Hab es gut dabei, sagte er dann.

Hedwig stand auf. Aber statt zu gehen, beugte sie sich kurz entschlossen zu Lukas hinunter und küsste ihn. Seine Lippen waren warm wie die ihren, es wurde ein langer Kuss. Sie richtete sich wieder auf und sah ihn an.

Auch das feiern wir, sagte er lächelnd. Abends.

Ich komme jetzt allmählich an das Ende meines Berichtes, Oma. An das Ende dieser Erzählung, zu der ich mich von dir aufgefordert gefühlt habe. Du warst nie religiös. Ich bin es auch nicht. Jedoch auch fern von all den esoterischen Bemühungen unzähliger Yoga-und-Spiritualitäts-Anhänger unserer Tage – ich bin dem wieder näher gekommen, denke ich, was der von mir so geschätzte Václav Havel in seinen Briefen überdachte. Also dem Da-Sein. Der Verantwortlichkeit diesem Dasein und dem Leben jetzt und hier gegenüber. Ich habe unverantwortlich an dir gehandelt. Und auch an mir. Ich habe immer wieder die Richtung verloren, und dich, meine Großmutter, die mich aufzog und liebte, habe ich irgendwo am Wegrand liegen lassen. Das bewog mich, an dich zu schreiben, dir zu berichten. Nicht, weil ich etwa an ein Jenseits glaube, in dem dieser Bericht dich erreichen könnte! Es war das neuerliche Erinnern an dich. Es hat dich in mir neu erschaffen. Und jeder Mensch, der erinnernd in uns lebt, stirbt erst mit unserem eigenen Tod. Daran glaube ich.

Die Tage hier in Wien, Oma – es sind noch nicht so viele, etwa zwei Wochen erst bin ich hier –, haben mich neben dem Schreiben an dich auf ungeahnte Weise beschenkt. Ich konnte Vertrauen zu einem Menschen gewinnen, es ist ein Vertrauen, dem ich trauen kann. Ich habe heute gewagt, Liebe auszusprechen.

Dadurch fühle ich mich so, als hätte ich ein anderes, ein von mir ersehntes Ufer endlich erreicht. Als wäre ich, indem ich sie dir beschrieb, durch Jahre meines Lebens fern von dir auf dich zugeschwommen, Oma – und hätte dabei auch mich selbst erreicht.

Zurück nach Lissabon.

Ja, es war also eine Weile lang so, dass ich annehmen konnte, jetzt ohne Verrat und Betrug endlich auch hier ein Leben zu führen, wie ich es mochte. Mein Gefährte war Anton, unsere Zweisamkeit erfüllte mich gänzlich, ich hörte auf, einen liebenden Lebenspartner zu vermissen. Carlos in meinen Empfindungen auszuradieren, mich nicht mehr als eine von ihm Verlassene zu fühlen und darunter zu leiden, gelang mir mehr und mehr. Dass er aber mein Leben finanzierte, wurde mir hingegen zu einem fast brutalen Selbstverständnis. Meine kleine Wohnung war mir lieb, ich hatte nette Bekannte, eine gute Freundin – und meinen Hund Anton!

Als wir beide uns in den Dünen von Melides gefunden hatten, wusste ich nicht, wie alt Anton war. Er war ein erwachsener Hund, das schon. Er war gesund, kräftig und ausdauernd. Er machte mir, nachdem ich ihn von einem Tierarzt hatte begutachten und impfen lassen, keinerlei Mühe, stets war er zur Stelle, stets verstand er Situationen zu meistern, er ruhte, wenn es nottat, und er tobte ausgelassen, wenn es sein durfte. Er war gehorsam, ohne dass ich ihm je Befehle erteilen musste. Ohne seine Nähe, seine Anwesenheit zu leben, wurde für mich undenkbar. Wir hatten eine Zeit ungetrübter Gemeinsamkeit.

Bis Anton eines Tages erkrankte.

Ich hatte davor schon das Grauwerden seiner Schnauze zu belächeln versucht und Ermüdungserscheinungen bei ihm wahrgenommen und verdrängt.

Es war sein Herz, das plötzlich zu versagen begann. Er brach mehrmals zusammen. Der Tierarzt, ein freundlicher und kompetenter Mann, machte mir schließlich *keine Hoffnungen mehr. Er schlug vor, ihn einzuschläfern, um ihn nicht leiden zu lassen, und ich stimmte zu. Nur noch über eine Nacht sollte ich mit ihm nach Hause – morgen dann – so verblieb ich mit dem Arzt. Wie ich mich dabei fühlte, verbarg mir selbst eine todesähnliche Erstarrung. Anton jedoch wusste es. Er starb in dieser Nacht. Schlief neben mir ein.*

Ich blieb bei ihm. Wir lagen dicht aneinandergeschmiegt auf meinem Bett, bis der anfangs noch warme Hundekörper in meinen Armen kalt zu werden begann. Gleichzeitig wurde es hell vor dem Fenster und die ersten Tagesgeräusche der Rua Garrett drangen herein. Da löste ich mich vorsichtig aus unserer Umarmung und richtete mich auf. Anton lag wie schlafend und friedvoll neben mir und ich küsste seine glatte, schöne Hundestirn. Vorsichtig verließ ich das Bett, holte aus dem Schrank eine Kaschmirdecke und hüllte ihn damit ein.

Dann rief ich Amanda an. Sie verstand mich sofort, ich musste kaum Worte verlieren. Oh ja, ganz klar. Sie würde sich heute bei der Zeitung frei machen und uns in Kürze abholen.

Ich duschte und zog frische Sachen an. Dann wählte ich die Telefonnummer vom Tierarzt. Der Termin für heute hätte sich erübrigt, teilte ich ihm mit. Ein kluger Hund, sagte der feinsinnige Mann.

Später half mir Amanda, den in die Decke gehüllten, schweren Hundekörper über die Treppen, aus dem Haus und zu ihrem um die Ecke geparkten Auto zu tragen.

Dort angekommen, betteten wir ihn auf den Rücksitz. Alles taten wir mit Behutsamkeit und wechselten weiterhin kaum ein Wort. Und als Amanda losfuhr, wusste ich, dass sie wusste, wohin es mich zog.

Es war immer noch früh am Tag, die Autobahn mäßig befahren, und über die »Ponte 25 de Abril« gelangten wir rasch südwärts. Nach dem Ort Alcácer do Sal zweigte Amanda auf schmale Straßen ab, die an den Atlantik führten. Sie kannte sich wohl durch ihr ständiges, forschendes Herumreisen mit dem Auto gerade hier, in Meernähe, besonders gut aus. Irgendwann bog sie unvermutet auf einen sandigen Pfad ab. Der schlängelte sich zwischen Pinien und Wacholderbüschen über die Hügel einer mächtigen, dem Atlantik vorgelagerten Dünenlandschaft. Während wir dahinrumpelten, wirbelten hinter dem Auto Staubfahnen hoch. Ich hielt meine Hände mit aller Kraft schützend über Antons verhüllten Leib, da es uns im Wagen hin und her warf.

Jedoch plötzlich eine letzte wilde Steigung, und dann das Anhalten. In der Tiefe ein einsamer Strand, und vor uns, gleißend und rauschend, das Meer.

Amanda nickte mir zu, stieg aus und holte aus dem Kofferraum zwei Schaufeln. Mit denen stand sie dann auffordernd vor mir.

Wäre es hier richtig? fragte sie.

Ich kletterte auch aus dem Auto und umarmte sie.

Mehr als richtig, sagte ich dann. Und woher hast du die Schaufeln?

Mein Geheimnis, antwortete Amanda. Wir müssen jetzt aber den Platz aussuchen, und hier zu graben, ist sicher nicht leicht. Komm.

Ach Oma. Was für eine Freundin das war.

Wir streiften durch Wacholdergebüsch, Disteln, kleine Blumenteppiche, bis wir einträchtig eine Mulde als geeignet befanden. Sie war geschützt, nicht einzusehen, aber das Dröhnen der Brandung war bis hierher zu hören. Auch war der Boden hier nicht allzu sandig, er wirkte eher wie Erdreich.

Also begannen wir mit Aufbietung aller unserer Kräfte zu graben und wegzuschaufeln. Es gelang uns, nachdem wir auch Gestein aushoben, eine Tiefe zu erreichen, die sommerliche Unwetter oder Winterstürme an der Küste nicht aufwühlen würden.

Schweißnass rasteten wir dann eine Weile beim Auto und sahen schweigend über die Weite des Atlantiks hinweg. Dann trugen wir Anton zu seinem Grab. Einmal noch machte ich seinen Kopf frei und strich darüber hin – dann sprang ich hinunter, ließ mir von Amanda den wieder völlig verhüllten Leichnam herunterreichen, er war schwer, aber ich konnte ihn sorgsam betten.

Warte! sagte oben die Freundin, ich komme gleich.

Also setzte ich mich hin und sah still auf die Umrisse dieses toten Körpers. Fern hörte ich das Meer, und es roch nach feuchtem Sand.

Hier! rief Amanda und reichte mir von oben einen kleinen Strauß wilder Blumen herab, wie sie in den Dünen wachsen. Danke, sagte ich und legte diesen letzten

Gruß mit einem leisen »Lebe wohl« auf meinen Hund Anton. Dann ließ ich mir, indem ich meine Hände hob, von Amanda ganz rasch helfen, aus dem Grab zu steigen. Wir packten jetzt beide die Schaufeln, sprachen kein Wort, warfen das Erdreich vorerst auf den Leichnam, bis er darunter verschwand, und hörten nicht auf, bis alles zugeschaufelt und ein Grabhügel entstanden war. Den bedeckten wir kreisförmig mit schweren Steinen, um das Grab wieder auffindbar zu machen.

Erschöpft blieben wir noch eine Weile daneben sitzen, es fiel mir schwer, davonzugehen. Meine Seele begab sich noch einmal mit aller Intensität durch Gestein, Erde, Geröll und Sand zu diesem geliebten toten Hundekörper hinab, ehe ich bereit war, ihn zu verlassen. Als ich mich endlich aufrichtete, stand auch Amanda auf, wir packten die Schaufeln, ich wandte mich ab, ohne nochmals zurückzusehen, und wir gingen zum Auto zurück.

Ich werde es dieser Freundin nie vergessen, was sie da für mich getan hatte. Auch auf unserer Rückfahrt erwies ihr Schweigen tiefes Verständnis. Als sie mich in Lissabon aufforderte, mit ihr eine Kleinigkeit zu essen, stimmte ich dem gern zu. Wir setzten uns in ein Bistro am Tejo-Ufer, bestellten Sardinen auf Toast, tranken reichlich Weißwein und blickten auf die tiefblaue Wasserfläche hinaus. Und plötzlich erschien es mir so, als könnte ich vielleicht auch ohne meinen Hund Anton einigermaßen unbeschadet in mein altes Leben zurückkehren.

Ich konnte es nicht, Oma.

Und dass ich es nicht konnte, hatte auch ein wenig damit zu tun, dass Amanda, diese wunderbare Freundin, kurz darauf Lissabon verließ. Es geschah unvermittelt. Sie lernte durch »Correio da Manhã« einen brasilianischen Fernsehreporter kennen, in den sie sich verliebte und dem sie nach Rio de Janeiro folgte, wo sie seither lebt. Als sie mich davon in Kenntnis setzte, war fühlbar, wie schwer es ihr fiel. Sie wusste genau, dass sie mir dadurch einen Halt raubte, den ich dringend benötigt hätte. Als wir uns zum Abschied umarmten, war ich es, die ihr scherzhaft verbieten musste, zu weinen. Sie solle sich doch freuen, sagte ich, sich über das Ende eines einsamen Lebens am Rande dieser albernen Zeitung freuen, und die Liebe und das Dasein genießen!

Für die Freundin, um ihr unsere Trennung nicht als Last aufzubürden, sprang ich also ein letztes Mal über meinen Schatten und versuchte so zu tun, als besäße ich selbst bereits ausreichend Lebensmut, um auch ohne ihre Ermutigung zurechtzukommen. Aber als Amanda abgereist war, verfiel ich. Um es kurz und bündig so zu nennen, Oma. Ja, ich verfiel. Kaum traf ich noch irgendwelche Menschen, ging selten hinaus, lag in der Wohnung auf meinem Bett, schlief oder sah fern, aß wenig, trank viel, ließ mir mehr und mehr Beruhigungsmittel verschreiben – es war der klassische Weg in den Untergang.

Bei Carlos meldete ich mich nie, er bezahlte pünktlich meine Miete und die Leibrente und scherte sich im Übrigen auch nicht mehr um mich. Unsere sporadischen Telefonate waren schon längst gänzlich ausgeblieben, und auch ich begann ihn gänzlich zu vergessen. Wer mir so sehr fehlte, dass ich meine Gedanken an ihn abtöten musste, war Anton.

Ab und zu nur tappte ich auf der Rua Garrett oder in der Baixa herum, war es, um mir Geld von der Bank zu holen, oder um die nötigsten Einkäufe zu tätigen, also mir vor allem Alkohol und Medikamente zu besorgen. Aber ungern war ich unterwegs, blickte kaum um mich und verbarg mühsam meinen verlotterten Zustand. Trotzdem sprach mich eines Tages vor dem Café A Brasileira eine Frau an. Auf Deutsch.

Bist du's wirklich? fragte sie.

Ich schrak auf, da ich wie abwesend dahingegangen war und dieses fragende Gesicht unter einem blondgefärbten Wuschelkopf so plötzlich vor mir auftauchte.

Wie bitte? entrang sich mir.

Ja, du bist es! Die Hedwig! Du bist doch die Hedwig! Ich kenne so viele Fotos von dir, wie du ganz jung warst, aber unverkennbar deine Haare, wir haben uns ja viel mit dir beschäftigt, vor allem der Bernhard! Ich bin die Lotte!

Nach diesem sehr lauten Redeschwall zwang ich mich mit aller mir möglichen Entschlossenheit zu einem Lächeln.

Ach ja, die Lotte, sagte ich.

Ich bin die Tochter von der Margie – weißt' eh – also ein bissel deine Nichte – willst' dich nicht mit mir auf einen Sprung ins Café setzen, gleich hier?

Da wir vor dem Brasileira standen, nickte ich. Wir nahmen also in dem altehrwürdigen Kaffeehaus, in dem schon der berühmte Fernando Pessoa seinen bica cheja getrunken hatte, an einem freien Tisch Platz. Die Lotte fuchtelte sofort herum, schrie nach dem Kellner und bestellte brüllend »Espresso por favor!« für uns. Dann fasste sie mich mit einiger Strenge ins Auge.

Du bist so blass, sagte sie, schaust nicht gut aus, ich hab vorhin gedacht, bevor ich dich erkannt hab, der Frau da geht's nicht so gut – fehlt dir was?

Alles, hätte ich gern gesagt, aber ich schüttelte den Kopf. Nein, nein, antwortete ich, bin nur ein bissel überarbeitet.

Ach ja, du bist ja Journalistin. Lebst du ganz hier?

Ja.

Schön, die Stadt – ich bin ja mit dem Ludwig hier, mit meinem Mann, er kauft sich nur gerade Schuhe. Na so was! Dass ich dich erkannt hab! Die werden staunen zu Haus'!

Ach Oma – ich war auch überaus erstaunt, dass eine mir völlig unbekannte Lotte mich auf der Rua Garrett in Lissabon erkennen konnte. Sie meinte, es wären am Anfang meine Haare gewesen, die sie aufmerksam gemacht hätten, dieses eher Wilde, keine Frisur, der Bernhard würde von mir sagen, meine Haare seien immer so gewesen, bissel wild –

Der Bernhard? fragte ich, ist er – ?

Dein Cousin! Kennst ihn doch!

Ach ja, der Bernhard.

Wir tranken also Kaffee, die Lotte sprach, ich schwieg weitgehend, sie bat mich dringlich um meine Handy-

Nummer, die ich ihr gab, ich erhielt von ihr Visitenkarten, sie zahlte, musste dann schnell ihren Ludwig im Schuhgeschäft abholen, umarmte mich in Eile und stürmte davon.

Ich hingegen rettete mich so rasch ich konnte in den Schutz meiner kleinen Wohnung zurück, fiel auf das Bett und versank in eine abgrundtiefe Benommenheit. Ich vergaß diese Begegnung mit einer Frau namens Lotte so schnell, als hätte sie nicht stattgefunden.

Hast du die Lotte noch gekannt, Oma? Und bin ich wirklich mit so wilden Haaren gesegnet, an denen man mich erkennen kann? Ich glaube ja eher, dass ich zwischen den dahineilenden Menschen dumpf dahintappte und schrecklich verwildert aussah, wie ein Clochard. Dass diese Lotte deshalb auf mich aufmerksam wurde, und es später denn doch mein – von ihr auf frühen Fotos wahrgenommenes – Gesicht war, das sie erkannte!

Hedwig unterbrach, streckte die Arme aus und dehnte sich. Vielleicht sollte ich für heute überhaupt Schluss machen, dachte sie. Aber es hatte ja ungeahnte Folgen für mich gehabt, dieses Treffen auf der Rua Garrett, ist schließlich die Ursache meines Hierseins. Jetzt noch zu unterbrechen –

Hedwig griff nach dem Handy und rief Lukas an.

Er meldete sich erst nach einigen Signalen.

Ja, Liebste? fragte er.

Oh entschuldige – hab ich dich gestört?

Ich hörte nur Musik. Was ist? Wollen wir uns jetzt sehen? Vielleicht essen gehen?

Eigentlich noch nicht, sagte Hedwig, ich würde gern zum Ende kommen, heute noch, ist ja nicht mehr viel. Das wollte ich dir sagen. Da es jetzt schon zu dämmern beginnt –

Soll ich denn erst später bei dir auftauchen? Und in Omas Küche etwas vorbereiten?

Genau das wäre es! Danke, Lukas!

Lass dir Zeit.

Bis dann.

Hedwig legte das Handy wieder beiseite.

Es hielt unverändert an, Oma, dass ich nichts dagegen unternahm, zugrunde zu gehen. Ich wusste von meiner Gefährdung, aber wollte nicht mehr lebendig sein.

Amanda rief gleich nach ihrer Ankunft aus Rio de Janeiro an, und ich tat mit letzter Kraft so, als käme ich zurecht. Später hob ich nicht mehr ab. Ich hörte auf zu reagieren, wenn das Handy nach mir rief. Verlor also auch jegliche Verbindung zu den paar Bekannten, die ich in dieser Stadt gehabt hatte. Vielleicht meldete sich sogar Carlos bei mir, weil man ihn nach der verlorengegangenen Eeedwig befragte, ich weiß es nicht. Einmal wurde ja heftig an der Wohnungstür geklopft, kann sein, dass er es war. Aber ich rührte mich nicht, blieb mucksmäuschenstill, lag ich doch ungewaschen und zugedröhnt in einem lang nicht mehr frisch gemachten Bett. Die Schritte entfernten sich dann wieder.

Irgendwie verging Zeit, wie viel, wie lange, ich kann es nicht sagen. Jedenfalls schien ich trotz allem mein Handy ab und zu aufgeladen zu haben, vielleicht um mir mit ein paar rituellen Tätigkeiten – wie auf die Toilette gehen, ab und zu duschen, Weinflaschen entsorgen, wenn es zu viele wurden – noch einen letzten Rest Vorhandensein zu suggerieren.

Eines Tages vernahm ich also wieder einmal das Handy. Es lag neben mir, aber ich verharrte ungerührt in meinem Dahindämmern, bis es verstummte. Als es aber gleich danach nochmals anhaltend seine Signale auf mich losließ, griff ich schließlich danach.

Ja? murmelte ich.

Hallo Hedwig, sagte eine mir fremde Stimme, ich bin's, der Bernhard.

Wer bitte?

Dein Cousin Bernhard!

Und ich sprach also mit ihm. Ich sprach unter Aufbietung all meiner noch vorhandenen Lebenskraft mit diesem Mann, den ich ehemals als kleinen Buben gekannt hatte. Unser Telefonat aber wurde für mich zu einem Aufruf, am Leben zu bleiben.

Obwohl ich jetzt von deinem Tod erfuhr, Oma. Das riss mich wie ein Schrei aus meiner Benommenheit. Denn gleich zu Beginn und ohne jede Schonung sagte mir der Cousin, dass du vor über eineinhalb Jahren gestorben seist. Dass du mir die Schlösselgasse vererbt hättest, dass die Wohnung deshalb leer stünde und quasi auf mich warten würde. Als ich mich zu der Frage aufraffen konnte, warum man mich denn nicht schon früher verständigt hätte, ging der Cousin nur flüchtig darauf ein, sie hätten ja nicht gewusst, wo ich sei. Mein Einwand, dass man doch heutzutage auf Erden jeden Menschen ausforschen könne, führte jedoch zu einem verärgert klingenden Redestrom. Die Großtante hätte irgendeinen Notar mit dem Testament beauftragt, einen alten Herrn, der kurz darauf starb, die Familie sei mit dem jungen Nachfolger ziemlich im Clinch gelegen, weil der so lang nichts unternahm, mich zu suchen, hätte halt zu viel Unerledigtes vom Alten am Tisch gehabt. Also, was für ein Glück jetzt, dieses zufällige Treffen mit der Lotte! Ob er einen Computer hätte? fragte ich den Cousin. Ja, hätte er! Ich gab ihm also meine Mail-Adresse, bat ihn, mir auf diesem Weg die Daten des Anwalts und eventuelle nähere Auskünfte zuzusenden, ich käme, sobald ich von Lissabon wegkönne, nach Wien, danke und bis dann.

Und jetzt bin ich also hier, Oma.

Die Aufgabe, meine Zelte in Lissabon abzubrechen und die Reise hierher zu organisieren, tat mir gut. Ich musste handeln, und es gelang mir mehr und mehr. Das stärkte mich. Und holte mich bereits in den folgenden Tagen weitgehend aus meiner Abhängigkeit von Alkohol und Medikamenten heraus.

Computer und Handy blieben wieder in Betrieb. Ich telefonierte mit Amanda in Rio, die sich über meinen Ortswechsel nach Wien zu freuen schien. Einmal sprach ich sogar telefonisch mit Carlos, um die uns immer noch verbindenden Modalitäten zu klären. Also mit Dank das Ende der Miete, die Wohnung gäbe ich auf. Er wirkte *erleichtert, wohl um mich emotional gänzlich los zu sein, aber benahm sich letztlich ordentlich, Oma. Wie gesagt, lebe ich jetzt noch von seiner finanziellen Unterstützung.*

Einmal, als meine Abreise vor der Tür stand, nahm ich ein Taxi nach Guincho. Saß lange am Strand, direkt an der heranrollenden Pracht des Atlantiks. Es war gegen Abend, die sinkende Sonne warf ihre aufglänzende Bahn über die Wogen, und ich sah meinen Hund Anton – sah ihn neben mir, sah ihn vor mir, sah seinen Körper im Genuss des Dahintobens, sah ihn im silbernen Sprühen der Uferwellen, in der Schönheit dieses Augenblicks, und ließ meinen Tränen freien Lauf. Danach speiste ich noch allein in unserem Lieblingsrestaurant und hob mein Glas auf das, was war.

Als ich in der TAP-Maschine am Fenster saß, konnte ich nach dem Abflug Lissabon noch einmal überblicken, ehe die Stadt unter Gewölk entschwand. Ich wusste nicht, was mich in Wien erwarten würde. Ich war immer noch tief verwundet und orientierungslos. Dein Tod, von dem ich nicht erfahren hatte, und mein Versäumnis dir gegenüber belagerten mich. Meinen Hund vermisste ich nach wie vor schmerzlich. So betrat ich unsere Wohnung, Oma. In den zwei Wochen meines Hierseins konnte ich mich dir erklären, und alles, was du lebend nicht erfahren hast, im Erinnern an dich niederschreiben. Ich bin heute am Ende dieser meiner Erzählung angelangt.

Jetzt, Oma, läutet es an der Wohnungstür.

Genau zur richtigen Zeit.

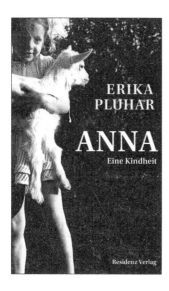

Erika Pluhar
Anna
Eine Kindheit

ISBN 978-3-7017-1701-9

Erika Pluhar beschreibt eine Kindheit im Ausnahmezustand. Einfühlsam, offen, schonungslos.

Anna ist die Tochter einer Schauspielerin und eines umtriebigen, machtverliebten und genialischen Designers. Beide Eltern stehen im Licht der Öffentlichkeit. Die Familie leidet unter dem exzessiven Lebensstil des Vaters, die Mutter wird vom Schauspielberuf immer intensiver gefordert …

Unglaublich feinfühlig wird hier aus Kindersicht eine ungewöhnliche Kindheit geschildert (…). Das Buch zeichnet sich durch einen unglaublich ergreifenden Schreibstil aus, der von der ersten Seite an fesselt und es ermöglicht, sich so gut in das Kind einzufühlen, wie es nur selten gelingt. Schonungslos ehrlich und selbstkritisch erzählt.
Verena Resch, DREHPUNKTKULTUR